广视角·全方位·多品种

皮书系列为"十二五"国家重点图书出版规划项目

权威·前沿·原创

企业公民蓝皮书

BLUE BOOK OF
CORPORATE CITIZENSHIP

中国企业公民报告
No.2

ANNUAL REPORT ON CORPORATE
CITIZENSHIP IN CHINA No.2

主　编／邹东涛
执行主编／王再文　张　晓

社会科学文献出版社
SOCIAL SCIENCES ACADEMIC PRESS (CHINA)

图书在版编目（CIP）数据

中国企业公民报告. 2/邹东涛主编. —北京：社会科学文献出版社，2012.11
（企业公民蓝皮书）
ISBN 978 – 7 – 5097 – 3893 – 1

Ⅰ.①中… Ⅱ.①邹… Ⅲ.①企业 – 社会功能 – 研究报告 – 中国 Ⅳ.①F279.2

中国版本图书馆 CIP 数据核字（2012）第 252040 号

企业公民蓝皮书
中国企业公民报告 No.2

主　　编／邹东涛
执行主编／王再文　张　晓

出 版 人／谢寿光
出 版 者／社会科学文献出版社
地　　址／北京市西城区北三环中路甲 29 号院 3 号楼华龙大厦
邮政编码／100029

责任部门／财经与管理图书事业部（010）59367226　　责任编辑／高　雁 等
电子信箱／caijingbu@ ssap. cn　　　　　　　　　　责任校对／张立生
项目统筹／恽　薇　　　　　　　　　　　　　　　　责任印制／岳　阳
经　　销／社会科学文献出版社市场营销中心（010）59367081　59367089
读者服务／读者服务中心（010）59367028

印　　装／北京季蜂印刷有限公司
开　　本／787mm × 1092mm　1/16　　　　　　　印　　张／20.25
版　　次／2012 年 11 月第 1 版　　　　　　　　　字　　数／348 千字
印　　次／2012 年 11 月第 1 次印刷
书　　号／ISBN 978 – 7 – 5097 – 3893 – 1
定　　价／65.00 元

企业公民蓝皮书编辑委员会

组编单位简介

中央财经大学中国发展和改革研究院

中央财经大学中国发展和改革研究院（China Institute for Development and Reform，CUFE）成立于 2006 年 7 月 6 日，是集科研、教学、咨询、培训于一体的学术机构，直属中央财经大学。

中国发展和改革研究院以中央财经大学为依托，秉承中央财经大学科学严谨的学风和求真务实的精神，采用小实体、大网络结构模式，整合社会资源，聚集一批杰出中青年经济学者、企业家和官员，致力于科研创新、教学革新、人才培养、咨询与培训、国际国内学术交流与合作，建设一个学科有特色、人才结构合理、研究和教学并重的有特色的研究院。

中国发展和改革研究院将本着与时俱进、开拓创新的精神，践行"顶天立地，经世致用"的院训，力争形成以"中国经济体制改革和经济发展"为核心的理论创新平台，为中国经济发展和改革作出积极贡献。

中国发展和改革研究院是目前国内高校中致力于"企业公民"理论研究和"企业社会责任"理念普及、推动企业实施企业公民管理模式的科研组织。积极倡导现代企业公民理念，培养中国企业的社会责任感，促使中国当代企业和谐发展并树立良好形象。

北京东方君和管理顾问有限责任公司

北京东方君和管理顾问有限责任公司成立于 2001 年，十年来，东方君和秉承"价值提升者"的服务宗旨，坚持"对话思想、解读政策、构建模式、推进实务"的工作方针，从客户价值出发，为企业的持续发展提供决策咨询和可行性解决方案。2012 年，东方君和获得 ISO9001 质量管理体系认证，为实现卓越服务、提升客户价值奠定了坚实的基础。

十年来，东方君和主要为大中型国有企业提供专项课题研究、咨询和定制化培训三大类服务，涵盖了战略管理、内部控制与全面风险、企业文化、营销策划、品牌管理、企业社会责任、公共关系等诸多领域。十年来，东方君和承担了有关部级或行业重大课题研究，包括：文化部"中国休闲文化及休闲产业发展研究课题"（2000年），联合国"中国与跨国公司课题"（2001~2003年），司法部"传媒与司法课题"（2003~2006年），中国卷烟销售公司"工商协同营销研究课题和中国卷烟现代营销体系建设课题"（2008~2010年）、"我国烟草商业流通体制改革及现代卷烟流通发展研究课题"（2007~2012年）；与中国政法大学民商法学院合作"中西方烟草控制比较研究"（2010年至今），与天津师范大学管理学院合作"服务营销理论与实证研究课题"（2009年至今）。

东方君和拥有较深厚的学术资源和较强的自主研发能力。

2010年，东方君和聘请芬兰汉肯经济学院教授、全球"服务营销之父"克里斯廷·格鲁罗斯教授作为首席学术指导，致力于开展服务营销的研究、咨询和培训。

2012年初，东方君和与中央财经大学中国改革和发展研究院合作共建"中国企业公民研究中心"，围绕企业公民理论研究与实务建立产学研一体化平台，共同编制《中央企业履行社会责任报告》（中国经济出版社）和《中国企业公民报告》（社会科学文献出版社），通过对社会责任的研究、培训和咨询，积极倡导社会责任价值观，推动中国企业界的社会责任实践，促进社会进步。

摘　要

《中国企业公民报告 No. 2》是"企业公民蓝皮书"系列的第二册，在继承《中国企业公民报告（2009）》的研究方法和技术路线的基础上，突出事实梳理和数据挖掘，对 2009～2011 年中国企业公民实践进行了深度分析。本书主要包括总报告、分报告、专题报告、调研报告和附录。

总报告是对全书所涉及内容的总揽性概括，并对中国企业公民实践进行总体分析；分报告从中国企业保护劳工权益、保护消费者权益、慈善行为、反腐败反商业贿赂、社区服务行为、保障产品质量安全等方面对中国企业公民实践进行了研究；专题报告主要探究 ISO 26000 对我国企业公民建设的影响、中国家族企业在企业公民实践中的发展状况、2010 年上海世博会中企业履责行为的典型事件以及分析政府、社会组织在构建合理的企业公民建设体系中的作用，同时还有部分发展中国家和地区企业公民实践模式研究；调研报告对在企业公民实践中有特色的典型企业进行了分析和研究；最后的附录部分详细梳理了 2009 年 1 月 1 日至 2011 年 12 月 31 日企业公民实践的发展历程。

构建社会主义和谐社会，就要在增进"企业公民意识"的讨论和争做"企业公民"的实践活动中正确认识和处理好企业公民权利和社会责任的关系。只有坚持企业公民建设，才能更好地提升企业竞争力，从而实现企业社会价值和经济价值的统一，也才能全面贯彻落实科学发展观，推动和谐社会的建设。希望《中国企业公民报告 No. 2》的推出，能够为我国企业公民实践提供理论依据，对深化我国企业公民的建设有所帮助。

Abstract

The book of "Annual Report on Corporate Citizenship in China (No. 2)" is the second volume of "Blue Book of Corporate Citizenship". Based on the research methods and technique of "Reports on the Fostering of Chinese Corporate Citizenship 2009", this book emphasizes on the re-organizing facts and data analysis, analyzes the practice of Chinese corporate citizenship during 2009 to 2011. This book is consisted of General Report, Study Reports, Special Reports, Research Reports and Appendix.

The General Report is a summary of the whole book, and offers a general analysis of Chinese corporate citizenship. The study reports analyze the Chinese corporate citizenship from the aspects of labor protection, consumer rights protection, charity, anti-corruption, community service and quality guarantee. Special reports discuss ISO 26000's influence on Chinese corporate citizenship development, family enterprises' citizenship construction, corporate citizenship in Shanghai EXPO 2010, government and social organization's function in the development of corporate citizenship. Research reports choose several typical corporations' practice into analysis. The appendix includes the big events from January 1, 2009 to December 31, 2011.

The construction of harmonious society requires enterprise understanding and carrying out the accountability of citizenship and social responsibility. Only by corporate citizenship development can an enterprise achieve the integration of social and economic value. Hopefully the publication of this book can provide theoretical ground for the practice of corporate citizenship development.

目 录

B Ⅳ　调研报告

B Ⅴ　附录

皮书数据库阅读 **使用指南**

CONTENTS

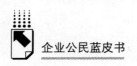

企业公民蓝皮书

B Ⅲ   Special Report

B Ⅳ   Research Report

B Ⅴ   Appendix

序　言
探索中国式企业公民建设的路径

邹东涛*

　　鉴于长期以来，企业公民在我国还是一个比较生疏的概念，三年前，我在为《中国企业公民报告（2009）》的"序"中，介绍了"企业成长"的ABC常识。三年来，我国的企业公民建设在政府、社会、企业的高度关注和支持下，无论是在理论研究上，还是在社会实践中，都取得了长足发展，其不仅成为推动企业与社会、环境和谐发展的时代潮流，而且也是构建社会主义和谐社会的重要力量。三年来，在企业公民相关法律、法规逐步完善的同时，各种民间组织和监督、评价机构也相继建立起来，企业从事社会责任实践活动的形式和范围明显扩大，发布企业社会责任报告的企业数量大大增加。但从总体上来说，我国的企业公民建设整体水平相对较低，存在着很多的缺陷与不足。鉴于企业公民理念"舶来品"的属性和中西方在经济、社会、文化、法律等方面的诸多差异，我国的企业公民建设必然有着与西方不同的路径选择，这就需要根据我国当前的国情和企业自身发展状况，正确理解和认识企业公民理念，探索一条中国式的企业公民建设道路，为我国企业的健康发展和经济社会的繁荣奠定坚实的基础。

一　和谐社会的构建离不开企业公民建设

　　企业是社会生产组织，也是社会市场经济的微观主体。企业作为生产组织是社会生产和流通的直接承载者，是社会财富最集中的创造者。可以说，企业在追求经济利益和推动社会发展方面有着重要作用。企业公民超越了其对"利润最

＊　邹东涛，中央财经大学中国发展和改革研究院院长，经济学教授，博士生导师，国务院特殊津贴享受者，中央人才工作局专家，世界生产力科学院院士。

大化"的价值追求,将自身的经济行为与更广泛的社会信誉联系在一起,在强调共赢的同时十分注重企业与社会的融合,认为只有在社会的共同体中承担起应尽的社会责任,才可能获得更长远的发展。根据法学的概念,世界上既没有无权利的义务,也没有无义务的权利。企业的公民身份同样也意味着其义务和权利的统一,企业在承担社会责任的同时也享有社会提供的种种益处。作为企业公民的一员,企业不仅是社会有机体的一个细胞,更是具有民事行为能力、享有企业权力并承担相应社会责任和义务的法人。企业要进行正常的生产经营活动,离不开社会提供的各种资源和赋予的各种权力,也正是这些权力的享有才使其能够获取利润,能够为社会创造财富并不断增进人民的福祉。

企业公民是在企业通过对自身社会地位再认识的过程中逐步形成的,既注重社会责任的承担,也强调社会对企业基本权利的保护与对企业行为的引导。而企业公民建设则是企业公民化的过程,企业公民实践也就是企业承担相应社会责任的具体行动。企业只有在享有社会赋予的各种权力的基础上切实有效地履行自身肩负的企业社会责任,企业自身享有的权利才能得到充分的尊重和保护。因此,要进行企业公民建设就要坚持企业公民中权利与义务并重的原则,形成企业责任与社会支持间的良性循环。

企业公民履行的社会责任主要包括经济、法律、自然环境、道德和人本伦理四方面,这些责任和我国所倡导的"以人为本、全面、协调、可持续"的科学发展观从根本上是一致的,同时也符合我国建设社会主义和谐社会的目标。此外,随着社会和民众对企业公民建设的要求与呼声的高涨,企业推动社会进步、参与社区发展、维护生态环境、支持社会公益、保障员工权益等一系列社会责任和义务更加凸显。在这种情况下,企业必须承担与自己的影响力相匹配的社会责任和义务,唯有如此,才能避免企业在发展过程中对环境和社会生活产生负面影响,保持整个社会的和谐和可持续发展。构建社会主义和谐社会,就要在增进"企业公民意识"的讨论和争做"企业公民"的活动中正确认识和处理好企业公民权利和社会责任的关系。一方面,要具有辩证的思维方式,注重企业公民权利与企业公民社会责任的统一;另一方面,社会要充分考虑企业权利并给予其相应的发展空间,企业则要通过不断参与社会实践来改善自身行为,逐步实现企业创造社会财富、增进人民福祉的价值承诺,在发展中实现与构建社会主义和谐社会目标的趋同。因此,只有坚持企业公民建设,才能更好地提升企业竞争力,从而实现企业社会价值和经济价值的统一，也才能全面贯彻落实科学发展观，推动"民主法治、公平正义、诚信友爱、充满活力、安定有序、人与自然和谐相处"的和谐社会的建设。

二 我国企业公民建设的基本内涵

由企业公民的内涵可知，一个理性化的企业公民应该是在享有各种社会资源的同时，凭借社会赋予其的诸多权力去积极解决自身能力范围内的各种社会问题，主动承担起相应的社会责任，以实现其社会价值与经济价值的统一。企业公民建设的过程是企业不断实现自身社会价值的过程。现阶段，判断一个企业公民是否合格的基本标准就是要看企业是否具有强烈的社会主体意识并积极发挥着企业作为一个社会组织的角色与作用，是否积极承担着对整个社会的义务和责任并积极主动创造和谐的社会环境。中国的企业公民建设把构建社会主义和谐社会作为方向和目标，这就赋予了企业公民特定的内涵与标准。

（一）创造社会财富，肩负经济责任

从主观上讲企业是以自身利益最大化为目标的营利性组织，客观上是为社会创造财富的经济组织。因此，企业公民的首要责任就是其不断创造社会财富的经济责任。企业经济责任的履行是实现利己和利他、企业自身发展和社会效益相统一的基本前提。然而，企业作为社会系统的有机组成部分，其生产经营活动受到社会发展目标的约束，这就要求企业在追逐利润的同时必须以人为本、以社会责任为己任。

（二）坚持依法经营，履行法律责任

依法经营、诚信守法不仅是社会对企业从事生产经营的起码要求，也是完善我国社会主义市场经济体制、构建社会主义和谐社会的重要内容。在社会主义市场经济条件下，法律为企业提供了生产经营的基本行为规范，企业公民的产生源于法律的不断健全和完善，其法律责任涉及政治、经济和社会生活的方方面面，包括在生产经营中严格遵守法律法规、维护投资者和债权人权益、保护劳动者权益、杜绝商业腐败行为、积极响应国家号召等。

（三）加强资源节约，做好环境保护

企业作为生产主体，既是有效利用资源和保护环境的主体，也是资源和能源消耗、污染物排放的主要载体。因此，在建设"资源节约型、环境友好型"社会的过程中，企业公民必须承担其应有的环境保护责任，在实际的经营管理中应采取对环境负责的行为，以技术创新为核心，大力发展循环经济，不断提高资源综合利用效率，坚持"低投入、低能耗、低排放、低污染和高效率"的发展原则，走一条企业与环境和谐发展的道路。

（四）强调以人为本，注重伦理道德

坚持以人为本不仅是企业公民的责任，而且是企业进行内部管理的基本内容之一，同时也是企业贯彻落实科学发展观的根本要求。坚持以人为本的核心在于把道德、伦理等因素注入企业日常经营管理之中，切实做到对每一位与企业发展紧密相关的人——股东、债权人、员工、消费者等利益相关者的密切关注，充分调动每个人的积极性。这不仅是企业实现有效管理的重要内容，也是企业提高经营水平的必然要求。

第一，注重产品质量和服务水平的提高。只有不断为社会提供优质、安全、健康的产品和服务，才能最大限度地满足消费者的需求。因此，要在保证产品和服务的安全性上下功夫，不断为广大消费者创造价值进而获得其信赖与认同。

第二，推进技术进步和自主创新，加强企业在国家间的交流与合作。通过加大企业研究开发资金投入，逐步建立和完善技术创新机制，实现技术创新与知识产权的良性互动。同时，要不断学习和借鉴国外企业公民建设的先进理念和成功经验，加强与相关国际组织的交流与合作，逐步跻身企业公民有关标准制定者的行列。

第三，保障生产过程安全健康，切实维护职工合法权益。企业要树立安全生产理念，注重安全生产方面的投入和应急管理体系的建立健全，不断提高应急管理水平和应对突发事件的能力。依法与职工签订并履行劳动合同，加强职业技能培训，为职工提供安全、平等、和谐、健康的工作条件和生活环境。

第四，关注社会发展，积极参与公益事业。企业通过慈善公益活动帮扶弱势群体，不仅使企业积极回报社会的理念深入人心，而且还为企业树立了关注社

会、热心慈善公益的美好形象，为企业的长远发展奠定良好的基础。

第五，积极公布企业公民建设报告，主动接受社会监督。企业应定期发布企业公民建设报告，向社会全面公布企业履行社会责任的现状、规划和措施，并及时了解和回应利益相关者的意见和建议，让利益相关者为企业公民的建设保驾护航。

三　中国式企业公民建设的路径选择

企业公民的概念由国外传入我国，经过多年的传播和深化，企业公民理念在国内企业界已得到广泛认同，国内一些大型企业已经开始了企业公民建设的尝试、探索和实践。政府陆续出台的一系列关于企业承担社会责任的指导意见，民间成立的一些有关企业公民的研究团体和评价机构，都对我国企业公民的建设和发展起到了积极的推动作用。但是，由于我国处于社会转型阶段、企业发展时间短、公司治理结构不完善、传统思想文化对现代经济尚有较深影响等原因，企业公民建设实践中仍存在一些企业只顾短期经济利润的追逐而置社会责任于不顾的现象。因而，加快我国企业公民建设任重而道远。若要实现我国企业公民建设的良性发展就要选择中国式企业公民建设的路径。目前，根据我国企业承担社会责任的实际情况，应在意识形态构建、企业内部治理、外部机制建设、政府作用发挥等方面下足功夫。

（一）充分利用社会意识形态的积极力量

意识形态作为一种无形的精神力量，在稳固主体行为能力方面起着十分重要的作用。要实现企业社会责任和企业自身发展的协调统一，必须注重把企业的公民意识融入企业发展的每个环节。这种意识要求企业树立正确的价值观，把企业公民建设的理念融入企业的发展战略，以此实现经济价值与社会价值的协调和统一，最终实现社会主义和谐社会的构建。

（二）建立适合企业公民建设的企业内部机制

企业是企业公民建设的主体与核心，企业公民建设是企业"公民化"的过程。因而，进行企业公民建设的关键是要充分发挥企业的主观能动性，建立起一套从意识到行为、从机制到体制的企业公民建设保障体系，使企业由内而外形成

一种自发的力量促进企业承担社会责任。

1. 建立科学合理的企业战略

企业公民在其战略的制定、执行以及战略目标的实现等各个环节都要积极承担相应的义务和责任，坚定不移地为社会的和谐发展贡献力量。具体来说，就是把社会责任的履行贯穿在企业战略制定的整个过程中，把企业战略目标的实现建立在"履行社会责任"的基础上，使企业战略目标的实现除了体现企业需求以外，还体现整个社会的需求，最终让企业公民的理念在实践中体现。

2. 构建高效的法人治理结构

良好的公司治理结构是提高企业决策水平和优化企业发展环境的重要保证，也是企业实现可持续发展的重要节点。一个优秀的企业必然具有一个规范、高效的决策层，拥有强有力的监督机构和一大批精通业务、道德觉悟高的职业经理人。因此，促进企业履行社会责任，离不开建立合理高效的公司治理结构。通过规范公司管理者行为，把履行社会责任的理念融入公司治理、企业决策、生产经营等多个环节，最终促进企业争做优秀企业公民。

3. 培育优秀的企业公民文化

企业文化之所以是企业的灵魂，是因为它能够通过教育、协调、控制和激励的方式从深层次影响员工的心理和行为，使员工行为和企业目标保持高度一致，从而推动企业的生存和发展。因此，企业公民要培育优秀的企业文化，在企业的经营管理中坚持"以人为本"，逐步建立起承担社会责任、蕴涵企业公民意识的企业道德文化，把企业建成使每个利益相关者都具有相同使命感的命运共同体，最终实现企业利益与社会利益的一致。

（三）加快建立促进企业公民建设的外部机制

加快建立促进企业公民建设的外部机制主要有以下五个方面：一是建立企业公民的评估评价体系。随着企业公民建设的不断深入，不少评价机构不断推出为数众多的优秀企业公民评估评价标准，但是目前尚未形成一个科学的、统一的、被社会广泛接受的关于企业公民的评价体系。因此，现阶段应该积极构建一套含有科学评价指标的、被广泛认可的企业公民评估评价体系。此外，该评价体系应该是一个动态变化的概念，并针对企业公民建设实践的要求实时更新以确保整个评价体系的准确性和客观性。二是加强对企业公民建设的监督力度。良好的企业公民建设氛围，离不开强有力的外部监督。有效的监督不仅包括政府部门的监督，也包括社会组织和社会舆论的监督。现阶段，应充分利用各类组织的力量，发挥对企业公民建设的监督作用。三是完善激励机制。在评价体系和监督信息透明公开的前提下，建立合理的激励机制。以政府为主导，鼓励各商业组织和媒体对优秀企业公民的评选活动进行宣传、对优秀企业公民给予表扬，从而树立良好的公众形象，使其被市场和社会认可和接受。通过建立高度的社会公众信任感，吸引更多的消费群体以及外部投资者，为企业营造良好的发展环境和空间。这一切又会推进企业公民的建设，从而形成良性的企业发展循环。四是发挥相关专业服务机构的作用。现阶段，在推进我国企业公民建设的同时，还应充分发挥咨询、审计、服务及研究与培训等专业机构的作用，并对其进行培育和鼓励，使之成为企业公民建设的有生力量，推进企业社会责任实践的规范化和制度化建设。同时，加强各种专业机构、组织以及社会公众之间的沟通，使其成为促进我国企业公民建设的重要力量，从而有效地促进企业承担社会责任。五是充分发挥非政府组织在企业公民建设中的积极作用。当国内企业的公民意识开始苏醒，国际上一些优秀企业已经探索到一条更新的企业公民建设路径，那就是企业与专业的NGO（Non-government Organization，非政府组织）进行合作。NGO凭借其在救灾扶贫、社会发展方面拥有的成熟的工作流程、相关网络以及项目寻找的强大能力，通过慈善宣传活动、劳工权益运动以及制定普遍接受的企业公民标准体系等一系列行之有效的措施去监督企业履行社会责任，加快推进企业公民建设的进程。可见，非政府组织在企业公民建设的过程中发挥着极为重要的作用。因而，充分发挥非政府组织的作用是推动我国企业公民建设的重要举措。

（四）充分发挥政府在促进企业公民建设中的作用

政府是市场经济得以健康运行的"裁判员"，企业需要接受政府的监管并在其战略规划、引导下开展经营活动。作为市场经济的管理者和规则的制定者，政府必须明确自己的定位，扮演好自身的裁判员和服务员的角色，确保整个市场经济的"运动员"都按照一个良性的方向运转。同样，只有准确定位政府在企业履行社会责任中的作用，才能为企业履行社会责任提供更为良好的社会环境。目前，我国企业的公民意识处于萌芽阶段，社会又缺乏相对完善的社会责任推动机制，所以，充分发挥政府在企业公民建设中的积极作用显得尤为重要。

第一，政府要加强和完善自身职能建设，搞好社会管理和公共服务。政府作为整个社会的组织者和管理者，承担着经济调节、市场监管、社会管理和公共服务等重要责任，在实现社会持续健康稳定发展方面发挥着不可替代的作用。因此，政府要努力加强自身的职能建设，在增强社会公信力的同时不断规范自身的行政行为，并积极承担起政府在企业公民构建过程中的责任。

第二，完善法律法规，强化政策支持力度。企业公民的建设离不开法律的保障，只有将企业公民建设上升到法律层面，将企业公民的权利和义务以法律形式加以明确，才能不断促进企业承担社会责任。因此，要进一步发挥政府立法部门在制定和完善相关法律法规方面的作用，明确企业的公民地位并对其权利与义务作出明确而具体的规定，逐步把企业社会责任提升到法律层次。在完善法律的基础上，还必须加强执法力度，为企业公民建设提供有力的支持和监督，真正做到执法必严、违法必究，使我国的企业公民建设最终达到法治的目的。

第三，建立相关协调机制和企业公民建设指导制度。随着国际社会责任运动的快速发展和影响的日益加深，许多国家都已把企业公民建设视为自身经济健康发展不可或缺的重要内容并把其上升为国家战略，运用国家力量对企业社会责任的实践进行引导和推动，以此为企业和国家赢得可持续发展的机会。在这种背景下，我国有关的政府部门必须统一思想，在充分协商的基础上制定出符合我国国情的企业社会责任国家战略，建立起推进企业公民建设的政府机构、协调机制和企业公民建设指导制度，使企业在更为广阔的平台上参与国际竞争，为实现国民经济的健康持续发展和进一步提升我国的国际形象创造条件。

当前，我们正处在一个社会转型、经济结构调整、文化急剧变革的重要时期，企业社会责任的主体意识尚未形成，企业公民建设的内在机制也未完全建立。加快我国企业公民建设，既是社会和谐发展的要求，也是企业可持续发展战略的选择。因此，根据当前企业自身发展状况，需要探索一条中国式的企业公民建设路径。目前，可通过加强企业内部治理和优化外部环境等方面来促进企业公民建设的良性发展，一方面企业要主动适应社会发展的需要，在获得经济利益的同时加快自身的企业公民建设，实现企业公民建设的良性发展；另一方面需要包括企业、政府、非政府机构、服务机构、新闻媒体、消费者、劳动者等在内的整个社会的共同努力，为企业履行社会责任营造一个良好的外部环境，使企业更加关注整个社会的和谐发展，通过承担相应的社会责任为构建和谐社会贡献自己的力量。

总 报 告

General Report

B.1

中国企业公民实践报告

中国企业公民报告课题组 *

摘　要：2009~2011 年，中国企业公民实践稳步发展，实现了持续创新，有力促进了经济、社会、环境的协调发展。但中国企业公民实践仍然存在一些较为严重的问题：不平衡性十分显著，许多企业履行公民责任是外部刚性约束下的局部性、阶段性、标签化行为，发布企业公民（社会责任）报告的数量和质量仍不乐观，部分企业为追求不当得利严重损害其他利益相关者利益的违规败德行为引发社会的强烈关注和谴责。报告分析了上述问题出现的根本原因，在于企业公民概念仍没有完全获得企业的实质性认同。企业公民强调的是商业价值与环境价值、社会价值的整合。只有通过企业、政府和社会等各方工作的有机衔接、相互配合，形成整体功能，促使企业完成

---

* 中央财经大学中国发展和改革研究院的"中国企业公民报告课题组"成立于 2008 年，并于 2009 年 7 月出版了中国当代第一本企业公民蓝皮书——《中国企业公民报告（2009）》。2012 年课题组推出《中国企业公民报告 No. 2》，主要编写成员包括邹东涛、张晓、王再文、孙凤仪、孙秀亭、许亚萍、刘方、靳乾等。

心智模式的转换，并在战略、愿景和业务模式上付诸实践，才有可能实现企业公民实践在中国的可持续发展。

关键词： 企业公民实践　发展　问题　建议

　　中国自古所倡导的"礼"，是社会秩序和法制的悠远而坚实的思想理论基础，也是企业公民理念的基础。《左传》引"君子"言曰："礼，经国家，定社稷，序民人，利后嗣者也。"（左传·隐公·卷四·十一年）"企业公民"概念自被引入我国近十年以来，经历了理念启蒙、行动探索和初步达成社会共识的阶段。2009～2011年，中国企业公民实践继往开来，其参与主体、践行方式、行为绩效等方面获得了持续发展，具体表现是：多数企业能够准确地识别出资人、客户、员工、供应商、环境、社区、社会、政府、同行等利益相关者，并能够基本履行相应的企业公民责任；部分领先企业将公民责任融入企业战略、治理和运营流程，引导战略性企业公民责任向商业能力回归，逐步向拥有卓越核心竞争力的国际化企业迈进。不容否认的是，过去三年中国企业公民实践也面临严峻的挑战。首先，中国企业公民实践的不平衡性十分显著，仍有不少企业对公民责任没有实质性的认同，甚至仍有相当数量的企业基本属于企业公民实践的旁观者。主要表现为产品质量、安全生产、劳工保护、环境保护等领域仍存在不少违规败德行为，双汇瘦肉精事件、"尘肺门"事件、富士康员工持续跳楼事件、紫金矿业环境污染事件等，都曾经引发社会强烈关注和谴责。其次，许多企业履行公民责任是外部刚性约束下的局部性、阶段性、标签化行为。随着市场化、工业化的深入，各利益相关者对作为资源配置主体的企业解决"工业化病"寄予厚望，资本市场出现了责任投资新潮；随着全球化的深入，国外企业要求供应链企业履行公民责任并呈现标准化新趋势；随着信息化的深入，企业进入透明化时代，企业向利益相关者示好的动机空前增强。最后，发布企业公民（社会责任）报告或可持续发展报告的数量和质量仍不乐观，以至于 George Serafeim 和 Robert G. Eccles（2011）将中国归属于"不关心可持续发展的国家和地区"。总之，过去三年，中国企业公民实践加速与徘徊的趋势同在，尽管加速的趋势更为突出。

　　当企业主要基于外部约束而履行公民责任的时候，其实已经远离了企业公民的本义。企业公民强调的是商业价值与环境价值、社会价值的整合，是将解决重大环境和社会问题视为战略性商业机遇的，而不是视为经营之外的责任和负担的。

因此，从企业公民的本义以及中国特色优秀企业公民的基本要求出发，梳理中国当前企业公民实践中存在的问题及其背后的深层原因，促使企业完成心智模式的转换，并在战略、愿景和业务模式上付诸实践，实现企业公民实践在中国的可持续成长，将是今后政府、行业组织、企业以及社会各界力量共同的努力方向，也是本课题的使命。

一 中国企业公民实践的发展现状

如果说2008年是我国企业公民理论和实践"井喷"的一年，那么2009年以来的企业公民实践，则是在2008年较高起点上的拓展和深化，实现了参与主体、践行方式、行为绩效等方面的全新发展和包容式成长。企业主动承担实践责任，政府部门、社会组织、新闻媒体等积极为企业公民实践提供引导、咨询、监督和服务。总之，我国的企业公民实践已经在多主体、多层次、宽领域合作践行轨道上稳步前进，具体表现在以下五个方面。

（一）企业更加积极主动参与公民实践活动

企业是企业公民实践的主体，在整个企业公民实践过程中处于绝对的核心地位，参与实践的企业的数量和质量在很大程度上决定了企业公民实践的范围和深度。2009～2011年，无论是国有企业、民营企业还是外资企业，都加快了投身企业公民实践的步伐，对整个实践活动起到了很好的支撑和推动作用。不断加入的"新鲜血液"，从"量"上扩大了企业公民实践的范畴，从"质"上拓展了企业公民实践的内涵，使得整个企业公民实践活动有层次、有内容、有效果，形成了以企业为主体，以政府为指导和保障，囊括企业、政府、社会组织、新闻媒体、行业协会等各方面力量的多层次、宽领域、全方位的综合体系，推动着我国企业公民实践稳步前行。

从数量上来看，2009～2011年，主动发布企业公民（社会责任）报告并接受社会各界监督和批评的企业数量与日俱增（见图1），发布报告企业所属行业的分布也具有广泛化、深入化的特点（见表1）。企业通过发布企业公民（社会责任）报告，将企业公民实践活动公开化、透明化，扩大了社会影响，增强了企业与社会公众的互动。

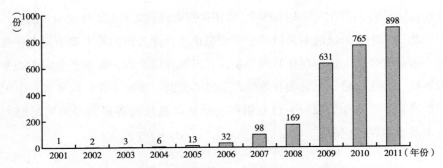

图1 2001～2011年我国企业公民（社会责任）报告发布数量变化图

资料来源：课题组据有关资料整理，部分来自《WTO经济导刊》企业社会责任发展中心，《中国企业社会责任报告研究2001～2011》。

表1 2009～2011年发布企业公民（社会责任）报告企业所属行业一览

单位：份

报告发布企业所属行业	2009年	2010年	2011年
农、林、牧、渔业	7	4	20
采掘业	28	37	45
制造业	322	401	414
电力、煤气及水的生产和供应业	43	47	58
建筑业	12	15	28
交通运输、仓储业	38	47	58
信息技术业	17	35	41
批发和零售贸易业	18	25	36
金融保险业	57	80	87
房地产业	38	43	36
社会服务业	12	12	15
传播与文化产业	5	5	14
综合业	34	14	47

资料来源：课题组据有关资料整理，部分来自《WTO经济导刊》企业社会责任发展中心，《中国企业社会责任报告研究2001～2011》。

从质量上来看，参与企业公民实践的企业，其参与度越来越高，所涉及的实践方式也日趋丰富和富有时代特征，这些特点从相关企业发布的社会责任报告中可见一斑。目前，中国企业对外发布的社会责任报告呈现出以下特点：首先，报告以综合性的企业社会责任报告或可持续发展报告为主流，关注的议题相对于以前有所扩展，不再单纯地讨论环境、雇员关系和慈善捐赠等，而是顺应国际化潮流，开始越来越多地关注国际标准和准则、经济议题、供应链议题、气候变化以及利益相关者的识别等。其次，报告的可信度有了提升，大部分报告在表述企业参与实践时多采用客观、审慎的态度，并开始引用来自政府、员工、产业链供销商、媒体及行业组织等利益相关者的评价或建议，同时依据国务院国资委《关于中央企业履行社会责任的指导意见》《中国企业社会责任报告编写指南》等①多种标准进行编制，使报告标准化。再次，价值创造日益成为社会责任报告的关注点，经济价值、社会价值、环境价值三者缺一不可，大部分的报告都直接或间接地披露了这三方面的价值增值情况。最后，报告质量的提升促使读者群和影响面不断扩大，报告结构更加完整、规范，表达方式更加人性化，注重引入利益相关方评价或第三方审验以提高报告可信度，吸引了公众的关注度。以中央企业2010年发布的报告为例，在选取的46份样本中利用利益相关者识别②的办法（见表2），企业社会责任报告中传统的利益相关者（或核心利益相关者或紧密利益相关者）显示了较高的识别率——均在80%以上，大部分报告中积极披露履

表2　46家中央企业2010年度社会责任报告利益相关者识别情况统计

单位：%

	A	B1	B2	C	D1	D2	E	F1	F2	F3	G	H1	H2	H3	H4	J
采矿业（4）	3	4	4	3	1	2	0	3	3	3	4	1	4	4	0	3
石油石化业（3）	3	3	3	3	1	1	1	3	3	3	3	2	3	3	1	1
冶金制造业（5）	5	5	5	5	2	4	1	4	5	2	3	1	5	5	2	5
机械制造业（9）	7	9	9	7	0	3	2	6	2	7	3	3	9	9	2	9
电力业（8）	8	8	8	6	3	1	0	6	8	6	7	5	8	8	3	7
建筑业（5）	5	5	5	5	0	2	0	2	5	4	1	1	5	5	1	5
军工业（4）	4	4	4	2	1	0	2	4	2	2	2	1	4	1	4	2
交通运输业（5）	5	5	5	4	4	0	0	4	4	5	5	0	5	5	0	5
通信业（3）	3	3	3	2	1	0	0	3	3	2	2	2	3	2	0	2
46家合计	43	46	46	39	13	14	6	38	33	32	35	16	46	45	11	39
所占比例	93	100	100	85	28	30	13	83	72	70	76	35	100	98	24	85

资料来源：赵杨、王再文：《中央企业履行社会责任报告2011》，中国经济出版社，2011。指标解释：A. 投资者，B1. 员工的安全与健康，B2. 员工的培训与发展，C. 消费者/客户，D1. 同行，D2. 供应商，E. 债权人，F1. 依法纳税，F2. 防治商业腐败与贿赂，F3. 响应并支持国家政策，G. 社区建设，H1. 增加就业，H2. 慈善捐赠，H3. 环保节能，H4. 民间组织与媒体，J. 自主创新与技术进步。

---

① 到目前为止，国内不同组织发布的有关报告编写标准或指导性意见有14个。

② 本处所指的"识别"，是指CSR报告中对该利益相关者的履责状况有明确的专门描述，而非仅仅作为一个指标或名称存在。

行社会责任的措施与绩效，约70%的报告包含了响应宏观政策相关内容，如执行政府产业政策，支持世博会、亚运会，参与新农村建设，促进就业等。

（二）政府加强法治建设，鼓励和推进企业公民实践活动

将必尽的责任法制化是企业公民实践活动的国际惯例，经济责任和法律责任是企业公民实践活动的基础内容，企业公民实践活动的进行又离不开国家政策法规的支持、保障、监督和引导。过去三年，从中央到地方，我国政府不断加大对企业公民建设的关注，制定并颁布了大量与企业公民（社会责任）相关的法律法规。这不仅弥补了我国在该领域的空白，而且深化了对企业公民实践的指导、规范和监督，使企业公民实践有法可依。据不完全统计，2009～2011年，我国（包括中央政府和地方政府）共颁布与企业公民（社会责任）相关的法律、法规、建议以及试行办法311项，其中2009年47项，2010年196项，2011年68项，中央机关及其直属机构共颁布相关文件169项，地方政府共颁布相关文件142项，基本形成了一个完整的法律法规体系（见图2）。

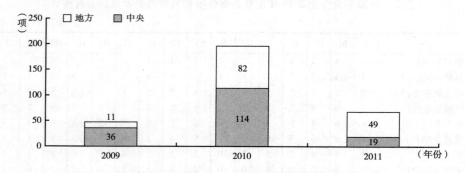

图2　2009～2011年我国与企业社会责任相关法律法规颁布情况

资料来源：课题组据有关资料整理。

根据各年份颁布法规的主体进行分析，可以看出地方政府所占的比例逐年增长，2011年颁布的法规文件数量甚至超过了中央机关及其直属单位。这说明随着企业公民理论的不断普及以及社会主义市场经济的不断发展，我国地方政府对企业公民实践的重视程度与日俱增，已经将其纳入各地的重要工作中，形成了一个由上而下，由中央到地方的多角度、多层次的监督规划体系。针对311项政策法规的具体内容依据关键词索引分析，其中涉及产品安全（包括食品安全、银

行信贷安全等）的共计 105 项，涉及环境保护（包括节能减排等）的共计 77 项，涉及劳动关系（包括薪酬、农民工就业保障、福利、劳动条件等）的共计 46 项，涉及行业标准（包括行业准入条件、行业社会责任要求等）的共计 44 项，涉及纳税的 13 项，涉及慈善捐赠的 10 项，其他综合类的 16 项。这反映出我国与企业公民实践相关的法律法规的覆盖面越来越广，包含的内容越来越具体，监管标准越来越严格（见图 3）。过去三年，我国政府较好地承担了"规制者"的角色，具体表现在：第一，强制性规制已较为完善。我国在企业公民（社会责任）相关立法方面已经取得了一定进展。在各类立法主体颁布的法律文件中，都有涉及该内容的相关法律规范，其中消费者权益保护、安全生产、环境保护等方面的法律条文最完善。第二，部分地方已开始尝试出台自律性和引导性规制措施。目前，中国尚未出台企业公民（社会责任）国家标准，但部分地方政府制定了企业公民（社会责任）标准和评价体系。如 2008 年 11 月，上海市质量技术监督局发布企业社会责任地方标准，并于 2009 年 1 月 1 日起在上海市推广实施。

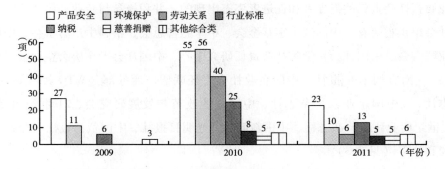

图 3　2009～2011 年我国与企业社会责任相关的法律法规按关键词分类示意图

资料来源：课题组据有关资料整理。

除了在立法上的重视外，中国政府领导和有关部门同时努力承担了企业公民实践"推进者"的角色。2009 年 6 月，全国 28 个省（直辖市、自治区）党委政策研究室系统的 150 名代表齐聚烟台，学习讨论山东省制定的《中国企业社会责任评价体系》，考察其试点工作，这是我国政府部门第一次如此大范围、大规模的企业公民（社会责任）学习考察活动。在 2009 年 11 月召开的中央企业社会责任工作会议上，国务院国资委鼓励中央企业按照《中央企业履行社会责任指导意见》中的指示发布企业社会责任报告，并明确提出中央企业必须在 3 年以内发布社会责任报告①。2010 年 8 月，在国务院国资委召开的中央企业负责人会议上，时任国资委主任的李荣融强调"企业责任，真诚而不仅仅是慷慨"②，以此勉励中央企业履行社会责任。2011 年 11 月 11 日，国务院国资委在北京召开中央企业社会责任工作会议，公布"2011 中央企业优秀社会责任实践"③ 评选结果，总结交流近年来中央企业社会责任工作的成效和经验，并研究部署下一步中央企业社会责任工作，要求中央企业做好企业公民实践的带头人。

（三）社会团体积极倡导和促进企业公民实践活动

作为独立的第三方社会组织，在加强企业与利益相关方之间的良性互动，企业公民智识的生产和传播，将企业公民理念贯穿落实到企业战略规划乃至制度机制之中等方面，往往扮演着至关重要的角色。

基于对企业公民理论的不同理解，各社会组织的参与程度也不同。目前，以企业履行社会责任的倡导者和促进者姿态出现的，并积极参与企业公民实践活动的社会组织主要有：中国红十字基金会、中华慈善总会、中国生产力学会、中国企业联合会、中国社会科学院社会责任研究中心、中国社会工作协会企业公民委员会、《南方周末》报社、中国企业社会责任联盟、商务部《WTO 经济导刊》杂志社、《中国企业家》杂志社、中国企业改革与发展研究会、21 世纪报系、《21 世纪商业评论》杂志社、中国新闻社、光明日报社、中国贸易报社《公益慈善周刊》等（见表3）。

（四）新闻媒体积极监督和促进企业公民实践活动

对企业而言，新闻媒体就是聚集出资人、客户、员工、供应商、环境、社区、社会、政府、同行等利益相关者声音的集合器。一个微弱的声音，经过传媒

---

① 《央企 3 年内均须发布企业社会责任报告》，《京华时报》2010 年 8 月 9 日，http：//finance. qq. com/a/20100809/000767. htm。

② 《李荣融：真诚不仅是慷慨，央企将发社会责任报告》，《经济参考报》2010 年 8 月 5 日。

③ "2011 中央企业优秀社会责任实践" 评选揭晓，2011 - 11 - 16，http：//www. dh. gov. cn/bofcom/433480298882138112/20111116/306021. html。

表3 社会组织参与企业公民实践活动一览表

组织名称	活动时间	活动内容
中国红十字基金会	2009 年 1 月 9 日	中国红十字基金会和《中国新闻周刊》联合主办的第四届"中国·企业社会责任国际论坛暨改革开放 30 年·最具责任感企业"颁奖典礼在钓鱼台国宾馆隆重举行
	2009 年 4 月 9 日	由金融界网站、中国社会工作协会主办,中国红十字基金会作为公益支持单位的"2008 中国金融企业慈善榜"发布活动在北京钓鱼台国宾馆举行。活动中募集的善款将捐赠给中国红十字基金会用于"红十字书库"公益项目
	2009 年 9 月 25 日	第五届"中国·企业社会责任国际论坛"正式启动,这场以"跨越六十年——聚焦中国式责任"为主题的启动论坛在北京西苑饭店举行。论坛提出"中国式责任"这一具有现实意义的概念,中国政经界首度在社会责任领域共同阐释"中国式责任"的理念与内涵
	2009 年 11 月 23 日	由中欧国际工商学院、中国欧盟商会联合举办的"履行企业社会责任是企业可持续发展之路?——欧盟与中国的最佳实践经验"国际论坛在上海浦东中欧国际工商学院举行。中国红十字基金会副秘书长刘选国、海外联络部负责人高瑞立应邀出席了此次论坛
	2010 年 1 月 16 日	在百度十周年庆典当日,中国红基会携手百度联盟正式启动"联盟·爱"公益行动。中国红基会常务副理事长兼秘书长王汝鹏与百度联盟总经理蔡虎共同出席启动仪式并致辞,携手发布"联盟·爱"公益行动
	2010 年 1 月 22 日	由《中国新闻周刊》和中国红十字基金会联合主办的第五届"中国·企业社会责任国际论坛"在人民大会堂小礼堂举行
	2010 年 4 月 8 日	国务院国资委联合中国红基会举行"中央企业支援云南、贵州、广西抗旱救灾第二批捐赠仪式"在京召开
	2010 年 4 月 28 日	由民政部指导、中国社会工作协会主办,公益时报社承办,中国红十字基金会等数十家公益机构提供数据支持的"2010 年中国慈善排行榜发布典礼暨明星慈善夜"在北京钓鱼台国宾馆举行
	2010 年 7 月 9 日	由《中国新闻周刊》、中国红十字基金会、中欧国际工商学院联合主办,上海金桥(集团)有限公司协办的第三届中欧社会论坛"企业社会责任主题(金桥)论坛"在上海浦东新区中欧国际工商学院开幕
	2010 年 11 月 3 日	由《中国新闻周刊》和中国红十字基金会联合主办的第六届"中国·企业社会责任国际论坛"在北京香格里拉酒店正式启动,启动论坛以"从增长到发展:方式转变与企业责任"为主题
中华慈善总会	2011 年 3 月 9 日	由中华慈善总会和《人民政协报》共同举办的"第三届企业社会责任高层论坛"在北京人民政协报社举行

续表

组织名称	活动时间	活动内容
中央财经大学中国发展和改革研究院	2009 年 4 月 26 日	举办"资本精神与现代慈善事业"研讨会
	2009 年 7 月 15 日	与社会科学文献出版社、《中国企业报》、北京恩必特经济咨询中心联合主办的"企业公民理论与实践研讨会暨《中国企业公民报告（2009）》首发式"在北京举行
	2010 年 1 月 27 日	组织有关专家学者对 2009 年发生的企业公民新闻事件进行了总结和梳理，评选出了"2009 年中国企业公民十大新闻"
中国社会科学院社会责任研究中心	2008 年 2 月成立	是中国社会科学院主管的非营利性学术研究机构，着力于中国企业社会责任的推动和企业公民实践的执行
	2009 年 12 月 20 日	中心发布中国第一本 CSR 报告编写指导手册——《中国企业社会责任报告编制指南》，这是我国企业社会责任理论研究的一项重大成果
	2010 年 4 月	中心先后与三家社会责任先进企业建立"中国社会责任研究基地"，形成了较好的典型示范作用
	2010 年 9 月	中心主持的中国社会科学院研究生院 MBA《企业社会责任》必修课正式启动，这是中国第一个将《企业社会责任》列入必修课程的 MBA 项目
北京东方君和管理顾问有限责任公司	2009 年 6 月	编制中国烟草行业卷烟流通企业首份社会责任报告——《和谐社会与你同行——山西烟草 2008 年度社会责任报告》
	2010 年 12 月	在京主办"新媒体环境下行业公共关系管理暨企业社会责任价值"专家研讨会，围绕"社会转型期传媒引导舆论的责任""大企业的公共关系与社会责任"等焦点论题进行了深入研讨。本次研讨会是东方君和公司主办的第一届中国社会责任与可持续发展年会
	2011 年 8 月	设计研发了中国烟草行业卷烟流通企业首个社会责任评价指标体系，编制了《太原市烟草专卖局（公司）社会责任评价指标体系》
	2011 年 10 月	编制中国卷烟工业集团首份企业社会责任报告——《共创价值共赴美好——红云红河烟草（集团）有限公司 2010 年度社会责任报告》
	2011 年 11 月	在北京主办东方君和第二届中国社会责任与可持续发展年会，围绕"社会责任承担的路径选择""企业的未来与社会责任战略""企业社会责任的有效推进和实践""社会责任与可持续发展"等相关焦点议题进行深入研讨，并首次发布了《中央企业社会责任实践研究报告（2011）》
	2012 年 3 月	东方君和与中央财经大学中国改革和发展研究院合作共建"中国企业公民研究中心"，围绕企业公民理论研究与实务建立产学研一体化平台，共同编制《中央企业履行社会责任报告》（中国经济出版社）和《中国企业公民报告》（社会科学文献出版社）。通过对社会责任的研究、培训和咨询，积极倡导社会责任价值观，推动中国企业界的社会责任实践
《南方周末》报社	2011 年 12 月 29 日	发布《企业社会责任创新特刊》，对我国的企业公民建设以及企业社会责任的履行状况进行了详细的分析

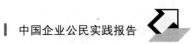

续表

组织名称	活动时间	活动内容
中国社会工作协会企业公民委员会	2009 年 5 月 19 日	由中国社会工作协会、中国社会工作教育协会、上海市社会工作培训中心、民政部社会工作研究中心和长沙民政职业技术学院联合举办的"中国社会工作发展报告蓝皮书发行仪式暨灾难救援和灾后重建中的社会工作"论坛在北京大学英杰交流中心举行
	2009 年 6 月 22 ~ 27 日	企业公民委员会主办的"社区工作方法与技巧培训班"在内蒙古自治区呼和浩特市正式开班
	2009 年 8 月 13 日	中国社会工作协会企业公民委员会在北京召开工作会议,宣布 2009 年第五届中国优秀企业公民系列活动正式启动,并披露本次优秀企业公民系列活动将新增优秀企业公民系列访谈、优秀企业公民星级标准、企业公民慈善晚宴等一系列活动,并进一步规范优秀企业公民参评范围
	2009 年 8 月 30 日	由企业公民委员会和湖北省襄樊市精神文明建设委员会共同主办的中国企业公民道德建设论坛在襄樊市召开,论坛的主题是"金融危机与企业公民道德建设"
	2010 年 1 月 14 日	由企业公民委员会与中国可持续发展工商理事会(CBCSD)、商务部《WTO 经济导刊》杂志社、日本经济团体联合会海外事业活动关联协议会(CBCC)联合举办的"第二届中日企业社会责任论坛"在北京举行
	2011 年 12 月 4 日	"企业公民委员会第三次会员大会暨第七届年会"在北京召开
商务部《WTO 经济导刊》杂志社	2009 年 2 ~ 3 月	在北京举办一系列企业社会责任报告编制的培训,一一解答企业在编制企业社会责任报告中遇到的各种问题
	2010 年 1 月 29 日	《WTO 经济导刊》企业社会责任中心与中国药文化研究会合作,在北京举办了"医药百强企业社会责任报告培训"
	2010 年 12 月 1 日	《WTO 经济导刊》联合中德贸易可持续发展与企业行为规范项目和中国可持续发展工商理事会,在上海浦东海神诺富特大酒店举办"责任沟通创造价值——第三届企业社会责任报告国际研讨会"
	2011 年 12 月 2 日	由《WTO 经济导刊》、中国可持续发展工商理事会共同举办的"责任沟通创造价值——第四届企业社会责任报告国际研讨会"在北京召开
中国企业改革与发展研究会	2010 年 1 月 23 ~ 24 日	由中国企业改革与发展研究会企业社会责任分会主办的第五届中国企业社会责任高峰论坛在京举行,此次论坛的主题是"责任与增长"
21 世纪报系	2009 年 12 月 9 日	由《21 世纪商业评论》和《21 世纪经济报道》主办的"2009 中国企业公民论坛暨第六届中国最佳企业公民颁奖典礼"在北京嘉里中心举行
	2010 年 12 月 3 日	由《21 世纪商业评论》和《21 世纪经济报道》联合主办,21 世纪企业公民研究中心承办的"2010 中国企业公民论坛暨第七届中国最佳企业公民颁奖盛典"在北京举行
	2011 年 12 月 2 日	由《21 世纪商业评论》和《21 世纪经济报道》主办的"2011 中国企业公民论坛暨第八届中国最佳企业公民颁奖盛典"在北京举行

续表

组织名称	活动时间	活动内容
中国企业联合会	2010 年 1 月 13 日	联合会执行副会长陈兰通出席中、挪企业社会责任研讨会并致辞。该研讨会由中国企业联合会、挪威驻华大使馆、挪威工商总会和挪威创新署联合主办，会议围绕"全球契约"及"职业安全与健康"等议题展开了讨论和经验交流
	2010 年 4 月 15 日	由挪威工商总会、越南工商总会、印度尼西亚雇主协会和中国企业联合会联合举办的"第四届企业社会责任领域职业安全卫生地区论坛"在越南召开，我国与会代表就我国职业安全卫生领域状况、中国企联开展活动及企业实践情况进行经验介绍
	2011 年 4 月 29 日	中国企联代表出席民政部民间组织管理局召开的行业协会履行社会责任研讨会，并就履行社会责任以及推动企业社会责任的情况向会议做了介绍

资料来源：课题组据有关资料整理。

放大，常常会对企业的声誉产生非常大的冲击。信息技术助力的传媒已经引领企业进入透明化时代，客观、公正的报道是推动企业公民实践的重要动力和压力。围观改变中国，围观温暖中国。

过去的三年，新闻媒体对企业公民实践的关注度不断提升。若以"企业社会责任"或者"企业公民"为关键词在百度、谷歌等门户网站进行新闻搜索，可以明显地观测出阶梯式的增长曲线（见图4）。

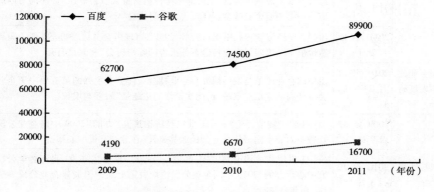

图4　新闻媒体对企业公民关注度变化

资料来源：百度、谷歌网站，2012 年 1 月 1 日搜索，课题组整理制作。

2009 年以来，新闻媒体，特别是以微博为代表的新媒体，充分发挥惩恶扬善、锄奸扶弱的功能，积极为优秀的企业公民实践者摇旗呐喊，并帮助其巩固核心竞争力。同时，也对企业公民实践中的违规败德行为及时进行了道德鞭挞。双汇瘦肉精事件、"尘肺门"事件、富士康员工跳楼事件、紫金矿业环境污染事件等经媒体报道后，都曾经引发社会强烈关注和谴责。2009 年以来，诚信中国网、中国企业建设网、CSR 报告网、《WTO 经济导刊》网、未来公益网、企业社会责任中国网、中国企业公民网、浦东企业社会责任网、搜狐绿色频道、腾讯绿色频道等一大批门户网站，积极宣传企业公民理论与实践，提高了全社会的企业公民意识，有力地促进了中国企业公民实践的健康发展。

此外，如前所述，过去三年新闻媒体促进企业公民实践的一个重要渠道，就是通过与学术机构合作，研究和普及企业公民理论，促进企业公民理论与实践相结合，使企业公民实践获得智力支持。例如，由商务部《WTO 经济导刊》杂志社主办的"企业社会责任中国网"，不仅紧密关注企业公民实践状况，收录相关法律条文、行业规定、会议记录、社会责任报告以及各种实践成果的展示，还与各大高校以及非营利性研究机构合作，推进企业公民理论研究，规范企业公民（社会责任）报告的编制，开展有关企业公民理念的培训，已成为一个将企业公民理论与实践推广者紧密联系的门户网站。

（五）行业协会积极支持和引导企业公民实践活动

行业协会和企业组织通过各种形式，敦促企业在环境、社会问题等方面扮演重要角色，提高企业公民实践意愿。他们通过对企业公民责任的宣传和与企业、政府、国际组织的合作与交流，积极参与优秀企业公民实践活动，发挥了重要作用。特别是引导企业将坚持守法经营、不断提高持续盈利能力、为全社会提供优质安全健康的产品和服务、节约资源保护环境、推动技术进步和自主创新、实现安全生产、切实维护职工合法权益、热心参与社会公益事业等方面作为工作重点，积极实践优秀企业公民活动。同时，大量行业组织还积极制定和发布行业社会责任指南及技术规则（见表4），搭建为企业推行公民责任服务的平台，开展有关培训和宣传，指导企业公民（社会责任）报告的撰写和发布。

行业协会与企业组织不仅制定企业公民建设的指引或准则，而且引入专业咨询服务机构开展培训，促使行业内企业编制企业公民（社会责任）报告的规范化，

表4 行业协会和企业组织发布的行业社会责任准则或指南

发布单位	发布时间	发布的准则或指南名称
中国皮革协会	2006 年	《中国皮革行业社会责任指南》
上海证券交易所	2008 年	《上市公司内控报告和社会责任报告的编制和审议指引》
中国工业经济联合会、中国煤炭工业协会、中国机械工业联合会、中国钢铁工业协会、中国石油和化学工业协会、中国轻工业联合会、中国纺织工业协会、中国建筑材料联合会、中国有色金属工业协会、中国电力企业联合会、中国矿业联合会联合发布	2008 年	《中国工业企业及工业协会社会责任指南》
中国有色金属工业协会	2009 年	《中国有色金属工业企业社会责任指南》
中国纺织工业协会	2009 年	《中国纺织服装企业社会责任报告验证准则》
中国银行业协会	2009 年	《中国银行业金融机构企业社会责任指引》
中国林业产业联合会和中国林产工业协会联合发布	2011 年	《中国林产业工业企业社会责任报告编写指南》
全球报告倡议组织（GRI）	2011 年	《建筑与房地产行业补充指南》

资料来源：课题组据有关资料整理。

并努力提高其企业公民素养，深化其对企业公民实践的理解。2009～2011 年，共有大约 30 家咨询服务机构在行业协会及企业组织的联系下拓展了与企业公民实践有关的服务。而行业协会本身组织或参与的相关实践培训数量也呈逐年上升的趋势（见图 5），涉及的社会责任范围也越来越广（见表 5）。

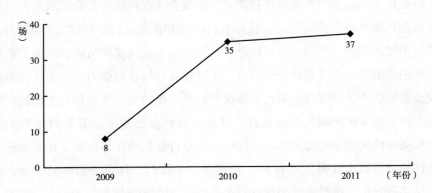

图5 2009～2011 年与企业公民相关的培训讲座的数量变动情况

资料来源：企业社会责任中国网，http://csr - china. net/templates/node/index. aspx? nodeid = 17e37873 - 1465 - 4498 - a549 - f0891a6a621b&pagesize = 2&pagenum = 30。

表5   2009～2011年按培训内容划分的讲座

单位：场

培训内容	2009年	2010年	2011年
企业社会责任报告编写相关知识	5	16	16
环境保护	1	4	3
企业公民理念的普及	2	8	5
企业公民框架下的公司治理		2	3
产品安全		5	8
企业社会责任相关法律法规普及			2

资料来源：企业社会责任中国网，http://csr－china.net/templates/node/index.aspx？nodeid＝17e37873－1465－4498－a549－f0891a6a621b&pagesize＝2&pagenum＝30。

二 现阶段中国企业公民实践存在的问题及原因分析

如上所述，过去三年，得益于全社会的通力合作，我国的企业公民实践稳步发展，成绩可喜。然而，企业本就是不同企业利益相关者冲突与合作的载体，资本的逐利本性具有释放负外部性的天然动机。目前我国的市场经济体制还很不完善，企业与社会之间的信息不对称也会引发道德风险，市场竞争日趋激烈，公司治理结构尚不完善。这些原因导致企业的负外部性难以得到有效约束，企业在追求自身短期经济利益时影响了其他利益相关者的利益。更有甚者，一小部分企业频繁超越法律与道德的边界，给公众的生命安全造成重大危害。过去三年，我国企业公民实践仍存在以下突出的问题。

（一）劳工权益问题仍然突出，社会影响恶劣

改革开放以来，我国的劳动关系发生了深刻的变化，企业内部利益摩擦不断增多，许多企业劳资关系矛盾，有的甚至非常突出。究其原因，我国的企业大多是以廉价劳动力为重要资源而进行生产经营的，由于劳动力的供给十分充裕，致使企业对劳工权益比较冷漠与忽视，再加上企业经营者缺乏较强的企业公民意识，因此近年来"劳资纠纷"升级。沿海地区劳动关系的专项调查显示，广东、福建、浙江等沿海省份非公有制经济领域劳资纠纷呈多发态势，且从以前的温和型、散发个案式向群体性、突发性方式转变。我国人力资源和社会保障部的统计

数据显示，2000～2009 年十年间，我国劳动争议仲裁机构立案受理劳动争议案件的总数从 135206 件上升到 684000 件，呈现出"井喷"之势；2009～2011 年，则呈高位企稳，略有下降之势（见表 6 和图 6）。

表 6 2004～2011 年我国劳动争议状况

年份	劳动争议仲裁机构立案受理劳动争议案件（件）	劳动争议涉及劳动者总人数（人）	集体劳动争议案件（件）	集体劳动争议涉及劳动者人数（人）
2004	260471	764981	19241	477992
2005	313773	744195	16217	409819
2006	317162	679312	13977	348714
2007	350182	653472	12784	271777
2008	693465	1214328	21880	502713
2009	684000	1017000	14000	300000
2010	601000	815000	9000	212000
2011	589000	779000	7000	175000

资料来源：2004～2008 年的数据来自历年《中国劳动统计年鉴》，2009 年、2010 年、2011 年的数据分别来自中华人民共和国人力资源和社会保障部发布的 2009 年、2010 年、2011 年人力资源和社会保障事业发展统计公报，http：//w1. mohrss. gov. cn/gb/zwxx/2010－05/21/content_ 382329. htm。

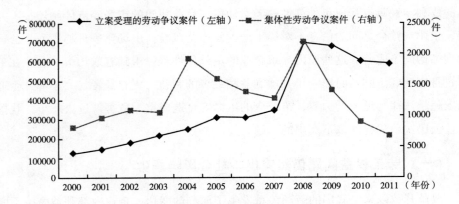

图 6 我国劳动争议案件变化趋势

资料来源：2000～2008 年的数据来自历年《中国劳动统计年鉴》，2009 年、2010 年、2011 年的数据来自中华人民共和国人力资源和社会保障部发布的 2009 年、2010 年、2011 年人力资源和社会保障事业发展统计公报，http：//w1. mohrss. gov. cn/gb/zwxx/2010－05/21/content_ 382329. htm。

集体劳动争议的出现则更具有代表性，罗燕、林秋兰（2011）的研究显示，我国现阶段的集体劳动争议多出现在经济发达地区，其中北京、吉林、山东、广东、云南、浙江等地尤为突出。劳动争议，特别是集体争议的出现，基本上都是因为劳工权益被侵害。2009~2011年，我国集体劳动争议案件则呈高位回落之势（见表6和图6）。目前，劳动争议的特点主要表现为：劳动报酬、社会保险、劳动合同争议比重不断加大；由企业改制、职工下岗等问题引起的劳动争议明显增多；集体劳动争议规模较大，有的集体争议还引发群体性冲突事件，劳资关系矛盾成为危及企业公民实践的重要因素。

此外，我国很多企业工作环境恶劣，员工受到职业病的危害。据统计，目前我国有毒有害企业超过1600万家，接触职业病危害因素的人数超过2亿①，工人生活环境不符合起码的安全、卫生要求。特别是农民工集中的企业，设备陈旧、作业环境差，劳动者直接受粉尘、噪音、高温甚至是有毒气体的危害等情况更为突出。我国卫生部的统计数据表明，20世纪50年代至2010年年底，全国累计报告职业病749970例，其中累计报告尘肺病676541例，死亡149110例，现患527431例；累计报告职业中毒47079例，其中急性职业中毒24011例，慢性职业中毒23068例；2011年全国新增职业病29879例，尘肺病26401例，仍然保持较快增长（见图7）。这从反面说明我国部分企业的企业公民实践开展得很不成熟，

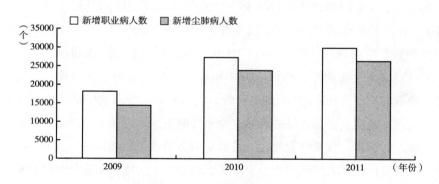

图7　2009~2011年新增职业病及尘肺病示意图

资料来源：国家卫生部网站，http://www.moh.gov.cn/publicfiles//business/htmlfiles/wsb/index.htm。

---

① 资料来源：2000~2008年的数据来自历年《中国劳动统计年鉴》，2009年、2010年、2011年的数据来自中华人民共和国人力资源和社会保障部发布的2009年、2010年、2011年人力资源和社会保障事业发展统计公报，http://w1.mohrss.gov.cn/gb/zwxx/2010－05/21/content_382329.htm。

不仅在员工健康保障、职业卫生防护方面欠账甚多，而且忽视员工的基本权益，对患病员工不负责。

富士康跳楼事件曾引起广泛关注。自 2010 年 1 月 23 日开始，短短五个月时间，富士康科技集团连续发生十几起员工跳楼的悲剧事件，而就在 2007～2009 年，该企业也曾经发生类似的事件。作为"世界 500 强企业"中的一员，富士康尽管设备齐全，物质待遇相对不错，但是否因员工精神压力较大、缺乏关怀而导致接连发生跳楼事件呢？无论如何，此类事件是对利润至上的生产经营模式的鞭挞，是对企业公民实践活动的深切呼唤。

（二）消费者权益受到侵害，产品质量令人担忧

在当前市场经济条件下，消费者衣食住行等各种需求基本上都是从市场中获得并由各种企业提供的。市场中的企业以追求利润最大化为目标，有些不良厂商为赚取更多的利润，生产劣质产品，以次充好，欺骗消费者，侵害消费者的权益。

食品是人类赖以生存和发展的最基本的物质资源，关系着人类的健康和可持续发展。近年来，我国食品行业整体水平不高、诚信意识不强，食品消费安全较差，食品卫生安全问题突出。2009 年的河南的毒大米、受到三聚氰胺污染的宠物食品、四川的腐肉腌制品、掺入滑石粉的麦米粉、北海喷有 DDT 的海鱼干品，2010 年的含铅涂料玩具、含二甘醇的牙膏、湖北的毒酱油、毒粉丝、工业酒精掺水的白酒、光明乳业的过期奶，2011 年的广东的毒猪肉、四川掺有吊白块的米粉、湖南的"卫生筷"、广西的毒腐竹、混入剧毒的防腐化学药品的罐头食品等这一系列高密度、强危害性的食品安全事件频发，一方面给消费者的身心健康带来了极大的损害，甚至引起死亡，造成了恶劣的社会影响；另一方面食品安全事件的多发使得消费者逐渐对食品安全失去信心，大大降低了进行食品消费的欲望和动机。食品安全问题暴露出某些企业为谋求利润而不择手段的卑劣行径，是漠视企业公民实践的集中体现。

2009 年 9 月，国家质检总局对全国企业生产的复混肥和磷肥、玩具、细木工板、电力变压器、电动自行车、毛巾进行质量检测，结果并不令人满意（见表 7），有些产品的不合格率甚至达到了 25.85%（毛巾），这些产品有些已经进入市场，有些在货架上"蓄势待发"，它们给社会、消费者带来的直接和间接的危害是无法估量的。2010 年上半年，国家质检总局分两批次公布了部分产品质

量抽查的结果，产品不合格率分别为：膨化食品 13.7%、普通彩色电视机 18.9%、家用电动洗衣机 10.1%、电风扇 24.1%、储水热水器 20%、太阳能热水器 13.3%、儿童及婴幼儿服装产品 12.2%、可移式灯具 18.1%、童车产品 26.8%、食用酱 15%、吸油烟机 22.9%、建筑防水卷材 14.7%、复混肥料 39.6%、刨花板产品 11%、安全帽 13.3%①。由此可见，我国消费品行业的总体质量水平仍存在着诸多问题，企业必须履行企业公民责任，进一步提高产品质量水平。

表7 2009 年 9 月国家质检总局产品质量检测结果（部分）

产品名称	厂家数量（家）	产品数量（种）	不合格数量（种）	不合格率（%）
复混肥、磷肥	2931	3277	425	12.97
玩具	192	210	24	11.43
细木工板	188	188	46	24.47
电力变压器	29		7	24.14
电动自行车	170		32	18.82
毛巾	137	205	53	25.85

2009～2011 年，全国消费者协会组织共受理消费者投诉 1910677 件，共接待来访和咨询 1263 万人次，逐年分析，产品质量问题投诉在三年中所占比例分别为：2009 年 58.9%，2010 年 54.4%，2011 年 50.2%，即产品质量仍然达不到消费者的要求，消费者最基本的消费权利仍然无法得到有效的保障（见表8）。同时，企业侵害消费者权益领域不断扩大，企业损害消费者权益的行为也更加隐蔽。

（三）生产安全事故频发，造成重大生命财产损失

我国当前正处于工业化中期阶段，企业各种安全保障制度及措施尚不完善，生产过程中还存在众多生产安全隐患。政府监管不严以及生产违规操作，致使重大安全生产事故不断发生，这不仅严重威胁着企业员工的生命财产安全，而且给附近居民带来重大财产损失。

---

① 资料来源：中华人民共和国质量监督检验检疫总局网站，http：//www.aqsiq.gov.cn/。

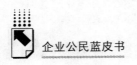

表 8   2009～2011 年消费者投诉分析

项　目	2009 年	2010 年	2011 年
受理数(件)	636799	666255	607263
来访咨询(万人次)	470	459	334
投诉上升幅度居前三位的商品和服务	销售 航空服务 互联网	航空服务 互联网 汽车	销售 邮政快递 汽车
投诉量居前三位的商品和服务	服装鞋帽 移动电话 食品	服装鞋帽 移动电话 电信	服装鞋帽 移动电话 电信
投诉问题按性质分前三位	质量 营销合同 价格	质量 安全 价格	质量 安全 价格
投诉问题按类别分前三位	百货类 服务类 家用电子电器类	百货类 服务类 家用电子电器类	服务类 百货类 家用电子电器类

资料来源:《全国消协组织受理投诉情况分析 2009～2011》,http://www.cca.org.cn/web/xfxx/picShow.jsp? id =55918.

我国矿业企业特别是煤矿企业事故多发,给国家和公众造成了重大损失,企业公民的建设也受到严重危害,居民基本的生存权利得不到保障,和谐社会的构建也受到了一定的影响。2009 年以来,仅死亡人数在 30 人以上的重大矿难就有 11 起（见表 9）,发生矿难的企业零散分布在全国各地,充分折射出我国煤矿企业生产安全存在一定的隐患。

表 9   2009～2011 年煤矿企业重大矿难

时间	地点	事故伤亡人数	处理结果
2011 年 11 月 10 日	云南师宗	35 人死亡,8 人失踪	云南师宗矿难 8 名矿工失踪
2010 年 10 月 16 日	河南平顶山	37 人死亡	河南平禹矿难找到 5 名失踪者遗体,共计 37 人遇难
2010 年 6 月 21 日	河南平顶山	47 人死亡	平顶山煤矿爆炸确认 47 人遇难
2010 年 3 月 31 日	河南洛阳	46 人死亡	河南伊川"3·31"矿难造成 40 人死亡、6 人失踪
2010 年 3 月 28 日	山西临汾	38 人死亡	王家岭透水事故抢险结束,被困工人遗体全部找到
2010 年 3 月 1 日	内蒙古乌海	32 人死亡	内蒙古神华骆驼山煤矿事故,井下 31 人确认无生还可能,停止搜救

续表

时间	地点	事故伤亡人数	处理结果
2010 年 1 月 5 日	湖南湘潭	34 人死亡	湘潭煤矿火灾困 27 人
2009 年 11 月 21 日	黑龙江鹤岗	108 人死亡	黑龙江鹤岗新兴煤矿爆炸 130 多人被困井下,经过搜救,确认 108 人死亡
2009 年 9 月 8 日	河南平顶山	79 人死亡	河南平顶山矿难致 79 人死亡
2009 年 5 月 30 日	重庆綦江	30 人死亡	重庆綦江矿难致 30 死 62 伤
2009 年 2 月 23 日	山西古交	74 人死亡	山西古交屯兰矿难,井下搜救工作结束。经过统计,74 人遇难

资料来源:课题组据中国煤炭资源网资料整理, http://www.sxcoal.com/zt/lhj/knsgb.aspx。

　　火灾事故也是安全生产的重大隐患。2009 年至今,因火灾造成死亡 15 人以上的事故包括:2009 年 9 月 2 日,山东省临沂市兰山区金兰物流城 F3 区一辆货车在卸货过程中,因爆炸引发火灾事故,造成 18 人死亡、12 人受伤;2009 年 9 月 21 日,广东省深圳市龙岗街道深惠路立交桥旁的舞王俱乐部发生火灾事故,造成 44 人死亡、64 人受伤;2010 年 7 月 17 日,陕西省渭南市韩城小南沟煤矿副斜井井底动力电缆着火发生火灾事故,造成 28 人死亡;2011 年 4 月 25 日,北京市大兴区旧宫镇一座四层楼房发生火灾,造成 17 人死亡、24 人受伤;2011 年 7 月 22 日,京珠高速从北向南 948 公里处,河南信阳明港附近一辆 35 座大客车发生自燃,最终 41 人遇难;2011 年 8 月 23 日,广东省佛山市盛丰陶瓷厂突然起火,最终过火面积为 4400 平方米,造成 15 人死亡[①]。这些事故的发生原因不能一言概之,除了受公众意识淡薄、政府监管不力等因素的影响外,企业防火安全设施不达标,没有深入、牢固地建立企业公民观念,才是最核心最根本的原因。

　　交通运输也是造成重大安全事故的领域。2009 年以来,因交通事故造成死亡人数超过 20 人的事故有:2009 年 3 月 27 日,江西省一辆大型客车途经沪昆高速丰城市境内时与对向行驶的两辆重型半挂车相撞,造成大客车上 20 人死亡;

---

① 资料来源:《盘点 2011 年国内重大火灾事故、水火无情注意消防安全》, http://gzbbs.soufun.com/2811119266 ~ - 1 ~ 2344/79964632_ 79964632.htm;部分资料来自冯梅、王再文、曹辉:《中国企业公民建设研究》,经济科学出版社,2011。

2009 年 6 月 5 日，四川省成都市公交集团北星分公司一辆公交车发生自燃，死亡 27 人，受伤 74 人；2010 年 3 月 6 日，西藏山南地区桑日县境内一辆东风翻斗车因车速过快，刹车失灵，撞到路边山坡上，造成 26 人死亡、9 人受伤；2010 年 5 月 23 日，辽宁省阜新市一辆严重超载的豪华卧铺客车与一辆逆行的大挂车相撞，造成 33 人死亡、24 人受伤；当然还有最令人刻骨铭心的动车"7.23 事故"，这一词语甚至作为专有名词被维基百科收录。2011 年 7 月 23 日 20 时 34 分，甬温线浙江省温州市境内，由北京南站开往福州站的 D301 次列车与杭州站开往福州南站的 D3115 次列车发生动车组列车追尾事故，造成 40 人死亡、172 人受伤，中断行车 32 小时 35 分，直接经济损失 19371.65 万元。这次事故带来的不仅仅是至亲至爱阴阳相隔的悲痛，更是对有关企业公民意识严重欠缺的声讨和谴责。

（四）企业生产违法排污，环境污染加剧

虽然近年来，我国政府和企业对环境的关注度日益提高，但是废气污染、水污染、固体废弃物污染依然十分严重。我国长江以南、四川省、云南省以东地区遭受酸雨危害严重，"长三角"地区和"珠三角"地区酸雨 pH 值都小于 4.5；全国河流除长江、珠江水质良好外，黄河、海河、淮河污染严重，全国 75% 的湖泊富营养化，大部分海湾、河口湿地的近岸海域生态系统受到严重破坏；工业固体废弃物生产量也在逐年增加，环保压力巨大。造成环境污染的原因是多方面的，但是环境污染的源头主要是工业企业。以 2010 年为例，全国突发环境事故 420 次，其中水污染 135 次，大气污染 157 次，海洋污染 3 次，固体废弃物污染 35 次，造成直接经济损失 2256.9 万元。据统计，2010 年全国工业固体废物产生量为 24.1 亿吨，比上年增加 18.1%，废气中二氧化硫排放量为 2185.1 万吨，其中，工业二氧化硫排放量为 1864.4 万吨，占二氧化硫排放总量的 85.3%，工业烟尘排放量为 603.2 万吨，占烟尘排放总量的 72.8%[1]。

《2010 年中国环境状况公报》数据显示，2010 年全国地表水污染依然较重，长江、黄河、珠江、松花江、淮河、海河和辽河七大水系总体为轻度污染，浙闽区河流和西南诸河水质良好，西北诸河水质为优，湖泊（水库）富营养化问题

---

[1]　资料来源：《全国环境统计公报 2010》，http：//zls.mep.gov.cn/hjtj/qghjtjgb/。

突出。204 条河流 409 个地表水国控监测断面中，Ⅰ～Ⅲ类、Ⅳ～Ⅴ类和劣Ⅴ类水质的断面比例分别为 59.9%、23.7% 和 16.4%；主要污染指标为高锰酸盐指数、五日生化需氧量和氨氮，其中，长江、珠江水质良好，松花江、淮河为轻度污染，黄河、辽河为中度污染，海河为重度污染。2010 年，近岸海域监测面积共 279225 平方千米，其中一、二类海水面积为 177825 平方千米；三类海水面积为 44614 平方千米；四类、劣四类海水面积为 56786 平方千米。其中，一、二类海水占 62.7%，比上年下降 10.2 个百分点；三类海水占 14.1%，比上年上升8.1 个百分点；四类和劣四类海水占 23.2%，比上年上升 2.1 个百分点（见图8）。2010 年，全国 471 个县级及以上城市开展环境空气质量监测，监测项目为二氧化硫、二氧化氮和可吸入颗粒物。其中，3.6% 的城市达到一级标准，79.2% 的城市达到二级标准，15.5% 的城市达到三级标准，1.7% 的城市劣于三级标准（见图9）。此外当前农村环境问题日益突出，形势十分严峻，突出表现为农村生活污染治理基础设施薄弱，面源污染日益严重；农村工矿业因缺乏必要的环保意识，污染问题严重；城市污染向农村转移加速，农村生态退化尚未得到有效遏制。

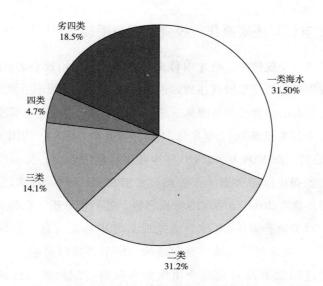

图 8 2010 年全国近岸海域水质类别

资料来源：中华人民共和国环境保护部：《2010 年中国环境
状况公报》。

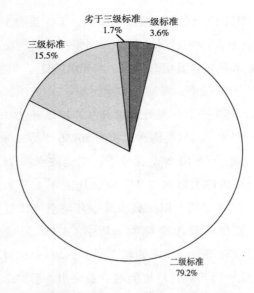

图9　2010年全国县级及以上城市环境空气达标状况

资料来源：中华人民共和国环境保护部：《2010年中国环境状况公报》。

（五）上市公司违规操作，投资者利益受损

上市公司频繁违规操作，企业内幕交易不断涌现，给投资者造成重大损失。上市公司违规类型包括信息披露违规、内部控制违规、虚假记载银行存款及短期投资、虚假记载虚增存货及预付账款、违规炒股、非法套汇等。证监会统计数据显示，2011年1月1日至2011年8月31日，仅8个月时间，我国A股上市公司就收到63份处罚，而2009年和2010年全年，包括证监会、交易所及各地方政府在内的各类处罚主体对A股上市公司共发出52份处罚。对比之下不难看出，A股上市公司违规在2011年呈现出增长之势。进一步分析，在所有被处罚的上市公司中，中小板块企业有28家，更是成为其中的重灾区。同时，处罚理由明细则显示，"未依法履行其他职责"成为出镜率最高的词汇，信息披露虚假、严重误导性陈述以及未及时披露公司重大事项等违规形式，也使公司遭到处罚。

除了上述问题外，企业发展过程中出现的问题还包括：大股东侵犯小股东利益、内部人侵犯外部人利益、不为员工办理社会保险、下岗补偿不足、产品虚假

广告、偷税漏税、不当竞争、货款拖欠等问题。

我们认为，上述所有企业公民实践问题浮现的根本原因，在于企业公民——这个关乎中国企业命运的概念，仍没有完全获得全社会，尤其是企业的实质性认同。有相当数量的企业基本属于企业公民实践的旁观者，也有企业将企业公民实践视为宣传企业的标签化行为，却极少有企业将企业公民理念贯穿落实到企业战略规划乃至制度机制和运营流程中。这种偏离企业公民本义和内在机制的企业行为根本不可能塑造出与利益相关方和谐共生、真正为社会所尊重的伟大企业。

三 对现阶段强化中国企业公民实践的建议

孔子曰：礼失而求诸野。凭着正念、正勤、正道做人处世经商的理念，原本深深植根于中国民间。破解企业公民实践困局，必须廓清企业公民本义，唤醒中华民族固有的善与爱，动员企业、政府和社会所蕴藏的海量精神资源、物质资源和信息资源，合力而为。既要建立企业主动承担公民责任的内部机制，又要健全政府和社会有效监督弘扬激励的外部机制；既要发挥政府和社会舆论的规约功能，又要发挥声誉机制的激励功能。只有破解企业公民实践困局，中国才能摆脱没有品牌的经济大国的局面，助力破解转型发展困局，实现经济社会和谐发展。只有通过各方面工作的有机衔接、相互配合，形成整体功能，才能实现企业公民实践的健康发展。

（一）企业层面

1. 企业应该树立根本正确的企业公民理念

企业公民强调的是商业价值与环境价值、社会价值的协同与整合，是将解决重大环境和社会问题视为战略性商业机遇，而不是视为经营之外的责任和负担。

企业基业长青的实现过程，就是企业能力与社会需求适应和匹配的过程，就是企业持续促进社会福利、增加社会财富、提升社会信誉的过程。企业公民实践是企业在自身发展与社会发展的交集中，凝练和持续获取核心竞争力的源泉，是源自内心、内化于企的过程。中国企业必须基于这些企业公民的基本理念，尽快

完成心智模式的转换，并在战略、愿景和业务模式上付诸实践。

2. 企业应当积极建立完善的公司治理结构

高效的法人治理结构是企业生存发展的基础，是一个企业权力分配最主要的制衡机制，也是企业进行企业公民实践的微观决策基础。企业要想在竞争日益激烈的商品生产和销售市场中求得生存和发展，构建高效、科学的法人治理结构，全面整合企业内部物质资源和人力资源，无疑是重中之重。同时，规范高效的治理结构，也是保证企业公民积极履行社会责任，建设和谐社会的重要手段。有了良好的治理结构，企业决策就可以走上科学化道路，很好地克服短期行为、违法行为，投资人的权益就能够得到保障，市场环境就能够得到优化，职工、消费者的利益就能够得到保护。因此，完善治理结构，形成企业内部各方利益的平衡和制约机制，才能使企业公民实践落到实处。

（二）政府层面

总体上，我国企业公民实践仍处于起步阶段，政府的监督和指导对于企业公民实践仍十分重要。一方面，政府应该加强执法的公平性，对拒不承担社会责任的企业加大执法力度，使其充分认识到后果的严重性；同时应该加强企业公民理念的宣传，形成强大的舆论压力，通过各种正式和非正式制度的约束，促使企业承担公民责任。另一方面，建立一整套包括经济、社会激励在内的较为完整的有效激励机制，使企业社会责任在企业的生存发展中变成内生化的存在。另外，有两项工作必须尽快提上议事日程。

1. 成立国家层面的社会责任推进机构

目前，我国政府在监督、指导企业公民实践的具体活动中，往往只扮演着监督者与规制者的角色，这一点从政府经常采用的企业公民实践工具中便可略知一二（见表10）。加强对企业公民实践工作的领导，将推进企业公民建设列入重要议程，从现有的试点工作、制度建设、专业管理等方面出发，有序推进我国企业公民建设工作是当务之急。同时，政府应当制定国家和地方层面的企业公民实践规划，明确我国企业公民建设的总体战略目标和阶段性目标，确定不同时期推动企业公民的优先重点措施，分阶段逐步推进实践工作，使企业公民建设有计划、有条理地推进。

表10　我国政府推进社会责任的角色及其工具选择汇总

政府名称	规制者		宣传者				培训者			监督者	
	责任立法	技术标准	会议论坛	发布报告	扩展渠道	颁布奖项	责任合作	责任培训	成立机构	责任考察	责任认证
中央政府	√		√		√	√				√	
国资委	√		√	√		√	√	√		√	
商务部	√						√	√			
其他中央直属机关	√	√								√	√
地方政府	√	√	√							√	√

资料来源：本表是课题组对所搜集到的资料进行整理和加工后所得出的，在表格设计过程中参考的文献有：邹东涛、王再文、冯梅：《中国企业公民报告2009》，社会科学文献出版社，2009；钟宏武、张唐槟：《政府推进企业社会责任的角色定位》，《人民论坛》2010年02期。

2. 推动建立符合中国国情的企业社会责任标准体系

我国目前尚未建立全国统一的企业社会责任标准，但是部分地方政府和行业组织已经有了初步的尝试，并且检验效果良好。企业公民实践必须做到有理可据、有法可依、有迹可循，而一个好的企业社会责任标准体系是规范企业公民实践行为的重要保障。因此，我国政府应当立足当前经济社会发展的实际情况，参照有关国际标准，考虑本国行业、企业的多样性，建立起一套具有普适性的、原则性的中国企业社会责任标准要求和规范，使我国企业公民实践体系形成从上而下、由中央到地方、有主有次、有指导有基础的全国性实践活动体系。此外，政府还应下大力气建立健全企业公民履责状况的信息披露机制。为了保证企业真实、准确、完整、及时地披露社会责任信息，加强政府监督，切实推动企业履行社会责任，有关部门应在《环境信息公开办法》《上市公司信息披露办法》等已出台的法律法规的基础上，积极探索建立企业社会责任信息披露机制，推动企业主动承担企业公民应尽的责任。

（三）社会层面

加强企业公民实践，不仅需要政府使用各种政策手段进行"看得见的调控"，还需要社会各界力量相互配合、相互帮助，利用"看不见的手"进行监督和引导。社会组织作为政府部门很好的补充和协助，在推动企业公民实践方面也有着重要的作用。如何最大化地发挥社会各界组织的作用，使其扁平的组织结构

以及灵活的反应机制能够产生最大的功效，形成多渠道、多层次的监管体系，是当前工作的重点。

1. 行业协会要充分发挥自律及桥梁作用

行业协会是行业的自律性组织，随着社会的发展，行业协会在经济社会发展中发挥着越来越重要的作用。行业协会代表本行业全体企业的共同利益，它们在为本行业企业提供服务（包括信息服务、教育与培训服务、咨询服务、举办展览、组织会议等）的同时，还要承担起搭建企业与政府之间进行沟通的桥梁的重担，做好上传下达，协助政府制定和实施行业发展规划、产业政策、行政法规和有关法律。此外，行业协会还负责对本行业的基本情况进行统计、分析并定期发布结果，负责对本行业国内外发展的情况进行调查，研究本行业面临的难题，提出建议供企业和政府参考。行业协会还需要负责制定并执行行规行约和各类标准，协调同行企业之间的经营行为，对本行业产品和服务质量、经营作风进行严格监督，鼓励公平竞争，维护行业信誉，打击违规行为等①。

2. 消费者组织要强化引导消费的作用

从企业公民实践的过程来看，消费者组织的参与和引导发挥着至关重要的作用。人类社会发展到今天，消费者的消费行为已经不再是简单的个人行为，而是对社会产生巨大影响的公众行为。消费者组织应该通过引导责任消费行为，从而向企业发出信号，监督并推动其履行社会责任。为了强化这种消费引导作用，消费者协会应该：①加强与政府及有关部门的合作；②加强与有关行业协会的对话；③加强与新闻媒体的联系与合作；④注意发挥消费维权专家、学者、律师和志愿者的作用，提高消费者组织维权的专业化、法制化水平。此外，消费者组织还可以动员消费者进行联合，给企业施加一定的公众压力，敦促其严格履行社会责任。

3. 充分发挥新闻媒体的监督职能

首先，应该充分利用新闻媒体的公众舆论优势，惩恶扬善，宣传和褒奖优秀企业公民，鞭挞和警示企业公民实践中的违规败德行为，对企业公民建设施加影响和约束力。其次，进一步加强与学术机构、政府合作，普及企业公民理论和基本理念，引导责任消费，使企业公民实践获得智力支持和环境协同，促进中国企业公民实践健康发展。

---

① 康晓光：《权力的转移——转型时期中国权力格局的变迁》，浙江人民出版社，1999。

参考文献

[1] 邹东涛、王再文、冯梅：《中国企业公民报告（2009）》，社会科学文献出版社，2009。

[2] 冯梅、王再文、曹辉：《中国企业公民建设研究》，经济科学出版社，2011。

[3] 康晓光：《权利的转移——转型时期中国权力格局的变迁》，浙江人民出版社，1999。

[4] 卢代富：《企业社会责任的经济学与法学分析》，法律出版社，2002。

[5] 罗燕、林秋兰：《集体劳动争议的实证分析——基于全国 31 个省市区的数据》，《中国劳动关系学院学报》2011 年第 2 期。

[6] 潘泰萍：《关于非公企业集体劳动争议行为的研究》，《生产力研究》2011 年第 3 期。

[7] 潘泰萍：《集体劳动争议调解制度构建中存在的问题及对策建议》，《科技情报开发与经济》2011 年第 2 期。

[8] 王再文、赵杨：《中央企业履行社会责任报告 2010》，中国经济出版社，2010。

[9] 赵杨、王再文：《中央企业履行社会责任报告 2011》，中国经济出版社，2011。

[10] 宗晓兰：《企业社会责任：企业公民的伦理维度》，《中共山西省委党校学报》2009 年第 1 期。

[11] 钟宏武、张唐槟：《政府推进企业社会责任的角色定位》，《人民论坛》2010 年第 2 期。

[12] 《WTO 经济导刊》、责扬天下（北京）管理顾问有限公司和北京大学社会责任与可持续发展国际研究中心：《金蜜蜂中国企业社会责任报告研究 2011》，2012，http：//www. csrreport. cn/。

[13] 吴伯凡：《慈善始于内心的"慈"与"善"》，《21 世纪经济报道》2011 年 12 月 30 日特 17 版。

Report on Chinese Corporate
Citizenship Development

Abstract：From 2009 to 2011, Chinese corporate citizenship development has kept on progressing steadily. Innovation and development has been made on the perspectives

of major participants, practice mode and performance, and the practice mode of multiple major participants, multilevel and wide cooperative areas have been realized. But the following problems are still hindering the development of corporate citizenship: imbalance is very common under the compulsive regulations, some enterprises' citizenship development is complete, inconsistent and tagging; the quantity and quality of corporate citizenship report is optimistic; some enterprises' illegal activities not only harm the interests of others, but also get criticized by the public. The cause for all these problems is that the enterprises haven't fully acknowledged the implication of corporate citizenship. What the corporate citizenship emphasizes is the integration of commercial value, environmental value and social value. Only by the cooperation between government and enterprises can we achieve the long term growth of enterprise citizenship idea and practice in China.

Key Words: Corporate Citizenship Practice; Development; Problems; Suggestions

分 报 告

Study Report

B.2

企业履行劳工保护责任报告

王再文 靳 乾*

摘 要： 劳工保护作为企业社会责任重要的组成部分，在实践中往往是最容易产生纠纷的领域，工资、工时、就业保障、组织工会的权利、社会保险及福利待遇、职业安全与保健、集体谈判、职工参与等都会成为可能产生矛盾的隐患。各种各样的劳资纠纷，不仅给我国企业社会责任实践设置了障碍，也在某种程度上妨害了和谐社会主义建设的事业。在当前的经济条件下，外部环境充斥着来自各方的压力，企业要想履行社会责任，创建良好的劳工保护体系，就需要付出更多的努力和坚持。本报告分为四个部分，对2009 年以来我国劳工保护领域的发展趋势、现状特点以及存在的问题进行

* 王再文，男，山西人，中央财经大学中国发展和改革研究院特约研究员，北京交通大学经济管理学院兼职教授，任职于国家发改委培训中心，经济学博士（后）。研究方向：企业理论、公共政策（制度）与区域经济发展；靳乾，男，河南人，山西证券研究所研究人员，经济学硕士。研究方向：企业理论、有色金属行业研究。

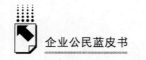

客观评述，并给出相对审慎的政策建议，以期能够更好地指导企业进行社会责任实践，履行其对劳工进行保护的职责。

关键词：劳工保护　企业公民　和谐社会

一　我国 2009～2011 年企业劳工保护发展趋势

2009～2011 年，国际经济局势波澜起伏，国内经济发展湍流暗藏，金融危机一波未平、欧债危机一波又起，全球货币流动性过剩所带来的物价高企、人工成本增加的压力凸显。在国内外各种不利因素的影响下，我国企业劳工保护体系建设也遭遇了前所未有的冲击，极端事件发生频次明显增加。然而，同样是在这三年中，我国劳动立法保护工作取得重大进展，劳工的职业发展权得到了更多的关注，劳工的薪资报酬权进一步得到保护，群体性劳动争议事件发生次数开始下降，如此种种又都表明我国企业劳工保护体系建设在规范化、合理化、细致化、具体化的道路上又前进了一步。

与 2009 年之前相比，三年来，我国企业关于劳工保护的实践首先是完成了实践方式范围的扩大和内容的深化。在《中国企业公民报告（2009）》中，所反映出的企业劳工保护实践只涵盖了员工劳动报酬、雇员人身安全以及员工技能培养和素质提高三个方面。而 2009～2011 年，我国企业劳工保护实践由于受到来自政府、社会、企业、工会等多方面力量的支持，已经开始对劳工的各项单体劳动权益进行保护，这其中包括劳动就业权、工资分配权、休息休假权、社会保障权、职业安全卫生权、职业培训权、劳动争议提请处理权等。此外，对于集体劳动权益，政府也通过立法保障、行政规定、政策引导等措施，给予充分的支持和保护。企业则积极配合，依法保障劳动者享有团结权或组织和参加工会权、集体谈判权、民主参与权等集体劳动权益。可以说，我国企业劳工保护实践在实践方式上正处于上升周期，其多样性的特征将会进一步发展和深化。

2009～2011 年，社会各界人士对我国企业劳工保护关注的内容越来越多，关注的内涵越来越深。这一点从由网民和专门机构所评选出的历年"劳工保护十大事件"的发展变化中便可看出一二。通过对历年十大事件的梳理（见表1），可以以点带面、见微知著，从而对我国近年来企业劳工保护建设的发展趋势形成一种宏观的把握和掌控，达到"一叶落而知天下秋"的效果。

表1　我国近年劳工保护十大事件（2008～2011年）

	我国劳工保护十大事件①
2008年度	1.《劳动合同法》实施条例出台；2. 金融危机爆发，裁员降薪潮汹涌来袭；3. 拟将退休年龄延迟至65岁；4. 大学生就业形势异常严峻；5. 个税起征点迟迟不提高；6. 公务员体制大改革；7. 可口可乐被指侵害派遣工利益；8. "五一"黄金周取消，假期分摊到传统节日；9. 玖龙纸业被控"血汗工厂"；10. 华为员工频发自杀
2009年度	1. 个税改革、年底双薪福利年金纳入征税；2. 事业单位绩效工资改革，教师工资先行；3. 养老保险跨省转移，全国社保统筹；4. 新农保试点，数亿农民老有所依；5. 国企高管天价薪酬引发质疑，人保部制定限薪规范；6. 工伤保险条例修改，上下班受伤不再算工伤；7. 就业体检取消乙肝检测；8. 开胸验肺事件——透视职业病问题；9. 经济好转，招聘回暖，企业却面临用工荒；10. 富士康员工自杀带来的警示
2010年度	1. 富士康员工N连跳事件；2. 本田罢工门事件；3. 华为奋斗者协议：关注劳动者权利的被自愿；4. "被委代办"人员社会保障引发关注；5. 贵州施秉200人矽肺病之痛：关注普通劳动者的职业健康；6. 关注自残式身体维权的悲剧；7. 劳动法制的缺陷；8. 关注百万HIV感染者的就业权利；9. 新疆智障包身工事件；10. 关注工伤认定的争议地带
2011年度	1. 个税起征点提高到3500元；2.《社会保险法》历经3年4审终获通过；3.《企业劳动争议协商调解规定》出台；4. 国家拟强制用人单位缴全"五险"征求意见；5. 我国拟女职工劳动保护新规，产假明增暗减；6.《职业病防治法》修改；7. 事业单位改革进入攻坚阶段；8. 女硕士过劳死促使企业引进健康管理；9. 中国劳动力不再廉价，企业如何面对用工荒；10. 人社部表示将尽快出台欠薪入罪操作办法

资料来源：2008年度我国劳工保护十大事件，http：//www.51labour.com/zhuanti/top10_2008/？id = 97&cm = 1；2009年度我国劳工保护十大事件，http：//www.51labour.com/zhuanti/top10_2009/；2010年度我国劳工保护十大事件，http：//www.51labour.com/show/164964 - 4.html；2011年度我国劳工保护十大事件，http：//www.51labour.com/zhuanti/top10_2011/。

如图1所示，由我国历年劳工保护十大事件的核心词语的统计分析结果可以得出以下结论：

第一，与法规政策相关的大事件的出现次数不断增多，2011年更是达到了6次，占到十大事件比例的一半以上。这说明我国劳工保护、立法保护以及立法推进层面的受关注度显著提高。

第二，与员工权益维护相关的大事件出现次数在2010年达到最高的7次之后开始回落。这反映出在企业和员工的共同努力下，员工权益维护事件的发生趋势开始得到有效预防和控制。

第三，与就业相关的大事件的出现次数稳定在每年两次（2008～2011年）。这说明我国劳动力市场的受关注程度依然很高。

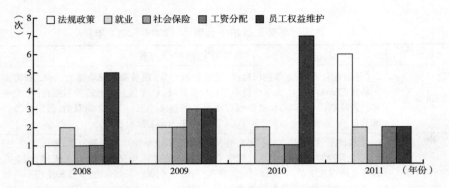

图1　我国劳工保护近年十大事件核心词语出现频次统计分析

注：部分事件在进行核心词语分析时，会包含两个及两个以上的核心词语。

再对十大事件进行事件属性统计分析，从图2可以看出恶性事件发生次数在2010年达到8次的最高峰，之后回落势头明显。而良性事件发生次数则在2011年达到6次的极值。

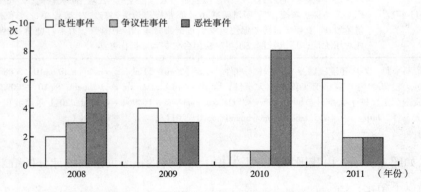

图2　我国劳工保护近年十大事件核心事件属性统计分析

二　我国企业劳工保护现状分析

经过三年的发展，我国企业劳工权益保护的宏观环境在原有的基础上（2009年以前）又有了很大改观。有关劳工保护的法律体系逐步完善，劳工的工资分配权、休息休假权、社会保障权、职业培训权、劳动争议提请处理权等权利都得到了较好的贯彻。此外，社会各阶层的关注程度不断提高，也对我国企业劳工保护的实践起到了很好的促进作用。

（一）有关劳工保护的法律体系逐步完善

三年来，我国有关劳工保护的立法保障工作进入一个新的阶段，一批重要的社会保险法律、行政法规、部门规章制度和政策性文件陆续出台，补充和完善了之前我国在企业劳工保护立法方面存在的不足和缺漏，对企业形成了有效的监督和约束，推动了企业建设和谐的劳动保护体系的进程，促进了和谐劳资关系的建立和保持。

表 2　指导企业保护劳工责任的相关政策指引

日期	发布者	文件名称	内容、主旨或意义
2009 年 12 月 30 日	国务院办公厅	《城镇企业职工养老保险关系转移接续暂行办法》	切实保障了参加城镇企业职工基本养老保险人员的合法权益，促进了人力资源的合理配置和有序流动，保证了参保人员跨省、自治区、直辖市流动并在城镇就业时基本养老保险关系的顺畅转移接续
2010 年 9 月 13 日	最高人民法院	《关于审理劳动争议案件适用法律若干问题的解释（三）》	是一部较为完整的关于劳动争议的司法解释，从而与之前两个解释共同构成了一个比较完整的劳工保护法律适用诠释体系
2010 年 10 月 28 日	全国人大	《中华人民共和国社会保险法》	该法于 2011 年 7 月 1 日起正式施行，该法是进入 21 世纪以来我国新劳动立法中四个支柱型法律中最后出台的一部分，它标志着现阶段劳动立法体系化更新的工作基本完成。这是我国第一部社会保障制度的综合性法律，对于建立覆盖城乡居民的社会保障体系，维护公民参加社会保险和享受社会保险待遇的合法权益，促进社会主义和谐社会建设具有十分重要的意义
2010 年 10 月 29 日	国务院	对《工伤保险条例》修订的第 586 号令	进一步完善了工伤保险制度
2010 年 12 月 20 日	国务院	《工伤保险法》	新条例主要在以下几个方面作出新规定：1. 扩大了工伤保险适用范围。规定事业单位、社会团体以及民办非企业单位、基金会、律师事务所、会计师事务所等组织应当依照规定参加工伤保险。2. 调整扩大了工伤认定范围。将上下班途中的工伤认定范围扩大到机动车、非机动车的交通事故和城市轨道交通、客运轮渡和火车事故伤害。3. 简化了工伤认定程序。4. 提高了工伤保险待遇。5. 增加了基金支出项目。6. 加大了强制力度

续表

日期	发布者	文件名称	内容、主旨或意义
2010年	人力资源和社会保障部	一系列《人力资源和社会保障部令》8~17号	包括：《劳动人事争议仲裁组织规则》《人力资源社会保障行政复议办法》《工伤认定办法（修订）》《非法用工单位伤亡人员一次性赔偿办法（修订）》《部分行业企业工伤保险费缴纳办法》《违反规定插手干预工程建设领域行为处分规定》等
2011年12月6日	人力资源和社会保障部	《企业劳动争议协商调解规定》	主要内容有：一是建立企业内部劳资双方沟通协商机制。对企业构建和谐劳工保护、畅通劳动者利益诉求表达渠道、加强对劳动者的人文关怀提出了要求。二是着力解决争议处理中最为薄弱的协商问题，对劳工保护双方协商的原则、方式、参加人、时限及和解协议效力等均有明确规定。三是切实加强企业劳动争议调解委员会建设。规定明确，大中型企业应当依法设立劳动争议调解委员会，有分公司、分店、分厂的企业，可以根据需要在分支机构设立调解委员会
2011年12月31日	人大常委会	《关于修改〈中华人民共和国职业病防治法〉的决定》	为了预防、控制和消除职业病危害，防治职业病，保护劳动者健康及其相关权益，并根据经济发展状况以及现有的经济发展特点，修改若干条款，用以保护员工，督促企业更好地履行劳工保护职责
2011年12月	国务院	《促进就业规划（2011~2015）》	这是第一个关于促进就业的国家级专项规划，也是党中央、国务院对做好"十二五"时期就业工作作出的重要部署，是落实我国《国民经济和社会发展"十二五"规划纲要》的重要抓手。《规划》围绕"十二五"时期加快转变经济发展方式的主线，紧密结合保障和改善民生的需要，以落实就业优先战略为引领，在全面分析就业形势的基础上，阐明了促进就业的指导思想、基本原则、发展目标、主要任务措施及组织实施保障，确立了"十二五"时期的主要就业目标，为就业事业的发展指明了方向，是做好新时期就业工作的行动纲领，是政府履行促进就业职责的重要依据

（二）劳工就业权随着劳动力市场秩序的提升而不断强化

2009~2011年，国家从合法性、规范性、有效性入手，下大力气整治了整个劳动力市场，国家人力资源和社会保障部下发了《关于做好当前人力资源市场管理工作的通知》（2009年）、《关于进一步加强人力资源市场管理监管有关工作的通知》（2010年）、《关于加强统一管理切实维护人力资源市场良好秩序的通知》（2011年）等多个文件。首先是确保了工作的开展，有效地防止了机构改革期间劳动力市场出现"管理空白"的现象。其次是对监管机构设置、统一行政许可、做好招聘活动监管、统一换发许可证等工作提出了明确指导意见。最后是明确了各地市劳动力市场的统一管理工作。此外，人力资源和社会保障部还协同有关部门，每年开展全国范围内清理整顿劳动力市场秩序的专项行动。其中，仅在2011年就检查了职业中介机构和用人单位近13.3万户次，查处违法案件1.01万件，取缔非法职业中介活动4055起，取缔非法职业中介机构4753户，责令用人单位退还收取劳动者的风险抵押金0.7亿元（见表3）。劳动力中介服务体系进一步完善。各类劳工服务机构以市场需求为导向，不断拓展劳动力中介服务领域，丰富了服务内容，提升了服务水平。

表3　2008～2011年我国劳动力市场专项整治结果一览表

	2008 年	2009 年	2010 年	2011 年
检查职业中介机构和用人单位(单位:万户次)		10	12	13.3
查处违法案件(单位:万件)		1.3	1.3	1.01
取缔非法职业中介活动(单位:起)		5000	4100	4055
取缔非法职业中介机构(单位:户)	7192	7131	4988	4753
责令退还风险抵押金(单位:亿元)	0.89	0.6	0.5	0.7

　　资料来源：人力资源和社会保障部网站，2008～2011年度《人力资源和社会保障事业发展统计公报》，http://www.gov.cn/gzdt/2012－06/05/content_ 2153635. htm.

（三）劳工工资分配权的改革工作稳步进行

工资是企业劳工保护的核心问题，是劳动合同中必须明确规定的内容，因此，其也往往会成为社会公众所重点关注的议题。2009年之前，我国的工资分配领域已经出现了诸如部分央企高管年薪过高、派遣制员工同工不同酬等种种不和谐的现象，并进一步影响我国经济的健康发展。基于此种情况，三年来，我国以建立职工工资正常增长机制和支付保障机制为重点，扩大劳动合同覆盖面，大力推行集体合同的签订，增加一线职工工资，稳步推进工资分配改革，取得了一定的成效。

以2011年为例，该年度全国城镇非私营单位在岗职工年平均工资为42452元，与2010年的37147元相比，增加了5305元，同比增长14.3%，增幅提高0.8个百分点。2011年全国城镇私营单位就业人员年平均工资为24556元，与2010年的20759元相比，增加了3797元，同比增长18.3%，增幅提高4.2个百分点（见表4）。2011年，北京、重庆、陕西等25个省（直辖市）调整了最低工资标准，平均调增幅度为22%。2011年全国月最低工资标准最高的是深圳的1320元/月，小时最低工资标准最高的是北京的13元/小时。

表4 我国企业在岗员工工资状况一览表（2009~2011年）

项 目		2009年	2010年	2011年
全国城镇非私营单位在岗职工	年平均工资（元）	32736	37147	42452
	同比增长（%）		13.5	14.3
全国城镇私营单位就业人员	年平均工资（元）	18199	20759	24556
	同比增长（%）		14.1	18.3
调整最低工资标准省市个数			30	25

资料来源：国家统计局网站，《中国统计年鉴》，http：//www.stats.gov.cn/tjsj/ndsj/。

（四）劳工社会保障权的建设工作取得重大突破

2009年，我国社会保障制度不断完善，各项社会保险覆盖范围继续扩大，参保人数和基金规模持续增长。从图4中可以看出，全年五项社会保险（不含农村社会保险）基金收入合计16116亿元，比上年增长2420亿元，增长率为17.7%。基金支出合计12303亿元，比上年增长2378亿元，增长率为24.0%[1]。

在2009年的基础上，我国企业劳工社会保障工作在2010~2011年继续保持良好的发展势头，并且取得重大进展和突破。以《中华人民共和国社会保险法》的颁布实施为标志，我国社会保障事业进入法制化轨道，社会保险立法和制度建设不断取得重大突破和创新，国家财政对社会保险的转移支付力度逐年增大，社会保险的覆盖范围进一步扩大，社会保险基金规模迅速增长，社会保险待遇水平稳步提高，经办管理和服务水平不断提升。

2011年，我国社会保险工作深入开展，社会保障体系建设取得明显成效。从图4中可以看出，全年五项社会保险（不含新型农村社会养老保险和城镇居民社会养老保险）基金收入合计24043亿元，比上年增长5220亿元，增长率为27.7%。基金支出合计18055亿元，比上年增长3236亿元，增长率为21.8%[2]。2007~2011年社会保险参保人数逐年上升，其中，医疗保险参保人数明显提高（见图3）。

---

[1] 人力资源和社会保障部：2008年度《人力资源和社会保障事业发展统计公报》，http://www.gov.cn/gzdt/2012-06/05/content_2153635.htm。

[2] 人力资源和社会保障部：2011年度《人力资源和社会保障事业发展统计公报》，2012年6月5日，http：//www.gov.cn/gzdt/2012-06/05/content_2153635.htm。

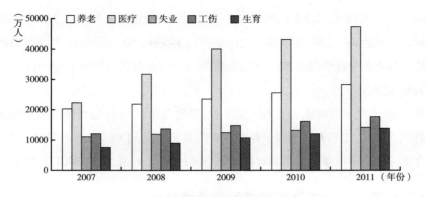

图 3　近五年社会保险参保人数

资料来源：课题组根据我国历年《人力资源和社会保障事业发展统计公报》整理。

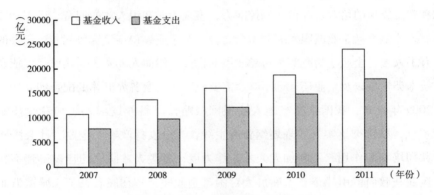

图 4　近五年社会保险基金收支情况

资料来源：课题组根据我国历年《人力资源和社会保障事业发展统计公报》整理。

（五）劳工的劳动合同覆盖率持续上升

2009～2011 年，我国劳动合同制度进一步完善并得到普遍实行，全国地级以上城市普遍建立了协调劳工保护三方机制，并采取各种行动，促进用人单位与劳动者依法签订并履行劳动合同，劳动合同签订率稳步提高。

2009 年，人力资源和社会保障部与多部委联合推行与农民工签订劳动合同的"春暖行动"，最终实现各地人力资源和社会保障部门审核备案的当期有效集体合同 70.3 万份，覆盖职工 9400 多万人。

2010 年，人力资源和社会保障部全面推进小企业劳动合同制度实施专项行动，继续开展农民工劳动合同签订"春暖行动"，促进用人单位与劳动者依法签订并履行劳动合同。2010 年年末，全国规模以上企业劳动合同签订率达到 97.5%，经各地人力资源和社会保障部门审核备案的当期有效集体合同达 92.1 万份，覆盖职工 1.14 亿人。

2011 年，政府继续实施专项行动，促进用人单位与劳动者依法签订并履行劳动合同。2010 年年末，全国企业劳动合同签订率达到 86.4%，经各地人力资源和社会保障部门审核备案的当期有效集体合同达 96.2 万份，覆盖职工 1.22 亿人。

（六）劳工职业发展权实践工作成绩斐然

劳动力资源是现代企业发展的第一资源，企业核心竞争力越来越表现为对智力资源和智慧成果的培育、配置、调控能力，表现为对知识人才的拥有、运用和支配能力。人才是推动企业健康发展的力量之源，对企业赢得竞争优势起着决定性的作用。有了人才，企业才会有实现跨越发展的保证。然而人才队伍的建设仅仅依靠高校、技术类学校以及企业还远远不够，需要政府、社会各界群体的配合和支持。

2009 年以来，我国全面实施人才强国战略，以培养技术人才和专业技能人才为重点，以贯彻落实人才规划纲要为主线，充分发挥政府、企业、社会协同合作、共同培养的作用，不断加大人才工作力度，各类人才队伍的建设得到不断加强。企业在政府的引导下，不断加大对困难企业职工、在岗农民工、城镇失业人员、进城务工农村劳动者、高校毕业等特殊劳工人群的培训，保障了这些人群的职业发展权。图 5 为我国企业劳工职业发展权保护成果示意图。

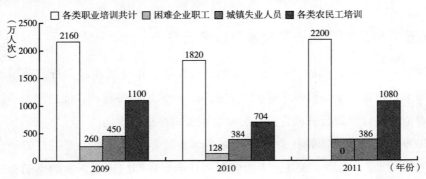

图 5 我国企业劳工职业发展权保护成果

资料来源：课题组根据我国历年《人力资源和社会保障事业发展统计公报》整理。

（七）劳工保护问题受社会关注程度明显提高

2009 年以来，社会公众对劳工保护的关注程度大幅提升，企业劳工保护建设理念的受众群体规模也越来越大。以各大搜索网站分年次的搜索结果来看，2009 年以来，涉及劳工保护的搜索信息的增长速度有了明显增加，有些网站的增速达到 40% 以上（见图 6）。这说明由于国家、社会、企业、员工以及普通民众的不断关注，劳工保护议题已经开始由理论阶层（主要是学者、政府、研究部门、高校等）向实践阶层（主要是企业、社会民众等）扩散，并逐步为企业所接受和理解。

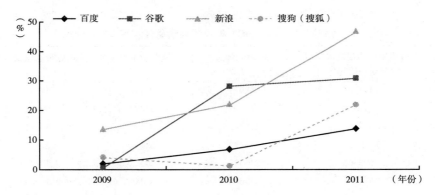

图6　各大搜索网站与劳工保护相关搜索信息增长速度

资料来源：课题组根据网络相关资料统计整理。

三　我国企业劳工保护责任存在的问题及分析

随着我国经济体制改革的发展以及经济全球化的到来，我国劳工保护问题也日益凸显。部分企业由于管理者素质不高，对劳动者的权益保护力度不够，不依法处理劳工保护问题，忽视人文民主管理，侵犯劳动者的权利，再加上我国缺乏有效的监督机制，导致劳工保护双方利益的冲突和矛盾不断增加。由企业改制、职工下岗等问题引起的劳动争议明显增多，各地企业普遍存在着劳资关系不和谐的问题，有的甚至非常突出。究其原因，我国的企业大多是以廉价劳动力为重要资源而进行生产经营的。供给十分充裕的劳动力，致使企业对劳工权益比较冷漠与忽视，再加上

企业经营者缺乏较强的企业公民意识，因此，近年来"劳资纠纷"升级。

沿海地区劳工保护的专项调查显示，广东、福建、浙江等沿海省份非公有制经济领域劳资纠纷呈多发态势，且从以前的温和型、散发个案式向群体性、突发性方式转变。我国人力资源和社会保障部的统计数据显示，2004～2011年7年间，我国劳动争议仲裁机构立案受理劳动争议案件总数从135206件上升到58.9万件，并且在2008年有一次剧烈的数额增加，激增至693465件，随后在2009年后又缓慢回落（见表5）。集体劳动争议的出现则更具有代表性，罗燕、林秋兰（2011）① 的研究显示，我国现阶段的集体劳动争议多出现在经济发达地区，其中北京、吉林、山东、广东、云南、浙江等地尤为突出。

表5　2004～2011年我国劳动争议状况

年份	劳动争议仲裁机构立案受理劳动争议案件（件）	劳动争议涉及劳动者总人数（人）	集体劳动争议案件（件）	集体劳动争议涉及劳动者人数（人）
2004	135206	764981	19241	477992
2005	313773	744195	16217	409819
2006	317162	679312	13977	348714
2007	350182	653472	12784	271777
2008	693465	1214328	21880	502713
2009	684000	1017000	14000	300000
2010	601000	815000	9000	212000
2011	589000	779000	7000	175000

资料来源：2000～2008年的数据来自历年《中国劳动统计年鉴》，2009年、2010年、2011年的数据来自中华人民共和国人力资源和社会保障部发布的2009年、2010年、2011年《人力资源和社会保障事业发展统计公报》，http://w1.mohrss.gov.cn/gb/zwxx/2010-05/21/content_382329.htm。

劳动争议，特别是集体争议的出现，基本上都是因为劳工权益被侵害。由企业改制、员工下岗等问题引起的劳动争议明显增多；集体劳动争议成倍上升（如2007～2008年），如表5和图7所示，规模不断扩大，有的集体争议还引发群体性冲突事件，劳工保护矛盾成为危及企业公民建设的重要因素。目前，劳动争议的焦点主要涉及的劳工权益有以下几项。

---

① 罗燕、林秋兰：《建立我国集体劳动争议预防与处理机制》，《中国组织人事报》2011年8月12日第10版。

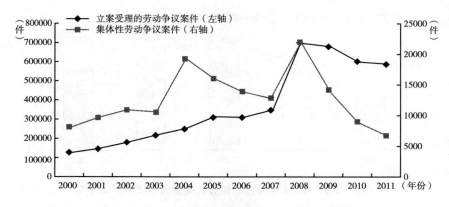

图7　2000～2011年我国劳动争议案件变化趋势

（一）劳工的就业权

1. 就业需求不能完全满足

2009年以来，主要发达经济体国内失业率居高不下，美国和欧元区国家开始回归实体经济，稳定制造业基础，扩大出口。故三年来，发达经济体进一步加大贸易保护的力度，与我国的贸易摩擦不断加剧，对我国数量庞大的出口加工制造业企业造成了不利影响，这些企业所带来的就业红利也逐步消失。同时，劳动力市场总量供大于求仍将延续，城镇就业压力仍然巨大，农村劳动力的就业问题依然严峻。

有关统计部门估算，"十二五"期间，我国城镇每年需要安排大约2500万的劳动力，比"十一五"时期略微增加。在2500万左右的劳动力中，青年学生大约占1400万。一部分是高校毕业生，在"十二五"期间每年有近700万人需要安排就业；另一部分是中专、技校、初中、高中毕业之后不再继续升学的学生，大约也有700万人；剩下的1000万余人，则包括军队转业人员、下岗失业需要再就业的人员和登记失业的人员。然而，每年实际上城镇能够安排的劳动力大约在1200万，大约还有上千万人的就业缺口。此外，"十二五"期间，每年还要安排农村的富余劳动力800万人，就业状况不容乐观。

以2011年为例，我国全年城镇新增就业人员1221万人，有553万城镇失业人员和180万就业困难人员实现了再就业。年末城镇登记失业人数为922万人，城镇登记失业率为4.1%（见图8和图9）。

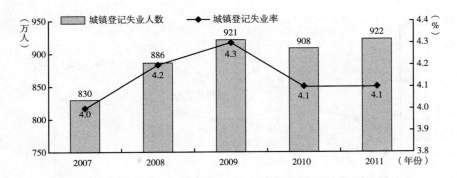

图8　2007~2011年我国城镇登记失业人数及登记失业率

资料来源：课题组根据我国历年《人力资源和社会保障事业发展统计公报》整理。

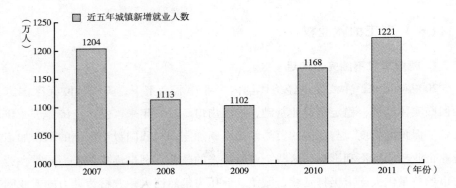

图9　2007~2011年我国城镇新增就业人数

资料来源：课题组根据我国历年《人力资源和社会保障事业发展统计公报》整理。

2. 就业歧视现象时有发生

2010年中国政法大学宪政研究所发布的《大学生就业歧视调查报告》显示，在这项涉及中国11所"211工程"名校的2000多名大学生的调查中，有54.05%的大学生表示在应聘中受到过歧视，包括性别、户籍、政治面貌、身高、长相、年龄、婚育等歧视①。大学生作为受过高等教育的人才，再就业时尚且面临种种歧视，其他层次的劳动者的就业情况便可见一斑了。

作为一种社会现象，就业歧视问题由来已久，而2009年以来较为严峻的就

---

① 《大学生就业歧视现状调查报告》，人民网，2010年8月5日，http://edu.people.com.cn/GB/12353056.html。

业形势，又给就业歧视"添砖加瓦""推波助澜"。从国家层面上讲，就业歧视的存在，是一种违法行为，它直接伤害了劳工的平等就业权利；从社会层面上讲，就业歧视的存在助长社会的不正之风；更为重要的是，从企业层面上讲，就业歧视的存在，不仅不利于企业选拔人才，而且会对企业履行社会责任造成巨大的阻碍。因此，营造公平就业的环境，保护劳工平等参与就业竞争的权利是势在必行的。

（二）劳工的职业安全权

职业安全权，是劳工依法所享有的在劳动的过程中不受职场危险因素侵害的权利。职业安全权是劳动权体系中的重要子权利，体现了劳动法所调整的劳工保护的本质属性和要求。劳工保护是一个矛盾体，既具有财产属性，又具有人身属性，而人身属性决定了职业安全权产生的基础①。

随着我国社会主义市场经济的深入发展和法制建设的不断完善，我国对从业劳动者职业安全的法律保护意识不断增强，有关劳动者职业安全权保护的法律制度框架已基本确立。但从业劳动者的职业伤害危险依然存在，重大工业伤亡事故频频发生，职业病患率居高不下，劳动者的心理健康仍被一些企业忽视。

1. 职业病危害严重

我国仍有许多企业工作环境恶劣，员工受到职业病的危害。据统计，目前我国有毒有害企业超过1600万家，接触职业病危害因素的人数超过2亿，工人生活环境不符合起码的安全、卫生要求，特别是农民工集中的企业，设备陈旧且作业环境差，劳动者直接受粉尘、噪音、高温甚至是有毒气体的危害等情况更为突出。我国卫生部的统计数据表明，20世纪50年代至2010年年底，全国累计报告职业病749970例，其中累计报告尘肺病676541例，死亡149110例，现患527431例；累计报告职业中毒47079例，其中急性职业中毒24011例，慢性职业中毒23068例。2011年全国新增职业病29879例，尘肺病26401例，仍然保持较快增长（见图10）。这说明我国部分企业的企业公民实践开展得很不成熟，不仅在员工健康保障、职业卫生防护方面欠账甚多，而且忽视员工的基本权益，对患病员工不负责。

---

① 郭捷：《论劳动者职业安全权及其法律保护》，《法学家》2007年第2期。

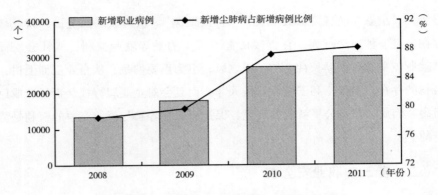

图 10　2008～2011 年新增职业病及尘肺病示意图

资料来源：国家卫生部网站，http：//www. moh. gov. cn/publicfiles//business/htmlfiles/wsb/index. htm。

2. 劳工的心理健康权屡遭忽视

2010 年 1～5 月，富士康接连发生 9 名员工坠楼事件，引起公众强烈关注。就在九连跳事件的余震未消时，第 13 名员工也已纵身殒命，富士康被网民戏称为"赴死坑""死亡工厂"。

从经济学角度来讲，在国际分工网络中，包括富士康在内的代工工厂处于产业金字塔的底部，无法承受上游公司大客户的流失，在这种压力下，代工工厂往往选择对出错员工进行严厉惩罚。从某种意义上讲，在市场经济体制下，全球化进程的力量将迫使代工企业之间不得不开展流血竞争，经济全球化在一定程度上成为一台巨大的绞肉机。虽然富士康的 N 连跳只是一个企业忽视员工心理健康、漠视员工生存权利的极端现象，但是这种现象的根源却是值得深思的。无独有偶，一部分中国加工制造业企业早已习惯了从廉价用工中汲取利润，一旦遭遇外部突如其来的压力，往往不采取技术革新、管理革新、提高员工素质教育以及开拓市场等正规方法来渡过难关，而是与富士康一样，采用超长时间的加班方式挤压员工休息、交流和发展的空间，甚至用军事化的管理扼杀员工的个性发展和人格尊严，从而获得更多的利润。

3. 矿难多发，对劳工的生命安全权造成巨大危害

煤矿企业一直都是矿难发生的重灾区。2009 年以来，仅死亡人数在 30 人以上的重大矿难就有 11 起，发生矿难的企业也零散分布在全国各地，充分折射出我国煤矿企业生产安全存在较大的隐患。究其原因，事故煤矿企业往往存在非法越层越界开采，严重的超能力、超强度和超定员组织生产行为的问题以及劳动组织、安全管理严重混乱等问题。这些问题的存在，不仅严重妨害了企业对劳动者权益的保护，甚至对整个企业公民建设都构成了危害。

（三）劳工保护的三方协调机制

劳工保护三方协调机制是市场经济国家长期以来处理劳工保护的基本制度，是解决劳工保护问题的一种有效的形式。随着经济全球化的发展，我国劳工保护的调整要逐步与国际接轨，建立和完善劳工保护三方协商机制①。虽然早在 2010 年年初，全国 31 个省（自治区、直辖市）及 80% 的地（市）和县（区）已经建立了相应的工作机构和运作模式，但是我国的三方协调机制尚存在一些问题。

1. 三方协调的工作进展缓慢，缺乏有效的推进方式

从宏观层面上讲，国家对三方协调机制工作的推进是大力支持的，采取了多种方式进行推动，其中包括联合下发文件、共同开展调研和召开工作会议等方式，这些方式起到了一定的效果。但是由于缺乏统一的监督管理及推动机构，这些规划文件往往是"纸上画画、墙上挂挂"，没有真正形成实践活动，并且缺乏相关的督促检查以及反馈路径的建设活动，从而使得文件下发后，更多地依靠各地三方的主动性和积极性。而国家三方办公室受人员等客观条件影响，缺乏对地方工作的实际指导，抓落实缺少必要的手段和措施。

2. 三方协调的基础仍显薄弱，基层组织建设存在问题

基层建设是三方协调能否真正发挥作用的基础。然而，我国目前协调劳工保护三方机制的组织体系却存在着根底不牢的弊病，各地的基层组织建设问题颇多、成效较差。客观来讲，这种情况的出现在一定程度上可以归咎为编制过小和经费预算过低等原因。

在地方政府基层组织建设力度不够的同时，各地的基层调解组织发展速度也令人担忧。国有企业的改组、兼并，伴随而来的是企业劳动争议调解委员会大幅减少，但是新建企业特别是中小型非公有制企业并没有顶替原公有制企业的位置。在这些中小企业中，工会及劳动争议调解组织组建缓慢，组建效率较低。乡

---

① 吴清军：《当前我国劳工保护发展趋势研究》，《工会博览：理论研究》2010 年第 3 期。

镇街道及社区调解组织也存在建而未见、覆盖面不广、权威性较低等问题。基层调解员整体素质也有待提高，专业理论和方法技巧比较欠缺。

3. 三方协调的重点与难点集中在中小企业身上

中小企业劳工保护复杂，用工形式多样，是劳资矛盾易发、多发的原因。2010 年，非公企业发生劳动争议数占案件总数的71.2%[1]。一方面中小企业员工流动性大，劳动合同签订率低、短期化现象严重，企业劳动管理水平较低，缺乏内容调节机制，容易产生矛盾；另一方面农民工已成为当前中小企业劳动者的主体。新生代农民工维权意识大大提高，当其权益诉求、精神追求没有得到实现时，容易引发集体劳动争议或群体性事件。而三方机制的基层组织不健全，协调劳工保护工作很难延伸进中小企业，中小企业实际情况和统计数据难以摸清，工作开展难度较大[2]。

(四) 劳工的平等权

从 20 世纪 80 年代服务外资企业的独特手段，到如今央企和国企缩减成本、提高利润率的"捷径"，劳务派遣这一用工方式在中国已经变味。《劳动合同法》规定，"劳务派遣一般在临时性、辅助性或者替代性的工作岗位上实施"，但是许多单位的劳务派遣人员既不"临时"，也不"辅助"，更非"替代"，却"被劳务派遣"。与体制内的正式工相比，派遣工与正式员工同岗不同酬、同技不同酬、同绩不同酬，得不到正常的工资增长及晋升机会，劳动者权益被侵犯，是劳动用工中典型的"双轨制"。一项调查显示[3]，派遣工工作任务重、工资低、压力大，普遍缺乏归属感、荣誉感和体面劳动的尊严，不满、消极甚至对立情绪滋生，自称是"二等职工"（一等职工是合同工）。在当前城市人口二元化结构矛盾突出的同时，劳务派遣制度无形中制造了企业职工二元结构的新矛盾。劳务派遣工与企业职工在同一企业长期大量并存的局面，有可能导致职工队伍的分裂，从而影响劳工保护和社会和谐稳定。目前中国的劳务派遣已呈泛滥之势，作为企业缩减成本、提高利润率的手段，它更像是企业漂亮裙摆下被遮挡的布满老茧的

---

① 陈兰通：《中国企业劳工保护状况报告 2011》，企业管理出版社，2012。

② 陈兰通：《中国企业劳工保护状况报告 2011》，企业管理出版社，2012。

③ 甘肃省总工会研究室：《完善法律法规 加大执法监督——关于劳务派遣工权益保障问题的调查》，《中国工运》2012 年第 2 期。

双脚，更像是闪耀的 GDP 背后未获得足够重视的黑斑。

据报道①，由于中国劳务派遣的主体是事业单位和国有企业，因而大型企业和央企已成为这种现象的重灾区，部分央企甚至有超过 2/3 的员工都属于劳务派遣。今天，社会责任越来越成为衡量一个企业优劣的标准。全民所有制企业，理应承担更多的社会责任，但部分央企竟然成为这种"掠夺性用工"的重灾区，让人难以接受。

此外②，尽管修改《劳动合同法》中"劳务派遣"部分的呼声很高，但在《劳动合同法》的修改过程中，反对声音一直存在，主要来自企业界，尤其是央企。参与修法调研的专家表示，滥用劳务派遣的群体主要来自事业单位和垄断央企。出于维护既得利益的目的，这些单位和企业可能成为此次《劳动合同法》修改的最大阻碍。对此问题，也有专家认为，出现这种声音，主要是 2012 年经济形势不好，就业压力比较大。企业方面的意见是，如果在经济形势不好的背景下，法律再从严规制用工，会加重企业的负担，可能会限制通过劳务派遣等灵活用工方式来扩大就业。

（五）劳工的休息权

2008 年 1 月 1 日开始实施的新《劳动法》中第三十六条规定，我国实行劳动者每日工作时间不超过八小时、平均每周工作时间不超过四十四小时的工时制度。第四十一条规定，用人单位由于生产经营需要，经与工会和劳动者协商后可以延长工作时间，一般每日不得超过一小时；因特殊原因需要延长工作时间的，在保障劳动者身体健康的条件下每日不得超过三小时，每月不得超过三十六小时。但是 2009 年以来，劳工的周平均工作时间却与此法有着不小的出入。

从表 6 可以看出，我国城镇劳工 2010 年的周平均工作时间为 47 小时，已经逼近了新《劳动法》规定的上限，而部分行业如住宿和餐饮业、批发和零售业更是远远超过了 44 个小时的法定周工作时间，劳工的休息权没有得到很好的保护。

---

① 奚旭初：《央企怎能"掠夺性用工"》，《上海青年报》2012 年 6 月 26 日第 3 版。
② 许浩：《约束劳务派遣滥用〈劳动合同法〉触动央企利益》，人民网，2012 年 6 月 30 日，http：//www. 022net. com/2012/6 - 30/446849402779937. html。

表6　按行业分我国城镇就业人员周平均工作时间

单位：小时

分　组	2006 年 11 月	2007 年 11 月	2008 年 11 月	2009 年 11 月	2010 年 11 月
全部	47.3	45.5	44.6	44.7	47.0
住宿和餐饮业	54.4	52.1	50.7	50.1	51.43
批发和零售业	52.5	50.9	49.6	49.6	50.3
建筑业	51.3	49.7	48.2	48.4	50.2
制造业	50.4	49.4	47.9	48.5	49.0

资料来源：课题组根据中国统计出版社：《中国劳动统计年鉴 2011》搜集整理。

从表 7 可以看出，按照年龄划分，2010 年我国城镇劳工周平均工作时间最长的年龄段为 16～19 岁，这一数字发人深省。16～19 岁的劳工正值青春年少，很多人应该在高校或者技工学校完成自己的学业，然而实际统计的数字却是他们的周平均工作时间最长，不能不说我国企业在劳工休息权的保护上存在一定的问题。

表7　按年龄分我国城镇就业人员周平均工作时间

单位：小时

分　组	2006 年 11 月	2007 年 11 月	2008 年 11 月	2009 年 11 月	2010 年 11 月
16～19 岁	49.9	48.1	45.8	46.8	49.1
20～24 岁	48.4	46.9	45.6	46.1	47.8
25～29 岁	48.1	46.5	45.7	45.9	47.1
30～34 岁	48.4	46.9	46.0	46.1	47.5
35～39 岁	48.3	46.7	45.9	46.1	47.8
40～44 岁	47.7	46.1	45.4	45.4	47.6
45～49 岁	46.5	45.2	44.5	44.5	46.8
50～54 岁	45.2	43.9	43.3	42.9	45.8
55～59 岁	43.9	41.8	41.0	41.1	44.7
60～64 岁	41.8	38.4	37.3	37.8	42.6
65 岁 +	36.8	33.4	32.7	33.4	38.5

资料来源：由课题组根据《中国劳动统计年鉴 2011》搜集整理。

四　当前我国企业劳工保护责任改善的建议

在我国企业中，构建和谐的劳资关系，形成良好的自我约束和监督机制是企业公民实践必不可少的组成部分，同时也是我国企业劳工保护体系建设的最终目的。这项工程需要政府、工会、企业以及社会组织的多方协调和配合，需要来自社会各个阶层力量的支持。

1. 政府层面

当前，我国劳动者权益频频受到侵害主要是由监管不力以及部分地方政府过度追求 GDP 发展等短视行为造成的。因此，政府通过有效引导和调解，最大限度地发挥自身的调节作用，是关系到稳定劳工保护发展、形成合理劳资体系的关键性问题。

政府在进行劳工保护体系建设中要突出三点：

（1）应出台相关政策法规，保护科技进步与创新，鼓励发展战略性新兴产业，创造大量适合高校毕业生就业的岗位；加快实施有利于发挥劳动力比较优势的技术进步和产业升级技术战略，着力形成创造和谐劳工保护同经济发展良性互动的长效机制。①

（2）着力改变"双轨制"的状况，督促企业不把劳务派遣工与劳动合同制员工混岗工作，而采取不同用工制度、不同岗位、不同薪酬，用制度给全体劳动者创造一个公平、体面、有尊严的劳动就业环境。此外，应加紧制定实施了 4 年半的《劳动合同法》的修正案草案，规范劳务派遣，保证同工同酬。

（3）鼓励社会各界力量参与到劳动者素质培训队伍中。我国高级技师、高级工程师、技师的用人需求缺口很大。技能人才的不足，说明未来政府可以通过改善培训结构来提高就业率。政府还应当鼓励企业开展职业技能培训工作，并引导和给予支持，使培训内容能够顺应时代发展、把握经济脉搏，努力在创新中不断调整优化。

2. 工会层面

国有企业中的工会，受企业党委的领导，可以把职工的权益和党的领导有机统一起来，而许多非公有制企业工会往往是由企业成立的，隶属于企业管理层，经费由企业承担，工资由企业支付，甚至有些企业的工会负责人是由企业管理层兼任的。因此，企业工会处处受制于企业。在这种情形下，企业工会往往不能真正体现职工的心声，更无法切实维护职工的利益。因此，要构建和谐的劳工保护

---

① 马志刚：《扩大就业要有新思路》，http：//theory. people. com. cn/GB/49154/49156/17007975. html。

体系必须做到以下方面。

（1）落实工会权利，使工会成为独立于企业管理层的组织，只有这样才能扭转现状，使工会名副其实。同时，要切实发挥好工会组织的积极作用，推动企业与职工共建共享，努力构建和谐劳工保护，为增强企业的凝聚力和向心力，为我国经济社会又好又快发展助力，为建设和谐劳动社会助势。

（2）重视工会组织的维权职责，应当把维护职工群众具体利益同维护全国人民根本利益紧密结合起来，把服务职工、维护职工合法权益同组织职工、教育引导职工紧密结合起来，不断提高为职工群众服务的能力和水平。[1]

（3）加强工会对劳动执法的监督。全国各级工会应该切实贯彻实施《劳动合同法》，加强对《劳动合同法》执行的监督力度。

3. 企业层面

（1）创新人力资源管理，增强企业的凝聚力和向心力。对于企业管理人才队伍，完善激励机制，大幅度提高专家型、高技能员工的待遇，使其能够安心在工作岗位上发挥聪明才智。对于普通员工队伍，积极拓展职业发展通道，力争使每一名员工只要努力都有上升空间。同时，注重维护职工民主政治权利和精神文化权益，保障职工知情、参与、表达、监督的权利，不断以先进文化引领和整合多元化思想观念，筑牢共同价值观。[2]

（2）统筹协调各方面利益关系，促进企业内部不同群体和谐发展。正视劳工保护客观存在的矛盾，承认劳工保护不同主体的利益诉求，积极寻求调处矛盾的新方法、新渠道，着力健全一整套正确处理劳工保护矛盾的规范化机制，努力实现"不同而和"。研究解决收入分配的突出问题，关注平均收入较低企业的薪酬分配状况，研究对边远地区、艰苦环境、困难企业员工收入的特殊补偿政策。关注企业内部弱势群体，在强化其基本保障的同时，着力提高其技能素质，增强这部分群体的竞争力和对改革的适应能力。

（3）关注劳工保护的国际化影响，加强对相关制度形式的比较借鉴。结合应用国际劳工标准等方面遇到的新情况、新问题，在协调劳工保护的手段和方法

---

① 鲁兴勇：《中央企业构建和谐劳工保护与研究——工程建设领域使用农民工现状与思考》，http：//www. qstheory. cn/lg/clzt/201108/t20110822_ 104162. htm。

② 李庆奎：《央企应在构建和谐劳工保护上下工夫》，http：//acftu. people. com. cn/GB/14427336. html。

上，吸收和借鉴国际上一些有益经验和反面教训，深入进行工会组建、集体谈判制度、劳动争议处理制度及法规依据、协调劳工保护三方机制等方面的比较鉴别，并对伴随经济全球化产生的一些新的制度和形式进行观察和比较，提高处理劳工保护国际化复杂问题的能力。

4. 社会组织层面

加强企业社会责任实践，不仅需要政府使用各种政策手段进行"看得见的调控"，还需要社会各界力量的相互配合、相互帮助，利用"看不见的手"进行监督和引导。社会组织作为政府部门很好的补充和协助，在推动企业社会责任实践方面也有着重要的作用。社会组织在参与构建和谐劳工保护工作时，首先要参与构建外来员工管理网络，利用其自身的独立性和三方性特点，为外来员工提供培训和服务；其次要充分开展知识普及教育活动，利用自身灵活多变、组织形式多样化的特点，按时按需对劳动者进行教育，给予其充分的智力支持。

参考文献

［1］国家统计局网站：《中国统计年鉴》，http：//www. stats. gov. cn/tjsj/ndsj/。

［2］人力资源和社会保障部网站：《2008～2011年度人力资源和社会保障事业发展统计公报》，http：//www. gov. cn/gzdt/2012－06/05/content_ 2153635. htm。

［3］罗燕、林秋兰：《建立我国集体劳动争议预防与处理机制》，《中国组织人事报》2011年8月12日。

［4］人民网：《大学生就业歧视现状调查报告》，http：//edu. people. com. cn/GB/12353056. html. 2010－8－5。

［5］郭捷：《论劳动者职业安全权及其法律保护》，《法学家》2007年第2期。

［6］吴清军：《当前我国劳工保护发展趋势研究》，《工会博览：理论研究》2010年第3期。

［7］陈兰通：《中国企业劳工保护状况报告2011》，企业管理出版社，2012。

［8］甘肃省总工会研究室：《完善法律法规加大执法监督——关于劳务派遣工权益保障问题的调查》，《中国工运》2012年第2期。

［9］奚旭初：《央企怎能"掠夺性用工"》，《上海青年报》2012年6月26日。

［10］许浩：《约束劳务派遣滥用〈劳动合同法〉触动央企利益》，人民网，http：//www. 022net. com/2012/6－30/446849402779937. html。

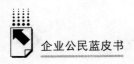

［11］ 马志刚：《扩大就业要有新思路》，http：//theory. people. com. cn/GB/49154/49156/17007975. html。

［12］ 鲁兴勇：《中央企业构建和谐劳工保护与研究——工程建设领域使用农民工现状与思考》，http：//www. qstheory. cn/lg/clzt/201108/t20110822_ 104162. htm。

［13］ 李庆奎：《央企应在构建和谐劳工保护上下工夫》，http：//acftu. people. com. cn/GB/14427336. html。

Report on Corporate Responsibility on the Labor Protection

Abstract：Labor protection, as the most important part of corporate social responsibility, in practice, it tends to be the most prone area of disputes. Many fields, such as wages, working hours, job security, the right to organize trade unions, social insurance and welfare benefits, occupational safety and health, collective bargaining, employee participation, have great chance to become a hidden danger that may revise contradictions. A variety of labor disputes, not only become an obstacle to our corporate social responsibility practices, but also cause damages to harmonious society construction. In current economic conditions, the external environment is full of pressure, which make corporates fulfilling their social responsibility to create a good labor protection system much harder. This article, divided into four parts, will give objective statement about the development trend of China's labor protections, present characteristics and problems since 2009. In our article, we will give some relatively cautious policy recommendations, in order to guide enterprises to take corporate social responsibility practices more realistic and fulfill the responsibility to protect the labor.

Key Words：Labor Protection；Enterprise Citizenship；Harmonious Society

企业履行消费者权益保护责任报告

张月莉 刘 方 陈淑霞*

摘 要： 满足消费者需求、保护消费者利益是每个企业生存的前提与保障。但是，近年来大量侵害消费者权益的事件频频出现，企业为了追求高额利润，置消费者的生命安全于不顾，最终给社会带来了严重的影响。本文倡导企业要加强对消费者利益的保护，通过对我国 2009～2011 年企业消费者权益保护发展状况的概述，分析企业对消费者权益保护的案例，阐明我国企业当前存在侵害消费者权益行为的原因，最终从加强企业对消费者履行社会责任、加强政府对推动企业保护消费者权益的作用、完善社会团体监督机制、增强消费者的维权意识与能力等方面提出政策建议，最终促进企业有效地保护消费者的权益。

关键词： 企业社会责任 消费者权益保护 维权意识

作为企业产品和服务的最终接受者和使用者，消费者到底有多重要？根据管理专家彼得·德鲁克的说法，对企业的目的仅有一种有效的定义：创造客户。当然，保留客户也是必要的。很明显，在目前的竞争市场中，如果企业想要成功，那么它们就要增加客户和保持客户。然而，消费者在市场中仍处于弱势地位，尽管"顾客就是上帝""消费者是我们的衣食父母"等宣传口号被企业叫响已几十年，但面对"三聚氰胺""染色馒头""瘦肉精""地沟油"等层出不穷的食品安全问题事件，人们不得不质疑上述口号的真实性，并开始对一切无法靠直觉判

---

* 张月莉，女，山西人，浙江农林大学经济管理学院，管理学博士，副教授，硕士生导师。研究方向：市场营销；刘方，女，贵州人，国家发改委经济研究所，经济学博士。研究方向：企业改革与发展；陈淑霞，女，福建人，浙江农林大学经济管理学院，硕士研究生。研究方向：经济学。

断其质量的产品全部持怀疑态度。即便是知名品牌或著名企业也面临消费者的信任危机。目前，消费者的诚信缺失是企业发展的最大障碍，所以获得消费者的信任是企业赢得和保持顾客的关键。企业应切实注重保护消费者的权益，加强企业社会责任建设，树立良好的企业公民形象。

一 2009～2011 年企业保护消费者权益的发展状况

消费是财富之源，消费者是企业的衣食父母，企业应当积极地履行对消费者的社会责任。在消费活动中，消费者处于弱势地位，因而企业自觉履行对消费者的社会责任可以提升企业的形象，增加企业的价值，增强企业的综合竞争力和可持续发展的能力。建立良好的消费关系也是构建和谐社会的基础，消费关系的不和谐直接影响到社会的稳定。因此，消费者权益保护的状况，已成为衡量一个国家文明程度和法治化进程的试金石。本部分在衡量企业保护消费者权益的总体状况时采用了消费者投诉数量指标。

（一）消费者权益保护任重而道远

据全国各级消协组织统计汇总，2011 年上半年共受理消费者投诉 306903 件，解决 293034 件，投诉解决率为 95.5%，为消费者挽回经济损失 39284 万元。其中，因经营者有欺诈行为得到加倍赔偿的投诉为 4643 件，加倍赔偿金额为423 万元，经消费者协会提供案情后由政府有关部门查处的罚没款为 981 万元。

表1 全国消协组织受理投诉情况变化

项 目	2010 年上半年	2011 年上半年	变化幅度（%）
受理数(件)	300346	306903	↑2.2
解决数(件)	283425	293034	↑3.4
挽回损失(万元)	27516	39284	↑42.8
加倍赔偿(件)	2496	4643	↑86.0
加倍赔偿金额(万元)	375	423	↑12.8
政府罚没款(万元)	770	981	↑27.4
来访咨询(万人次)	253	207	↓18.2

资料来源：《2011 年上半年全国消协组织受理投诉情况分析》，http://www.cca.org.cn/web/xfxx/picShow.jsp? id=52899，2011-07-15。

表 1 显示，2011 年上半年投诉事件比 2010 年上半年有所增加，且加倍赔偿事件剧增，这说明企业的自律有待提升，消费纠纷趋势扩大，消费者权益保护任重而道远。

（二）价格问题投诉大幅上升

消费者投诉问题按性质可分为质量、安全、价格、计量、广告、假冒、虚伪品质表示、营销合同和人格尊严等问题。表 2 反映了 2010 年上半年和 2011 年上半年消费者投诉性质的变化情况。

表 2　投诉性质变化

单位：件，%

	2010 年上半年	2011 年上半年	变化幅度
质量	163423	158470	↓3.0
安全	6375	6225	↓2.3
价格	15680	17246	↑10.0
计量	5071	4213	↓16.9
广告	6406	6288	↓1.8
假冒	7189	5454	↓24.1
虚伪品质表示	4783	4258	↓11.0
营销合同	28257	29864	↑5.7
人格尊严	1008	1068	↑6.0

资料来源：《2011 年上半年全国消协组织受理投诉情况分析》，http：//www.cca.org.cn/web/xfxx/picShow.jsp？id＝52899，2011－07－15。

从表 2 可以看出，质量、安全、计量、广告、假冒、虚伪品质表示的投诉同比均有不同程度的下降，说明企业越来越重视诚信经营和注重产品的安全和质量。而价格、人格尊严和营销合同的投诉量同比有一定程度上升，说明企业还应加强维护消费者在这些方面的权益。其中，价格方面的投诉尤为显著。2011 年上半年，各类投诉中涉及价格问题的投诉同比增长了 10.0%。一些行业企业无视相关价格法规，哄抬物价，严重损害了消费者的权益。可见，目前应重视价格问题的投诉，切实促进企业保护消费者权益。

（三）百货、服务类投诉上升，其他类别同比均有不同程度下降

消费者投诉问题按类别可分为百货类、房屋及装修建材类、家用机械类、家

用电子电器类、服务类、农用生产资料类及其他类。表3反映了2010年上半年和2011年上半年消费者投诉类别的变化情况。从表3可以看出，消费者对百货类、服务类的投诉量同比有所上升，对其他类别商家的投诉量同比在不同程度上均有所下降。这总体上说明这类企业应提高维护消费者权益的意识。

表3 投诉类别变化表

单位：件，%

	2010年上半年	2011年上半年	变化幅度
百货类	81441	85547	↑5.0
服务类	91032	101037	↑11.0
家用电子电器类	72339	68056	↓5.9
家用机械类	17255	17111	↓0.8
房屋及装修建材类	16447	13862	↓15.7
农用生产资料类	7014	6209	↓11.5

资料来源：《2011年上半年全国消协组织受理投诉情况分析》，http：//www.cca.org.cn/web/xfxx/picShow.jsp？id＝52899，2011－07－15。

1. 服务意识急需提高

2011年上半年，公共事业和社会服务投诉总量为5283件，同比增长46.7%，投诉的增幅位居第二位。在水利、电力、供热、有线电视以及家政服务领域均存在一些问题。可见，从事公共服务领域的企业应提高对消费者权益的关注，自觉履行保护消费者权益的社会责任，并将其作为履行社会责任的核心内容。

2. 旅游服务行业应改变服务理念

2011年上半年，旅游投诉总量为1743件，同比增长41.7%，投诉增幅位居第三位。旅游投诉的问题主要集中在路线、景点随意变更、服务标准降低、因特殊原因致使旅游组团取消时不能及时合理退费等。这说明从事旅游服务的企业应转变服务观念，本着为消费者着想的原则，不断提升服务的质量和附加值，将企业的行为准则定为以诚待人、诚信为本。

3. 空调类产品投诉创新高

2011年上半年，空调类产品投诉总量为7023件，同比增长了31.2%，投诉量创新高。空调类产品投诉的主要问题是制冷效果差、售后安装不及时、安装服务乱收费、水平差、态度恶劣等。可见，这类企业应本着强烈的社会责任心，对有问题的产品进行召回，不断提高企业的技术水平，为消费者提供优质的产品和售后服务。同时，从广告、销售、安装再到售后的全过程都要贯彻诚信为本的原则。

4. 食品投诉增长较快，食品安全让人担忧

2011 年上半年，食品投诉总量为 17872 件，同比增长 25.0%，食品投诉呈快速增长趋势。目前的主要问题是质量安全问题，如过量使用食品添加剂、违法添加化工原料、生产销售过期变质食品、私自更改生产日期、使用劣质原料加工食品等，其中比例高达 65.8%，使广大消费者对食品安全表现出了前所未有的忧虑。

二　企业对消费者权益保护的案例分析

随着物质生活水平的提高，消费者的法治观念和人权意识逐渐觉醒，他们的消费中心正在由传统的物质消费型向现代的精神消费型或文化消费型过渡，并且比以前更加渴望自己的权利得到切实的保护。虽然消费者的维权意识比以往有了很大程度的提升，但在交易过程中，仍处于弱势地位，因而需要企业自觉履行对消费者的社会责任，以增强企业的信誉度和美誉度，从而为争得客户赢得筹码。一个有社会责任感的企业，首先要做到的是对自己的消费者负责，为他们提供安全可靠的高质量产品。只有这样，企业才能在消费者心目中塑造自己的品牌形象，取得消费者的最终信任，实现企业与消费者之间的双赢。

（一）国外保护消费者权益的案例

制定严厉的法律是美国打假的最基本手段。① 2009 年 9 月 2 日，美国制药巨头辉瑞公司对其夸大药品适用范围的刑事指控表示服罪，并同意支付 23 亿美元罚款以了结指控。该案例的宣判不仅是美国司法史上涉及金额最高的医疗保健欺诈和解案，而且是各类刑事罚金案件中涉及金额最大的一起案件。而在我国，由于相关法规制度不完善，这一不法行为屡禁不止，医药企业对药品进行虚假宣传

---

① 《美国辉瑞公司药品虚假宣传被罚 23 亿美元引发的思考》，http://www.isfda.com/read.php?tid=32595，2009-11-30。

早已司空见惯。美国法律制度对我国打击制售假药行为具有深刻的借鉴作用，唯有健全的法律和公正的司法才能维护市场秩序，保护公众权益。

（二）我国保护消费者权益的案例

1. 双汇"瘦肉精"事件

双汇集团是以肉类加工为主的大型食品集团，是中国最大的肉类加工基地，在 2010 年中国企业 500 强排序中列第 160 位。然而，2011 年 3 月 15 日，中央电视台在维权行动中特别报道了《"健美猪"真相》，即双汇集团旗下的济源双汇食品有限公司用了含有大量动物违禁药品"瘦肉精"的生猪，此种生猪体型健美，几乎没有动物脂肪，基本全是瘦肉，但体内含有多种有害物质，长期食用有致癌危险。在全民关注食品安全问题的背景下，因为使用食用过"瘦肉精"的猪肉，双汇集团被推到了舆论的风口浪尖，并陷入信任危机。

在发生"瘦肉精"事件以后，双汇集团采取了一系列的危机公关措施，除了发表了两份致歉声明以外，其最大的举措就是 2011 年 3 月 31 日召开的万人职工大会，而社会公众却认为其道歉方式缺乏诚意，因为致歉会上出席的人包括职工代表、经销商代表、政府机构代表和媒体代表，却唯独没有消费者代表。董事长万隆在会上只强调双汇的品牌损失难以估量，而只字未提消费者蒙受的损失。[1] 并且万隆在接受媒体采访时曾称，在"瘦肉精"事件中双汇是代人受过，并把责任推给养殖业，称"源头不在双汇，而是养殖业的问题"。在发表的两个声明中，反复将问题的责任归于济源双汇的一家子公司，并在公告中指出，"瘦肉精"事件的起因是源于旗下子公司济源双汇个别员工在采购环节失职，致使少量饲喂"瘦肉精"的生猪进入济源工厂。[2] 双汇不但道歉缺乏诚意，也没积极承担责任，问题一被揭发就将责任推给旗下子公司和没有话语权的养殖户，无法从根本上点燃消费者对其企业信誉的重新认可。一个放心的品牌需要若干年的苦心经营，而一个品牌的毁灭却只在旦夕。危机事件发生时，企业应在第一时间以诚恳的态度向公众表示由衷的歉意，坦言真相并积极主动地公布事件的进展情况，而不是推卸责任找借口。只有这样的积极态度才能使企业摆脱危机，并且塑造对社会负责任的企业公民形象。

① 缪超、黄琳：《"瘦肉精"事件与企业危机营销》，《学术探讨》2011 年第 1 期。
② 缪超、黄琳：《"瘦肉精"事件与企业危机营销》，《学术探讨》2011 年第 1 期。

从双汇"瘦肉精"事件我们可以得到：① 一是企业首先要牢牢树立保护消费者权益的观念。回想昔日的"苏丹红"事件、"三聚氰胺"事件、"毒馒头"事件，其根源都在于企业为获取额外利润而置消费者利益于不顾。这就需要企业明确树立保护消费者权益的观念，为消费者提供健康、安全的产品，从而避免危害消费者利益行为的发生。二是建立健全危机预警机制。企业生存环境十分复杂，系统中各种潜在的因素随时都可能诱发危机的发生，企业应时刻刻保持一种危机意识，建立健全完善的危机预警机制。三是始终以诚恳积极的态度来应对危机。危机的发生往往会引发媒体和消费者的诸多猜忌，而重拾消费者信任的关键就是始终保持诚恳积极的态度。四是不断完善相关法律法规体系。随着社会主义市场经济的不断发展，原本较为完善的法律法规体系也逐渐呈现出自身的滞后性，在消费者权益保护方面的不足与缺陷也逐渐暴露，消费者权益受到侵害的情况也日益增多。为了有效地促进企业保护消费者权益，现阶段应不断完善我国有关消费者权益保护的法律法规体系。②

2. 中国多家家乐福、沃尔玛超市价格欺诈

2011 年 1 月 26 日，国家发展和改革委公开通报了多地家乐福、沃尔玛超市存在的价格欺诈行为，具体包括虚构原价、低价招揽顾客高价结算、不履行价格承诺、误导性价格标示等。发改委指出，家乐福、沃尔玛的"价格欺诈"违反了《反不正当竞争法》《消费者权益保护法》《价格法》等法律法规，严重损害了消费者的知情权、自主选择权和公平交易权，已责成相关地方价格主管部门给予严肃处罚，没收非法所得，并处违法所得 5 倍罚款；没收违法所得的或无法计算违法所得的，最高处以 50 万元的罚款。而各地相关价格主管部门也已根据价格法律法规的相关规定，严格履行法定程序，分别对涉案的 19 家超市门店处以法定最高额度 50 万元的罚款，罚款总额为 950 万元。③

---

① 缪超、黄琳：《"瘦肉精"事件与企业危机营销》，《学术探讨》2011 年第 1 期。

② 2009 年，三鹿事件催生了新《中华人民共和国食品安全法》的颁布与实施，废止了原《食品卫生法》，对食品安全的重视提高到了法律层面。从食品卫生到食品安全的过渡，标志着中国的食品安全管理进入了一个新的时代。2011 年 5 月 13 日，卫生部公布了《食品添加剂使用标准》（GB2760 - 2011）、《食品中真菌毒素限量》（GB2761 - 2011）、《预包装食品标签通则》（GB7718 - 2011）、《蜂蜜》（GB14963 - 2011）4 项新的食品安全国家标准。

③ 《家乐福沃尔玛部分超市因价格欺诈被发改委处罚》，http：//news. sina. com. cn/c/2011 - 01 - 26/123721878495. shtml，2011 - 01 - 26。

家乐福是最早进入中国市场的大型连锁超市公司，沃尔玛是全世界最大的零售公司，在世界500强中排名首位。在国外规范的公司，为什么到中国就变质了？该事件应给我国政府相关主管部门、社会监督主体、消费者敲响警钟。家乐福、沃尔玛的各种乱象，实际上是他们在巨大的利益诱惑面前，在中国法律规定的产权框架下所做出的"理性"选择。因为在我国现有的制度下，违法成本是极其低廉的，其违法收益也许会超过其违法成本，所以更促使这一系列违法行为的产生。

我国针对价格欺诈行为的规定主要体现在《价格法》等法律法规中，法律给价格欺诈行为带来的成本也体现在这样的法律法规中，包括：《价格法》第四十一条、第四十二条规定："经营者因价格违法行为致使消费者或其他经营者多付价款的，应当退还多付部分；造成损害的，应当依法承担赔偿责任。""经营者违反明码标价规定的，责令改正，没收违法所得，可以并处5千元以下的罚款。"这种规定对大型跨国企业几乎没有任何威慑作用，因为多付部分本来就会由顾客买单。《价格违法行为行政处罚规定》的第五条规定："利用虚假的或者使人误解的价格手段，诱骗消费者或者其他经营者与其进行交易的，责令改正，没收违法所得，并处违法所得5倍以下的罚款；没有违法所得的，处5万元以上50万元以下的罚款；情节严重的，责令停业整顿，或者由工商行政管理机关吊销营业执照。"且不说我国的执法效率如何，这种定额处罚，一种是以违法所得为计算基数，另一种是规定了上下限的处罚，且最高数额一般不超过50万元，这对于一个大型企业而言简直就是"毛毛雨"。同时《消费者权益保护法》第四十九条还确立了惩罚性赔偿制度。如果要对经营者提出惩罚性赔偿，则顾客因其"损失"而增加赔偿的金额为消费者购买商品的价款或接受服务的费用的一倍。这表明，要想获得惩罚性赔偿，顾客首先要受到损失。而商品价格"一倍"的赔偿也是杯水车薪，很多顾客未必"看得上眼"，也就没有了寻求赔偿的动力，这必然助长经营者行使欺诈行为的风气。

相比较来说，国外在处罚力度方面要大得多，美国在发现企业的价格欺诈行为时，地方检察官会代表消费者向法院提起诉讼，往往要求巨额的赔偿，以打击公司的违法行为。比如，在西尔斯·罗巴克公司价格欺诈案中，因为虚标商品价格欺骗消费者，该公司最终承担了110万美元的赔款和诉讼费，并且承诺在3年内建立价格监督和纠正机制，同时每周至少审计一次店内商品价格，并且每年由第三方独立机构对价格至少审计一次。法国的《价格开放与竞争条例》规定，从事不正当价格竞争行为的，其刑事责任为"判刑，最高 2 年刑罚"；泰国《制定价格与禁止垄断法》也规定了不正当价格竞争行为，"对情节严重的违法案件移送法院处理，依法可处 10 万铢以下罚款或 5 年以下徒刑"，处罚毫不手软。相反，我国法律中几乎没有刑事责任方面的规定，这大大降低了跨国公司在中国的违法成本。所以，看似诚信的跨国公司来到中国就变了味。

总结家乐福、沃尔玛价格欺诈事件，可以看出其产生的原因主要有几方面：① 一是经营者自我约束机制不严格，"店长负责制"是其主要隐患。在家乐福、沃尔玛内部系统里，考核店长的标准主要包括两个：第一是销售量；第二是毛利率。这种分权的管理模式虽然能调动各个分支机构的积极性，但却缺乏有效的管理和监督，而其单一的考核模式也是各个分支机构滋生腐败的土壤。二是政府的监控约束机制不到位，政府的监督力度不够强。从《价格法》中可以看出，对于价格欺诈这类行为最高可处违法所得的 5 倍罚款。违法成本低，无法从根本上遏制这些零售企业的专横跋扈。三是消费者的维权保护机制不得力，虽然法律赋予了消费者诸多权利，但许多消费者缺乏维权的主动性和能动性，甚至缺乏基本的维权意识和固定证据能力，对主管部门也缺失基本的信任，对维权望而却步，致使不法企业的违法行为越来越明目张胆。四是公众的舆论引导机制不健全，消费者盲目的品牌从众心理导致了价格欺诈的得逞。

三 进一步推进企业积极承担消费者权益保护责任的措施

市场经济的发展和成熟使得消费者权益成为公众维权的重要对象。近年来，《消费者权益保护法》《产品质量法》《食品卫生法》以及相关的多部法律法规的相继出台，使消费者权益的保护有了合法依据。但这些法律还存在诸多不健全的方面，市场中假冒伪劣产品依然泛滥成灾，广大消费者的人身、财产安全还是不能得到有效保护，公平竞争的市场秩序也仍旧遭受着严重破坏。② 所以规范市场

---

① 《由家乐福、沃尔玛价格欺诈引发的思考》，http://hnfy.chinacourt.org/public/detail.php? id = 114339，2011 - 05 - 23。

② 李新天：《试论公司对消费者的社会责任》，载《2009 年中国资本市场法制论坛——全球金融危机背景下的公司社会责任高层论坛论文集》，2009。

秩序，保护消费者权益，是政府、企业及社会各组织为促进社会的和谐可持续发展所必须共同努力的。

（一）进一步加强企业对消费者履行社会责任

虽然消费者处于交易中的弱势地位，但随着物质水平的提高，消费者的权利意识逐步加强，消费者在选择产品时不仅注重产品的实际功效，而且还追求一种微妙而复杂的情感利益。理论研究与业界实践均已证明，越是注重社会责任的企业，其产品和服务就越有可能被市场认可，从而获取更大的市场份额，为企业带来整体的核心竞争力；[①] 而不履行社会责任的企业，将会因为价值观的缺失而失去创造利润的源泉和活力，在市场竞争中最终被淘汰出局。由此可见，只有注重承担社会责任，并且在实施的过程中不断将其制度化和组织化的企业，才能在公众心目中拥有良好的企业形象，才能获得可持续发展，并在长远的发展中树立起自己的品牌。[②]

1. 强化立法细则

在立法上确立公司对消费者的社会责任，是一个复杂的系统工程，它需要整个法律体系的完善配套。《公司法》作为公司的根本大法，是确立公司社会责任的主体法。2006 年新修订的《公司法》第 5 条规定：公司从事经营活动必须遵守法律、行政法规，遵守社会公德、商业道德、诚实守信，接受政府和社会公众的监督，承担社会责任。这从立法上明确了公司必须承担社会责任。[③] 但是，我国立法上对公司社会责任实质上采取的是模糊的态度，并没有明确说明公司所承担的社会责任应包含保护消费者权益，也没指出如果没有承担社会责任后果将会怎样。在这样一个类似原则性的规定中确立公司对消费者的社会责任，其实在实践中并不具有可操作性。[④] 所以，应当在《公司法》总则中设立一个单独的条款，明确表明公司必须承担包括对消费者责任在内的社会责任。同时，《反不正当竞争法》《产品质量法》《卫生检疫法》《价格法》《广告法》等相关部门法也应该充实、完善，强化公司对消费者的社会责任。只有在立法上明确公司对消费

---

① 高航：《社会责任提升企业竞争力》，《理论界》2008 年第 1 期。
② 王砚侠：《加强企业社会责任建设　维护消费者权益》，《辽宁行政学院学报》2010 年第 8 期。
③ 王海波：《公司社会责任的法律思考》，《前沿》2010 年第 10 期。
④ 何云：《公司社会责任背景下的公司对消费者的社会责任问题》，《河南省政法管理干部学院学报》2010 年第 6 期。

者的社会责任，并且充实、完善消费者用以维护自身权益的法律，才能不断提升保护消费者权益的意识，强化公司履行社会责任，从而更好地保障消费者的合法权益。

2. 进一步规范企业内部运作管理

纵观"三鹿奶粉"事件、双汇"瘦肉精"事件、家乐福"价格欺诈"事件，无一例外不是企业为了追逐自身利益而忽视消费者权益的违法行为，实质上就是企业内部管理失调，导致企业价值观的偏离。所以，除了从立法上强化企业对消费者的社会责任外，另一个重要的途径就是通过规范企业自身的内部规章制度来保障企业履行保护消费者权益的社会责任。在规范内部规章制度前，企业管理者应该对消费者承担的社会责任有一个具有战略高度的认识。企业主动承担社会责任并不是单方面加重企业的成本负担，而是努力实现企业与消费者之间的双赢，从而实现社会福利最大化。这种行为有利于企业为自身提供更加和谐的外部环境，吸引优秀人才，树立良好的企业形象，从而提高经济效益，为企业更好、更长远的发展打下坚实的社会基础。因此，通过公司内部规章的规范化和制度化来规定和保障公司对消费者的社会责任行为，将社会责任理念深刻融入公司的经营战略与发展过程之中，将会更好地保障消费者权益并使企业获取新的核心竞争优势。另外，公司治理模式的选择可以采用消费者参与的方式，通过在公司董事会中设立消费者委员会，以章程规定确保消费者代表亲自参与公司决策，从而扩大公司产品被消费者的接受程度。

（二）继续加强政府对推动企业保护消费者权益的作用

虽然履行消费者社会责任是企业公民应尽的义务，但通常情况下公司承担消费者社会责任不利于实现短期利润最大化，这也是多数公司不愿意自觉承担消费者责任的主要原因。[①] 所以，企业在利润最大化目标与履行社会责任之间面临矛盾选择，在进行利弊权衡的过程中，企业往往会出于对自身利益的考虑而忽视甚至拒绝履行社会责任。因此，需要借助政府的力量来缓和并解决这种冲突和矛盾，推动企业实施保护消费者权益的行为。[②]

---

① 黄帅：《试论公司对消费者的社会责任》，《北方工业大学学报》2006 年第 6 期。
② 王砚侠：《加强企业社会责任建设　维护消费者权益》，《辽宁行政学院学报》2010 年第 8 期。

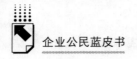

1. 进一步增强政府的激励措施

在考察企业社会责任方面，政府应建立一套完善的激励机制，把公司履行社会责任作为经营者业绩考评和企业业绩考评的重要指标之一。对履行社会责任出色的企业进行奖励，如优秀企业奖、优秀社会责任奖等，以此表彰其对社会的突出贡献，使其成为众企业学习的榜样，并对这些得到表彰的企业提供政策支持和补助金；而对不能较好履行社会责任，甚至存在违法行为的企业，应通过媒体进行披露，使其在受到法律制裁的同时，还要接受社会舆论的谴责，使消费者对该企业及其产品丧失信任度。通过相关激励机制的建立，有效地引导企业转变观念，促进企业朝着积极履行企业社会责任的方向发展。同时，政府要帮助企业认识到社会责任理念对企业可持续发展的重要性，帮助企业建立与国际接轨的社会责任管理体系，使企业社会责任管理制度化、规范化，全方位推进企业社会责任建设。[1]

2. 加大政府的立法强度和执法力度

法律是保障国家和人民利益的最后也是最有效的手段。然而，我国法律制度的欠缺使得消费者的合法权益难以得到有效的保护。虽然目前《消费者权益保护法》对企业有一些约束，但从整体来看，缺乏体系，内容分散，并且很多地方存在尚无法律约束的"盲区"。[2] 所以，建立比较全面的法律体系势在必行。而政府作为社会主义市场经济的调控者和管理者，其重要职能就是在企业或市场经济环境不完善的情况下发挥宏观调控作用。对于产品质量方面的问题，特别是食品安全问题，政府必须加强检查和监控力度，对损害社会利益和公民利益的行为绝不能手软，对违反产品质量和安全标准的企业从法律角度给予严厉惩戒，从而切实筑起一道保护消费者合法权益的坚实防线。[3] 总之，政府作为一个国家的最高领导机构，起着调节社会各方面的作用，而对处于弱势地位的消费者更需要进行倾斜性保护。所以，在保护消费者权益、督促企业履行社会责任方面，政府必须在严格立法的前提下，做到有法必依，执法必严，违法必究，使企业能够以法律为准绳，自觉承担社会责任。

---

① 王砚侠：《加强企业社会责任建设　维护消费者权益》，《辽宁行政学院学报》2010 年第 8 期。
② 王砚侠：《加强企业社会责任建设　维护消费者权益》，《辽宁行政学院学报》2010 年第 8 期。
③ 王砚侠：《加强企业社会责任建设　维护消费者权益》，《辽宁行政学院学报》2010 年第 8 期。

（三） 完善社会团体监督机制

保护消费者权益，不仅是国家的责任，同时也是社会团体、企事业单位以及消费者自身的责任。我国《消费者权益保护法》第 6 条规定："保护消费者的合法权益是全社会的共同责任，国家鼓励、支持一切组织和个人对损害消费者合法权益的行为进行社会监督。"社会保护是国家保护的必要补充。只有企业将自身行为置于大众和社会监督之下，其对消费者的社会责任才能得以真正落实。因此，全社会共同保护消费者权益的保护机制和监督机制的建立，是使消费者的合法权益得到最充分、最有效保护的充分条件。①

1. 提升大众传播媒介的监督力度

我国《消费者权益保护法》第 6 条规定：大众传播媒介应当做好维护消费者合法权益的宣传，对损害消费者合法权益的行为进行舆论监督。大众传播媒介应积极发挥其监督职能，大力宣扬主动承担社会责任的企业，同时，还要及时发现问题，报道不文明的做法。大众传播媒体的监督作用不可轻视，它对于引发公众共鸣，提高社会整体的认知水平发挥着重要的推动作用。

2. 提升消费者组织的监督力度

我国《消费者权益保护法》第 13 条规定："消费者组织是指依法成立的，对商品和服务进行社会监督，保护消费者合法权益的社会团体。"消费者组织成立的宗旨就是保护消费者的权益。所以，作为联系政府、企业与消费者的中间媒介，消费者组织不仅要经常主动与政府沟通，下情上传，反映群体呼声；更要制定严格的行业准则，促进行业中的企业积极保护消费者权益；当遇到具体的侵权案件时，协会组织应向受害者提供相应的法律咨询服务或必要帮助。②

（四） 增强消费者的维权意识与维权能力

作为消费者权益的保护对象，消费者自身也要具备维权的意识和能力，而不仅仅是靠外界的力量。当意识到自己受到侵害时，消费者要敢于拿起法律武器维护自己的合法权益，及时向当地工商部门和卫生监督管理部门投诉或举报，在社

---

① 尚艳南：《论消费者权益的保护》，《商品与质量》2010 年第 7 期。
② 王砚侠：《加强企业社会责任建设　维护消费者权益》，《辽宁行政学院学报》2010 年第 8 期。

会各界的帮助下，让贪图不法利益的商家受到严厉的惩戒。

1. 提高消费者的维权意识

《消费者权益保护法》赋予消费者对企业进行有效监督的权利，享有知情权和惩罚性赔偿请求权等相关权利。然而，据统计，当消费者权益受损害时，只有22%的消费者能采取行动，向相关部门投诉以维护自身权益。绝大多数消费者选择沉默①，放弃了属于自己的权利。事实上，消费者维权的效果在相当程度上取决于维权意识的觉醒。如果大多数人都保持沉默，不为自己的合法权益斗争呼喊的话，那么少数投机者与野心家将会控制整个不合理的制度以实现他们少数人的暴利。所以，消费者应该积极维护自身的权益，否则只会助长不法经营行为。然而，消费者维权意识的觉醒并非一日之举，培育成熟的市场需要对消费者进行深入教育。政府、消费者组织要主动通过各种传播方式、多种传播渠道进行消费知识教育，使消费者明确自己的权利和义务，树立科学消费观，从而提高消费者的维权意识。

2. 提高消费者的维权能力

消费者维权能力的提高主要有赖于消费者信息判断能力、决策能力以及行动能力的提高。企业以及政府相关部门应建立各种商品和服务信息网络，及时准确地向消费者发布各种信息，为消费者在面对纷繁多样的商品和服务时做出合理的选择提供帮助。与此同时，消费者也应该在日常消费中加强相关商品知识的学习，熟悉有关商品信息，为购买决策做好准备工作。为减少消费者权益受损时的投诉难度和诉讼风险，消费者在购物、消费的过程中，一定要索要并保存好购物小票、发票等相关证据，以作为消费者权益受损时投诉的依据。此外，还需认真学习相关的法律知识，当自身权益受到侵害时，要敢于拿起法律的武器与不法企业和不法行为作斗争，只有这样才能真正保护自己，也才能间接推进企业自身文化建设以及企业公民的建设，才能真正促进企业的全面进步。最后，政府、社会组织等在保护消费者合法权益中取得的成绩也能给消费者自身维权树立信心。②

---

① 石悦：《从保护弱者的角度论〈消费者权益保护法〉的作用、不足与完善》，《法制与社会》2008 年第 23 期。

② 石悦：《从保护弱者的角度论〈消费者权益保护法〉的作用、不足与完善》，《法制与社会》2008 年第 23 期。

参考文献

[1] 高航：《社会责任提升企业竞争力》，《理论界》2008 年第 1 期。

[2] 何云：《公司社会责任背景下的公司对消费者的社会责任问题》，《河南省政法管理干部学院学报》2010 年第 6 期。

[3] 黄帅：《试论公司对消费者的社会责任》，《北方工业大学学报》2006 年第 6 期。

[4] 贾军：《中国保护消费者权益运动备忘录》，《北京工商管理》2000 年第 5 期。

[5] 刘光明、孙孝文：《中国乳业之殇与营销伦理》，《销售与市场（管理版）》2010 年第 12 期。

[6] 刘新芬：《从我国农业食品安全看企业对消费者的社会责任》，《农业经济》2007 年第 11 期。

[7] 刘志敏：《消费者利益：企业社会责任的核心》，《经济研究参考》2009 年第 45 期。

[8] 缪超、黄琳：《"瘦肉精"事件与企业危机营销》，《学术探讨》2011 年第 1 期。

[9] 尚艳南：《论消费者权益的保护》，《商品与质量》2010 年第 7 期。

[10] 石悦：《从保护弱者的角度论〈消费者权益保护法〉的作用、不足与完善》，《法制与社会》2008 年第 23 期。

[11] 汤亮：《浅论消费者权益保护法的完善》，《咸宁学院学报》2010 年第 10 期。

[12] 王冬昇：《消费者概念界定中的几个问题》，《学术探讨》2009 年第 4 期。

[13] 王海波：《公司社会责任的法律思考》，《前沿》2010 年第 10 期。

[14] 王晓波：《论消费者权益保护法律制度的完善》，《人民论坛》2010 年第 35 期。

[15] 王砚侠：《加强企业社会责任建设 维护消费者权益》，《辽宁行政学院学报》2010 年第 8 期。

[16] 殷格非：《企业对消费者的社会责任》，《WTO 经济导刊》2007 年第 4 期。

[17] 尹向东：《开创保护消费者运动的新纪元——访中国消费者协会会长曹天玷》，《消费经济》1999 年第 2 期。

[18] 岳俊芳：《从我国消费者运动主题看消费者权益维护》，《探索与争鸣》2008 年第 8 期。

[19] 赵颖：《由食品安全问题看消费者权益保护与企业的责任》，《商品与质量》2011 年第 2 期。

[20] 戴洪萍：《企业消费者责任、品牌声誉与企业的品牌资产关系研究——以国内手机消费市场为例》，江西财经大学硕士学位论文，2010。

[21] 辛杰：《企业社会责任研究——一个新的理论框架与实证分析》，山东大学硕士学位论文，2009。

［22］李新天：《试论公司对消费者的社会责任》，《2009 年中国资本市场法制论坛——全球金融危机背景下的公司社会责任高层论坛论文集》，2009。

［23］《消费者权益保护常用法律法规目录》，http：//www. cicn. com. cn/nr/3. 15/2000314051. htm。

［24］《2011 年上半年全国消协组织受理投诉情况分析》，http：//www. cca. org. cn/web/xfxx/picShow. jsp？ id = 52899，2011 – 07 – 15。

［25］《美国辉瑞公司药品虚假宣传被罚 23 亿美元引发的思考》，http：//www. isfda. com/read. php？ tid = 32595，2009 – 11 – 30。

［26］《双汇开万人大会就瘦肉精事件致歉》，http：//news. huaihai. tv/tupiannews/showcontent. php？ 2011/0401/2011 – 04 – 01218441. html，2011 – 04 – 01。

［27］《家乐福沃尔玛部分超市因价格欺诈被发改委处罚》，http：//news. sina. com. cn/c/2011 – 01 – 26/123721878495. shtml，2011 – 01 – 26。

［28］《由家乐福、沃尔玛价格欺诈引发的思考》，http：//hnfy. chinacourt. org/public/detail. php？ id = 114339，2011 – 05 – 23。

Report on Corporate Responsibility on Consumer Interests

Abstract：It is a prerequisite and security for the survival of every enterprise to meet the needs of consumers and protect the interests of consumers. However, in real life, a large number of incidents against the interests of consumers frequently arise. In order to pursuit the high profits, some of the enterprises ignore the safety of consumer which brings about bad social impact. The paper advocates the enterprise should strengthen protection of the interests of consumers. We analyze the cases of protection of consumer's interests and the reasons why existing business against the interests of consumers in china through outlining the states of protection of consumer's interests from 2009 to 2011. At last, the paper carries out some countermeasures on how to make enterprise protect consumer's interests through some perspectives such as making enterprise fulfill their social responsibility to consumers, strengthening the role of government on promoting enterprises to protect the interests of consumers, improving the supervision mechanism of social groups and enhancing consumer's awareness and capabilities.

Key Words：Enterprise Social Responsibility；Protection of the Interest of Consumers

B.4

企业履行慈善责任报告

郭纹廷　张　晓*

摘　要：企业慈善责任是企业履行社会责任的一个重要方面。在我国，企业是民间慈善的主体，慈善捐赠正逐渐发展成为一种普遍的企业行为。本文主要介绍2009~2011年我国企业履行慈善社会责任的状况，总结出企业履行慈善社会责任的特点，并阐明企业在履行慈善社会责任时仍存在企业慈善立法滞后、履行慈善社会责任意识不强、企业慈善活动缺乏长远规划、慈善信息披露较差等问题，最终从加快慈善事业法律法规建设的步伐、改革现有的捐赠免税制度、加强慈善组织建设、营造良好的捐赠制度环境、加强对慈善组织监督管理等方面，提出促进我国企业更好地履行慈善社会责任的对策建议。

关键词：公益事业　慈善捐赠　企业社会责任

改革开放以来，中国经济得到了快速发展，企业作为受益者之一逐渐积累了越来越多的财富。与此同时，企业家的财富理念也在发生着变化。"重视慈善事业，向社会返还财富"的思想日渐盛行。众多企业在健康发展的同时，自觉承担起了企业公民的慈善社会责任，向社会奉献爱心，推动了我国慈善事业的飞跃式发展。本报告将着重介绍我国企业在2009年至2011年履行慈善社会责任的情况。

---

* 郭纹廷，女，新疆人，中央民族干部学院，经济学博士（后）。研究方向：组织理论、企业战略管理、企业社会责任；张晓，女，云南大理人，北京东方君和管理顾问有限公司董事长，法学博士，中国企业公民研究中心执行主任。研究方向：战略管理、现代传播与媒介管理、烟草控制。

一 2009~2011年中国企业履行慈善责任的状况

现代慈善事业的一个重要特征是企业参与力度的大幅提升。在我国，企业是慈善捐赠的主要力量。① 随着社会文明的发展、国际化程度的提高和慈善理念的逐步成熟，更多的企业将参与慈善活动，而且慈善社会责任也将逐步纳入企业管理之中，成为企业发展战略中不可缺少的一部分。慈善捐赠将是企业履行社会责任的一种有效的表现形式。目前，企业参与慈善捐赠的次数越来越多，捐赠规模也越来越大，企业慈善基金会也越来越多。企业慈善捐赠涉及的领域也较为广泛，包括扶贫、救灾、教育、文化、艺术、医疗卫生、环保等。企业捐赠资源也非常丰富，除了资金之外，还包括产品、设备和人员等。中国企业慈善事业经过十几年的发展已经取得了巨大的成就，特别是经过2010年的特殊考验，中国企业慈善事业已驶入持续健康的发展道路。

(一) 企业慈善捐赠出现波动，但捐赠过亿的数额逐步提高

尽管我国慈善事业发展的政策环境和企业慈善捐赠的自身能力保持了良性发展的态势，但是受各种因素及经济环境形势的影响，企业的慈善捐赠出现了波动。据2012年发布的中国慈善排行榜显示，上榜的605家企业在2011年的捐赠总额为104亿元，低于2010年的116.07亿元，降幅达10.4%。但是，2011年捐赠超过亿元的企业共有22家，比2010年捐赠超亿元的11家企业的捐赠总额多24亿元，比2009年捐赠超亿元的企业的捐赠总额多32亿元。可见，我国企业捐赠过亿元的数额正逐步提高。

(二) 企业家的捐赠水平逐年提高

2009~2010年，我国企业家的捐赠水平在逐年提高。据2011年、2012年中国慈善排行榜榜单显示，2010年度上榜慈善家共有173位，捐赠总额为74.28亿元；2011年度上榜慈善家共有231位，捐赠总额约81亿元。另外，大量涌现的

---

① 在我国，企业慈善捐赠在慈善捐赠总额中占据着"大半边天"，而且90%以上的中国企业都有过捐赠行为。

亿元捐赠已成为 2011 年慈善家捐赠的最大亮点。其中，曹德旺 36 亿元的股权捐赠成为中国大陆地区最大一笔个人捐赠。另外，黄怒波向北京大学捐赠 9 亿元，许家印对社会公益事业捐赠 7 亿元，大额捐赠笔数超过往年，慈善家 1000 万元（含）以上的捐赠更是达到 96 笔。据 2011 年中国慈善家榜单显示，捐赠过亿元的慈善家有 16 人，包括福耀玻璃董事长曹德旺、世纪金源集团董事局主席黄如论、老牛基金会创始人牛根生、恒大集团董事局主席许家印、亿达集团有限公司董事长孙荫环等。其中，引起 2010 年慈善界"小旋风"的牛根生、曹德旺、王健林更是年度捐赠超过 10 亿元，排名榜单前三位。

（三）民营企业成慈善中坚力量

近几年来，民营企业逐渐成为国内公益慈善事业中强大的支撑力量。无论在参与数量上还是在捐赠金额上都逐渐显示出了强大的力量。在慈善捐赠排名中，民营企业与国有企业相比毫不示弱。据 2011 年中国慈善排行榜慈善家榜单显示，在 2010 年全年捐赠过亿元的 36 笔捐赠中，民营企业的数量占到了一半，首次出现了国企与民企旗鼓相当的局面。在上榜的 707 家企业中，民营企业数量为 374 个，占总数的 52.9%，捐赠总额约为 65.3 亿元，占全部捐赠总额的 56.3%，远远高于国有企业及外资企业。而在 2011 年的 606 家上榜企业中，民营企业达 392 家，占比依然最大，捐赠总额约为 52.5 亿元；上榜国有企业为 128 家，捐赠总额约为 32.3 亿元；上榜外资企业（不含合资）为 70 家，捐赠总额约为 18.3 亿元。无论是上榜数量还是捐赠总量，民营企业都遥遥领先。此外，在 2011 年超亿元的企业捐赠中，民营企业所占比重最大，22 家中有 15 家民营企业，6 家国有企业，1 家外资企业。相当多的外资企业和跨国公司对中国的公益捐赠比较冷漠，实际捐赠非常少。

（四）能源行业与房地产行业成为捐赠"聚宝盆"

从行业分布来看，2009 年以来，能源行业和房地产行业在捐赠领域表现突出。据 2011 年中国慈善排行榜榜单显示，排名前 10 的企业中，有 4 家企业属于能源行业。它们分别是中国石油化工集团公司、中国海洋石油总公司、神华集团和中国石油天然气集团公司。从整体上来看，来自房地产行业的企业捐赠无论是数量还是捐赠额度，都有突出表现。上榜企业中有 89 家来自房地产行业，占上榜企业的 13.3%。其中,企业家榜单中的前 10 名,有 4 位企业家来自房地产行业。房地产行业历来被视为暴利行业,也属于争议比较大的行业,但从历年捐赠情况来看,房地产行业却都表现突出。从慈善家所属行业看,房地产业也是中国产生慈善家最多的一个行业。不可否认的是,慈善排行榜上榜企业之所以房地产居多,主要原因是中国房地产业是富豪最集中的领域。房地产商获得巨额利润后,把其中的一部分回馈给社会,可以说是承担社会责任的表现,是值得肯定的,这也说明房地产商在努力转变社会形象。

(五) 教育领域依然备受慈善企业青睐

除救灾外,教育多年来一直是慈善公益项目中占比重最大、吸收善款最多的领域,详见表 1。在全部捐款额中,约有 1/5 投向了教育。究其原因,主要是由于我国第一代财富阶层很多都出身贫困,比其他人更能体会到教育的重要性。慈善企业和慈善家的捐助对象主要为希望工程、中国青少年科技创新奖励基金、各类学校及贫困大学生。此外,环保事业、养老院、儿童福利院也受到了他们的关注。

大连万达、神华集团、加多宝集团、苏州新太阳置业有限公司都有大笔的钱投入到教育领域。尤其是苏州新太阳置业有限公司,2010 年 5 月 28 日,向北京大学捐赠 1 亿元,用于支持北京大学学生中心大楼的建设,为北大学子开展科技创新、文艺活动、对外交流、展示自我提供更好的设施和更充足的空间。这也是2010 年前 5 个月投入教育领域最大的慈善捐赠之一。除企业外,黄如论、孙荫环、李书福、尹明善、杨国强等慈善家也都是中国教育发展的强有力推手。

2009 年以来,尽管平民慈善仍然注重"救助",但是众多经济实力雄厚的企业和企业家更多地捐助教育等可持续的公益发展领域,这意味着我国的慈善事业,正在发生着战略性变革。

表 1　中国慈善家的慈善捐赠领域

年份	第一大捐赠领域	第二大捐赠领域	第三大捐赠领域
2009	教育	灾后重建	社会公益
2010	救灾与重建	教育	医疗卫生
2011	教育	扶贫	社会公益

资料来源:中国慈善排行榜 (2009~2011 年)。

二　中国企业履行慈善社会责任的特点

（一）大额有组织的捐赠快速上升

据 2012 年发布的中国慈善排行榜显示，2011 年捐赠过亿元的慈善家和慈善企业达 31 个，合计捐赠总额超过 96 亿元，无论是上榜人数还是捐赠总额均创历年新高。其中，捐赠过亿元的慈善家有 9 位，捐赠总额超 52 亿元。同时，22 家企业捐赠额超亿元，总额达 44 亿元。另外，有 96 位慈善家和 167 家企业 2011 年捐赠达到或超过 1000 万元。大额捐赠快速上升，与企业家关注救灾、支持教育、医疗卫生等直接相关。在自然灾害少发的年份，教育成为吸纳善款最多的领域。例如，黄怒波向北京大学捐赠 9 亿元，许世辉捐款 1 亿元成立“达利集团许世辉惠安教育基金”，吴富立向厦门大学捐款 1 亿元，莫道明、林晓红夫妇向华南理工大学捐款 6500 万元，张朝阳向清华大学捐赠 3000 万元等。此外，也有大额捐赠出于扶贫济困目的或其他目的，例如，恒安集团的施文博、许连捷夫妇向晋江慈善总会捐款 7667 万元用于扶贫济困，曹德旺向福州市慈善总会捐款 8000 万元用于支持福清文化古迹香灯寺重建等。

（二）社会企业日渐盛行

越来越多的企业开始重视履行慈善社会责任，因为以参与公益项目的形式参与慈善公益不但能维持企业在社会中良好的口碑，而且对于企业的营销也有相当重要的促进作用。自 2010 年，中国不仅开始了有关社会企业的各种讨论，一些优秀的社会企业也渐渐浮出水面，如残友、乐创意等，各种社会企业创业大赛、大学生公益创业大赛也层出不穷。

长期以来，企业与公益是两个彼此分离的领域。零点咨询董事长袁岳提出“益商圈”的概念，才使这两个领域开始尝试相互沟通与交流，打破之前的隔阂。企业与公益组织的合作，是中国公益事业发展的必然趋势。

（三）家族基金会逐渐兴起

目前，在中国正在兴起一种全新的慈善方式——家族基金会。据统计，美国

有大大小小的基金会十万多家，其中家族基金会有 8 万多个。从卡耐基到洛克菲勒，从福特到凯洛格，从索罗斯到比尔·盖茨、梅琳达等，他们的家族基金会推动着 20 世纪以来的美国社会改良与发展，同时在世界各个国家与地区也发挥着重要的作用。相比之下，中国富人更缺乏的是专业的慈善操作理念，家族基金会相比企业基金会有着更大的发展诉求。随着中国第一代企业家集体慈善意识的增强，家族基金会必定会逐渐兴起。

（四）公益人才渐趋专业化

据有关数据显示，目前，一些发达国家从事公益事业的人口占就业总人口的 10%，而我国的比例仅是 0.7%。2005 年，全国政协委员、香港骏豪集团主席朱树豪向全国政协提交了慈善事业职业化的提案，越来越多的人开始认识到，慈善事业应该引入职业化的管理运作模式，只有专业的力量才能引领中国公益事业走向专业化、透明化和可持续发展。同时，公益行业还可以成为吸纳社会资源和创造新的就业机会的重要社会部门。因此，慈善事业职业化、公益人才专业化是我国企业承担慈善社会责任的必然走向。

（五）慈善事业相关法律法规在不断建立与完善

长期以来，我国民间的慈善公益事业都呈现出非常良好的发展势头。但法律规章制度的缺失，监督乏力，一直阻碍着慈善公益事业的发展。在国内无论是企业还是个人，对慈善公益活动都有着较高的参与热情，但慈善捐赠人与各类慈善机构之间信息不对称，捐赠人对慈善捐赠往往存在着各种各样的担忧，如操作的不透明、账目不公开、资金使用无法监控等，这些都是国内慈善业普遍存在的问题。这些问题若得不到有效解决，慈善人士对慈善机构的信任感就会逐渐下降，不利于整个行业的良性发展。目前，为了规范慈善机构及慈善行为，慈善事业的相关法律法规正在不断地建立与完善。据国家民政部部长李立国透露，我国的《慈善事业法》已被提上全国人大立法计划。为慈善公益立法早在 2004 年就被提了出来，如今即将成为现实。

三　中国企业履行慈善社会责任的不足

与 20 世纪末我国企业慈善事业严重落后的局面相比，现在我国企业慈善事业已取得了较大的发展。但是，我国目前的企业慈善捐赠水平仍显不足，企业履行慈善社会责任仍存在一定问题。

（一）企业慈善立法滞后，税收优惠政策的作用仍然不明显

我国慈善事业发展所必需的法律法规还不够健全，现有涉及慈善事业的法规也相对滞后，税收优惠政策的作用仍然不明显。现阶段，相关法律法规不健全，缺乏明确规范企业家参与慈善事业方面的法律规定，缺乏对未履行慈善社会责任的企业的制约措施。另外，从其他慈善事业较为发达的国家来看，巨富税和遗产税以及捐助善款的减免税制度是推动慈善事业发展的重要保证，而在我国现阶段遗产税还未开始征收，免税政策仍规定了捐款免税额的上限以及免税受赠主体的范围。作为一个国家和社会的慈善事业，不能仅仅建立在富人的道德基础上，慈善事业的健康发展必须有与之相配套的法律建设和制度建设等硬约束来规范和引导人们的行为。[①]

（二）企业履行慈善社会责任的意识不强

近年来，在我国遭受的几次重大灾害中，很多企业积极投身于抗灾救灾行动中，并在灾区灾后重建的过程中作出很重要的贡献。然而，必须指出的是很多企业捐赠行为并不具有主动性和持续性，很多企业的捐赠属于被动行为，说明就中国企业目前的整体情况而言，企业履行慈善社会责任的意识不强。尤其我国部分民营企业家的慈善社会责任意识较弱，在实际工作中，没有将参与慈善事业作为自身应承担的责任义务。目前，我国企业履行慈善社会责任意识不强的原因很多，主要包括如下几方面：首先，不同企业的规模与经济实力有所差别，对于大多数规模较小、经济实力较弱的企业而言，保证企业的经济利润，维持企业的生存与经济发展是企业的首要目标。因此，它们暂时难以将从事慈善事业当做企业必须履行的社会责任。其次，目前我国的慈善捐赠环境尚需改善，慈善捐赠相关制度有待完善，与国外比较完善的捐赠制度和相对成熟的慈善捐赠外部环境相比，我国政府对企业捐赠行为干预过多，而且政府承诺的慈善免税政策在实践中往往难以落实。[②] 再

① 王正宇：《积极发展慈善事业，构建社会主义和谐社会》，《科技信息（科学·教研）》2007 年第 18 期。
② 刘军伟：《我国企业慈善捐赠的理论渊源与现状研究》，《企业经济》2009 年第 7 期。

次，我国慈善市场发育不健全、渠道不顺畅也是导致企业捐赠积极性不高的原因之一。目前，我国慈善组织行政化色彩较浓，尚未形成市场化的竞争格局，慈善组织透明度较弱、公信力较低、服务内容单一、效率低下等问题都直接降低了企业慈善捐赠热情，同时频繁的多头劝募严重干扰了企业的正常经营，在很大程度上增加了企业的捐赠成本。最后，还有很多企业怕露富，担心捐款后会招来很多机构向企业要捐款，加重自己的负担等。①

（三）尚未形成良性的慈善文化氛围

目前，我国正处于经济与社会发展的关键转型期，在社会上尚未形成良性的慈善文化氛围。受传统思想与历史遗留因素的影响，社会上仍存在"仇富""劫富""吃大户"的思想，而某些媒体盲目追求爆炸性新闻点和卖点，常常蓄意报道一些具有煽动性的负面新闻，甚至宣传中国企业家的"为富不仁"，人为塑造了企业捐赠的"赎罪"动机，在一些情况下，企业的慈善捐赠行为并未获得应有的赞扬。② 慈善捐赠在一定程度上讲是把企业的财产拿出来公示、公审。这对于企业家而言，存在一定风险，甚至有可能因此而背负骂名，个人名誉受到损害。因此，很多企业怕"树大招风"，远避慈善，不敢捐赠，以免惹火上身。总之，为了提高企业捐赠的积极性，进一步提升企业的捐赠水平，需要政府、慈善组织、媒体、社会相互协作，制定合理的捐赠制度并营造良好的慈善文化氛围。

（四）企业慈善捐赠的规模和水平相对较低

我国企业慈善捐赠的规模和水平与美国等西方发达国家相比较而言依然较低，大部分企业都没有自己独立的基金会组织。在美国等慈善事业较为发达的国家，虽然慈善捐赠的主要力量是个人，企业的慈善捐赠仅占全部慈善捐赠的很小一部分，但从总量上来看，国外企业的慈善捐赠依然远比国内企业多，详见表2。此外，独立于政府部门之外的非营利"第三部门"也极其活跃。大型企

---

① 蔡宗翰：《公司慈善捐赠若干法律问题研究》，华东政法大学硕士学位论文，2008。
② 肖强：《青岛市企业慈善捐赠现状、特点及发展对策研究》，《青岛科技大学学报（社会科学版）》2011年第1期。

业一般都有自己专门的基金会来负责企业的慈善捐赠运作事宜。这些企业基金会在协助企业从事慈善捐赠、服务社区、协调企业与社会关系方面产生了巨大的社会效应。①

表2   2010 年中国与美国慈善捐赠状况对比

国 家	慈善捐赠总额	慈善捐赠总额占GDP 的比例(%)	企业慈善捐赠总额	企业慈善捐赠占总额的比例(%)	基金会数量
中 国	1032 亿元	0.22	680 亿元	65.89	2168 家
美 国	2909 亿美元	1.98	153 亿美元	4.98	7.7 万家

资料来源:历年《民政事业发展统计报告》,http://overseas.caijing.com.cn/2011 - 09 - 27/110875992.html。

(五) 企业慈善活动缺乏长远规划

在我国,大多数企业的首要目标仍然是获取最大利润以期实现企业的长期存在和发展。在实践中,这些企业并没有很好地把慈善公益事业与企业长期发展战略有效结合起来。目前,国内很多企业并没有把企业慈善公益理念及行为上升到企业战略发展的高度,而只是将慈善捐赠行为简单理解为"企业在做好事"。《中国企业家》杂志对部分跨国公司和国内企业所做的一次调查结果显示,从捐赠动机来看,跨国公司的慈善捐赠主要基于企业经营策略而实施,即属于"内部驱动力"型捐赠动机,其中 87.5% 的企业选择"教育科研""技术开发"等方面作为主要捐赠方向;而国内企业的捐赠意愿强度往往与政府相关机构的动员与劝捐强度相关,即大多属于"外部驱动力"型捐赠动机,其中 84% 的企业选择"扶贫"或"赈灾"作为主要捐赠方向。从预期效果来看,跨国公司比较注重长期的智力型开发投资,如英国石油公司与世界自然基金会合作实施"中小学绿色教育行动",旨在提高 1.97 亿中国中小学生的环保意识;可口可乐公司与中国青少年发展基金会合作推行的"农村大学生计划",旨在帮助农村贫困大学生顺利完成学业;玫琳凯公司与全国妇联协作设立的"玫琳凯妇女创业基金",旨在为中国妇女提供创业支持等。通过这些有计划的慈善活动,跨国企业在履行

① 刘军伟:《我国企业慈善捐赠的理论渊源与现状研究》,《企业经济》2009 年第 7 期。

"慈善社会责任"的同时，成功地在中国年轻一代的心目中建立良好的企业品牌形象，为公司的长期可持续发展打下坚实基础。国内企业的慈善捐赠活动与跨国公司慈善活动相比较而言，缺乏长远的规划，国内大多数企业的慈善捐赠属于"扶贫救济式"短期行为，缺乏能够有效整合慈善捐赠与企业品牌营销的战略规划。①

（六）慈善信息披露状况较差

目前在中国，对于捐赠人和社会公众非常关注的慈善款物用途、项目实施效果的信息，慈善组织的披露情况非常不乐观。据 2011 年发布的《2010 年度中国慈善透明报告》显示，接受调查的近九成公众表示对慈善信息公开度不满意。缺乏统一标准、缺乏信息披露的动力和评估机制是慈善组织难以做到使公众满意的重要原因。而 2011 年的"郭美美事件""尚德诈捐门""慈总会发票事件""中非希望工程""河南省宋庆龄基金会"等事件的集体发生，不仅使各类慈善机构遭受信任危机，也严重影响了公民慈善捐款的热情。因此，慈善事业发展亟待加快推动全国性慈善信息披露立法进程和相关制度的建设。

四 促进中国企业履行慈善社会责任的建议

温家宝总理说过，企业家不仅要懂得经营，企业家身上还应流淌着道德的血液。美国著名企业家和慈善家安德鲁·卡内基也曾说，当他去世的时候，身后还有家财万贯，是可耻的事情。目前，我国的慈善事业还处于发展的初级阶段，企业和富人参与慈善的热情不高。要想使企业自觉地履行慈善社会责任，实现企业与社会的共赢，我们应该努力做好以下几方面的工作。

（一）继续加快慈善事业法律法规建设的步伐

为了促进中国企业履行慈善社会责任，必须继续加快慈善事业相关法律法规建设的步伐。首先，进一步完善公益慈善组织法规体系，尽快推动《慈善事业法》出台；其次，积极推动《社会团体登记管理条例》《基金会管理条例》《民

---

① 刘军伟：《我国企业慈善捐赠的理论渊源与现状研究》，《企业经济》2009 年第 7 期。

办非企业单位登记管理暂行条例》等规章制度尽快完成修订，以便明确企业和个人参与慈善事业的责任和义务。尽快出台具体政策以解决公益慈善组织在捐赠接收管理使用、保值增值、与营利领域的合作环节中出现的问题，并进一步规范其行为；最后，制定和完善公益慈善组织的行为规范和活动准则。

（二） 改革现有的捐赠免税制度，降低企业捐赠成本

政府应改革现有的捐赠免税制度，降低企业捐赠成本。第一，应简化捐赠免税、退税程序。2008 年开始实施的新《企业所得税法》的相关条款规定，企业用于慈善目的的捐款免税额由原来的3％提高到了现在的12％，这对企业参与慈善捐赠起到积极的激励作用。然而，目前在全国很多地方，办理免税的手续较为复杂，设置的程序比较烦琐，加之一些地方政府对企业免税的热情不高，导致税法规定企业可以享受的税收优惠政策难以真正落到实处。因此，应进一步简化捐赠免税、退税程序，保障企业的慈善捐赠都能切实享受到免税优惠。第二，可以考虑再度扩大免税受赠主体的范围，允许超额捐赠、递延扣除等。

（三） 继续加强慈善组织建设

就慈善组织的内部建设而言，在继续加强慈善组织建设方面，首先，要加强慈善组织工作人员的培训工作，不断丰富慈善工作者的专业知识，提高他们的工作技能；其次，建立和加强慈善组织的行业自律、加快慈善组织的专业化发展，迅速提高慈善公益组织的整体素质，降低企业捐赠资源的损耗与使用成本，增大对捐赠企业的价值回报；最后，提高慈善组织的公信度，慈善机构不仅是独立社团法人，而且是社会文明与公共道德的形象载体，慈善机构应当在社会监督与公开透明的条件下赢得公众支持。

（四） 营造良好的捐赠制度环境

目前，需要政府、慈善组织、媒体、社会相互协作，共同营造良好的捐赠制度环境，以此进一步提升企业的捐赠水平。首先，政府要转变角色，由劝募者、监管者的双重身份向监管者的单一身份转变，同时应改革慈善事业的准入制度，鼓励公益组织数量增长，支持基层社会组织的发展，根据差异化的社会需求引导

其不断丰富门类；其次，加快企业基金会的发展，引导其进入社会服务和社会发展领域；最后，加快与慈善捐赠相关的制度建设步伐，健全公益财产管理制度、公益机构分类分级监管制度、行业评估制度和信息统计制度，使慈善组织的进入和运行有章可循，健康发展。

（五）加大慈善宣传的工作力度

要充分认识到慈善宣传在慈善工作中的重要性，一定要为慈善宣传在人力、物力和财力上做好保障；政府要在社会上大力宣传企业慈善捐赠的先进事迹，要让企业慈善成为一种时代潮流；新闻媒体也要加强对企业支持慈善事业和慈善人物的宣传，利用各种渠道和方式，举办各类慈善捐助宣传活动，在全社会逐渐形成一种慈善光荣的意识，为企业积极承担慈善社会责任打下一个坚实的基础。

（六）倡导企业社会责任理念

卡罗认为，"企业的慈善责任是企业公民理念的核心"。企业从事慈善事业，通过支持和赞助社会公益事业、扶贫济困、救助灾害、帮助残疾人和社会弱势群体，在社会上积累了良好的"声誉资本"，在一定条件下，这些"声誉资本"可以转化为企业核心竞争力的一部分，有利于企业的可持续发展。因此，我们应该在社会上大力倡导企业社会责任理念，积极鼓励企业做优秀"企业公民"，通过企业社会责任的普及，让企业认识到一个良好的"企业公民"除了要为股东创造利润、保护员工的合法权益、确保向社会提供优质产品和服务以外，还要积极帮助社会弱势群体，主动提供良好的社区服务。[1] 企业只有在社会上树立起自己的良好形象，才能从社会发展中获益，进而实现企业与社会的"双赢"。

（七）加强对慈善组织监督管理

加强对慈善组织的监督管理，主要在以下四个方面：一是通过健全公益慈善组织的内部治理制度和加强对公益慈善组织的监督管理，建立政府监管、公

---

[1] 刘军伟：《我国企业慈善捐赠的理论渊源与现状研究》，《企业经济》2009 年第 7 期。

众监督、内部治理和行业自律"四位一体"的监管体系；二是完善年度检查制度，推进社会评估，加强执法监察；三是建立统一的信息公开平台，为公众提供方便快捷的监督渠道；四是建立慈善信息披露评估与奖励机制。鉴于慈善组织信息披露具有专业性强等特点，还应加强对慈善组织信息披露能力的培训，建立慈善信息披露评估与奖励机制，进一步提升中国慈善组织的透明度和公信力。

参考文献

［1］ Howard R. Bowen, *Social Responsibilities of the Businessman*, New York：Harper and Row, 1953.

［2］ Archie B, Carroll, "A Three-dimensional Coneeptual Model of Corporate Performance", *Academy of Manage ment Review*, 1979 （4）.

［3］ Arehie B. Carroll, "The Pyramid of Corporate Social Responsibility：Toward the Moral Management of Organizational Stakeholders", *Business Horizons*, 1991 （2）.

［4］ Carroll, "Corporate Social Responsibility Evolution of a Definitional Construct", *Business and Society*, 1999 （38）.

［5］ Clarkson, M. A., "Stakeholder Framework for Analyzing and Evaluating Corporate Social Performance", *Academy of Management Review*, 1995 （1）.

［6］ Goodpaster, K. E., "Business Ethics and Stakeholder Analysis", *Business Ethics Quarterly*, 1991 （1）.

［7］ Harrison, J. Freeman, R. E., "Stakeholders Social Responsibility and Performance Empirical Evidence and Theoretical Perspectives", *Academy of Management Journal*, 1999 （42）.

［8］ Hill, R. P. and Cassill, D. L., "The Naturological View of the Corporation and Its Social Responsibility：An Extension of the Frederick Model of Corporation Community Relationships", *Business & Society Review*, 2004 （4）.

［9］ Logsdon Reiner and Burke, "Corporate Philanthropy Strategy Responses to the Firms Stakeholders", *Nonprofit and Voluntary Sector Quarterly*, 1990 （19）.

［10］ 加里·贝克尔：《人类行为的经济分析》，上海三联书店、上海人民出版社，1998。

［11］ R. 爱德华·弗里曼：《战略管理——利益相关者方法》，上海译文出版社，2006。

［12］ 徐麟：《中国慈善事业发展研究》，中国社会出版社，2005。

［13］ 杨团、葛道顺：《公司与社会公益 II》，社会科学文献出版社，2003。

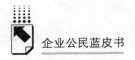
［14］胡浩：《基于改善竞争环境的跨国公司慈善行为研究》，《管理评论》2003 年第 10 期。

［15］刘军伟：《我国企业慈善捐赠的理论渊源与现状研究》，《企业经济》2009 年第 7 期。

［16］唐更华、王学力：《企业慈善行为策略研究新进展》，《管理评论》2004 年第 9 期。

［17］田田、李传峰：《论利益相关者理论在企业社会责任研究中的作用》，《江淮论坛》2005 年第 1 期。

［18］王正宇：《积极发展慈善事业，构建社会主义和谐社会》，《科技信息（科学·教研）》2007 年第 18 期。

［19］吴玲：《利益相关者：企业持续发展的新理念》，《四川大学学报（哲学社会科学版）》2003 年第 5 期。

［20］肖强：《青岛市企业慈善捐赠现状、特点及发展对策研究》，《青岛科技大学学报（社会科学版）》2011 年第 1 期。

［21］杨立雄：《慈善经济学面临的危机与范式转变》，《学术月刊》2005 年第 7 期。

［22］张大军：《自利·他利·互利——重读〈国富论〉与斯密话"三利"》，《中共中央党校学报》2001 年第 2 期。

［23］张传良：《中外企业慈善捐赠状况对比调查》，《中国企业家》2005 年第 6 期。

［24］蔡宗翰：《公司慈善捐赠若干法律问题研究》，华东政法大学硕士学位论文，2008。

［25］张丹：《中国慈善事业的现状和公民慈善意识的培育》，辽宁师范大学硕士学位论文，2011。

Report on Corporate Responsibility on Charity

Abstract：Responsibility on charity is an important aspect of the corporate social responsibility. In china, the enterprises are the main entity of non-governmental charity, and their donation is gradually developing into a common business practice. This paper mainly introduces the statement of the enterprises on fulfilling the responsibility on charity from 2009 to 2011, summarizes the characteristics of fulfillment of this responsibility, and analyzes the existing problems such as lag in legislation, lack of awareness, lack of long－term planning of corporate philanthropy and poor level of charity information disclosure. At last, the paper carries out some countermeasures on how to strengthen the fulfillment of responsibility on charity in China through some perspective such as accelerating the pace of construction of the charity laws, reforming the existing taxation system of donation, strengthening the development of charitable organizations, creating a well system environment for donation and strengthening supervision and management of charitable organizations.

Key Words: Public Welfare; Charitable Donation; Corporate Social Responsibility

B.5
企业反腐败反商业贿赂责任报告

孙秀亭　杜树雷*

摘　要： 随着经济社会的飞速发展，腐败问题已经成为一种全球性难题渗透于社会生活的各个方面。近3年来，我国商业贿赂呈现出一些新的特点和趋势，许多政府高官、企业高层人员以及跨国企业纷纷牵涉商业贿赂案件。商业贿赂在我国的日益泛滥有着转轨时期的经济管理体制、法制、商业道德、监督管理以及商业贿赂全球化等诸多原因，给我国的经济发展、政治稳定以及社会和谐造成了严重的危害，我们应从上述原因入手，多管齐下，齐抓共管，逐步建立起反腐败反商业贿赂的综合治理体系。

关键词： 商业贿赂　反腐败　反商业贿赂

自2006年我国将治理商业贿赂作为反腐败工作的重点以来，反商业贿赂工作取得了较为突出的成绩。2009~2011年，我国商业贿赂呈现出一些新的特征和趋势，反商业贿赂的范围和领域不断扩展，难度也在不断加大。以足坛"反赌风暴"等为代表的反商业贿赂行动引起了全社会的广泛关注和讨论，也促使人们进一步思考和探讨商业贿赂现象及其背后的深层社会原因。

一　企业反腐败、反商业贿赂的现状

（一）腐败和商业贿赂的新特点

1. 商业贿赂案件呈高发态势，涉案数额巨大

据统计，2009年，全国各级纪检监察机关共立案125912件，结案111156

---

* 孙秀亭，男，山东人，山东行政学院，副教授。主要研究方向：企业管理；杜树雷，男，河南人，北京宋庄文化创意产业集聚区管委会，经济学硕士。研究方向：产业经济学。

件，处分 116319 人。① 2010 年全国纪检监察机关共立案 139621 件，结案 139482
件，给予党纪政纪处分 146517 人，涉嫌犯罪被移送司法机关处理 5373 人。②
2011 年，全国纪检监察机关共接受信访举报 1345814 件（次），立案 137859 件，
结案 136679 件，处分 142893 人。③

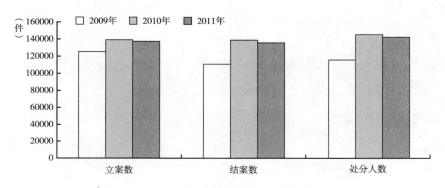

图1 近3年我国腐败查处情况

资料来源：笔者自行整理。

商业贿赂为"权力寻租"提供了交易平台，以至于大多数腐败案件都与商
业贿赂有关。2009 年 1～11 月，全国共查处商业贿赂案件 13858 件，涉案金额
32.9 亿元，其中涉及国家公务员的案件 2906 件，涉及国家公务员 3202 人。④
2010 年"两会"上最高人民法院公布，2009 年各级人民法院共受理各类商业贿
赂犯罪案件 10805 件，结案 10672 件。⑤ 据统计，2011 年 1～11 月，全国共查办
商业贿赂案件 1.48 万件，涉案金额 42.8 亿多元。⑥

近年查处的腐败案件有一个明显的特征：贪污腐败涉及数额巨大，动辄千万
甚至上亿元。这背后体现的是贪污腐败的"潜伏期"越来越长，如此巨大的数
额是在一个比较长的时期内才能完成的，有的贪官贪污腐败的历程甚至跨越了多
个重要岗位。如广东省政协原主席陈绍基受贿共计折合人民币 2959 万余元，浙

① 中国共产党新闻网，http://fanfu.people.com.cn/GB/10728529.html。
② 中央政府门户网站，http://www.gov.cn/jrzg/2011-01/03/content_1777557.htm。
③ 新华网，http://news.xinhuanet.com/politics/2012-01/06/c_111388260.htm。
④ 新华网，http://news.xinhuanet.com/politics/2010-01/08/content_12778191.htm。
⑤ 陈菲：《2009 年全国法院受理商业贿赂案件 10805 件》，2010 年 3 月 5 日《人民法院报》。
⑥ 新华网，http://news.xinhuanet.com/politics/2012-01/06/c_111388260_2.htm。

江省委原常委、省纪委原书记王华元涉案金额合计 1665 万元等。据《法制晚报》公布的一份反腐统计显示，2009～2011 年腐败案件涉案官员的胃口较之以往出现了成倍的增长，且贪官们受贿的平均值则由过去的几百万元飙升到现在的数千万元。官员贪污腐败涉案金额之多，让人触目惊心。

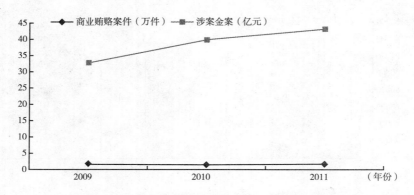

图 2　2009～2011 年全国查办商业贿赂案件数及涉案金额

2. 官商勾结以及高官涉案愈演愈烈

2011 年 1～11 月，国家公务员涉嫌商业贿赂案件的数量与上年同期相比增长了 1.9%。[①] 在诸如陈良宇受贿案、厦门远华走私案等已查处的高级领导干部重大经济犯罪案件中，绝大多数都涉及商业贿赂，商业贿赂在一些重点领域和行业仍有易发多发的势头并呈逐年上升的趋势。近年来，随着我国反腐败斗争的不断加强和深化，为数众多的厅局级、省部级高官的腐败案件不断浮出水面，职位之高让人望而却步，数额之巨让人触目惊心，涉及官员商业贿赂的行为更是成为腐败案件中的重灾区。[②]

尽管中国最高领导层始终把反腐提到"保证社会稳定"的高度，但事实上涉及中国腐败案件的官员中所处高职位的人数却越来越多了。2009 年以来，我国掀起了一轮声势浩大的反腐风暴，大批腐败官员纷纷落马，其中省部级高官就有 30 多位。这些官员的职位之高、权力之大让人望而却步，涉案高官的频频落马不仅彰显了党和政府反腐败的巨大决心和不凡力度，同时也暴露出腐败问题的

---

① 新华网，http://news.xinhuanet.com/politics/2012－01/06/c_ 111388260_ 2.htm。
② 谈佳隆：《监察部严查商业贿赂，跨国商业贿赂将入刑法》，2010 年 9 月 8 日《中国经济周刊》。

严重程度和对国企一把手监督的软肋，国企高管权力监督体系的健全和完善迫在眉睫。据相关资料显示，2011 年全国共立案侦查贪污贿赂大案 18464 件，涉嫌犯罪的县处级以上国家工作人员 2524 人，其中厅局级 198 人，省部级 7 人。①

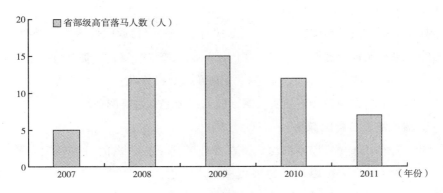

图 3 近 5 年省部级高官落马人数

资料来源：首席执行官网，http：//ceo. icxo. com/htmlnews/2011/05/06/1431338_
0. htm。

3. 腐败和商业贿赂渗透的领域不断扩大，形式日趋多样化、隐蔽化

随着市场经济的进一步发展，腐败和商业贿赂已经渗透到包括政府行政管理、商业、科教文卫体乃至军队等在内的几乎所有领域。涉及政府采购和商业交易的商业贿赂自不必多说，近些年来曝光率越来越高的娱乐界"潜规则"、医药"回扣"以及足坛的"假、赌、黑"，都说明了腐败和商业贿赂已经渗透到了社会生活的方方面面。2009 年 9 月 1 日起，《最高人民检察院关于行贿犯罪档案查询工作规定》开始实施。新规定取消了 2006 年所定旧规中对于录入和查询范围的限制，由教育、金融、医药卫生、建设、政府采购五个领域扩大到所有领域。② 这也从另一个侧面说明了腐败和商业贿赂在全社会的蔓延程度之深之远。

在商业贿赂渗透领域扩大的同时，其形式也日趋多样化，方式手段越来越隐蔽。从行受贿手段上讲，隐蔽性较强的现金支付仍会是行受贿的主要方式。但从行受贿方式上讲，由于商业行为的不稳定性和可操作性，商业贿赂形式日趋隐蔽、多样，手段不断变换。除了常见的"回扣""好处费""提成"外，还有近

① 财新网，http：//special. caixin. com/2012 – 03 – 13/100367219. html。
② 张立：《最高检修改规定：行贿犯罪档案查询扩大到所有领域》，2009 年 5 月 26 日《检察日报》。

几年兴起的"咨询费"、资助出国（境）旅游、赠送"干股"、假"投资"分红等，甚至出现了承诺受贿人离职或退休后再取得贿赂等，逢年过节或受贿方婚丧嫁娶、过生日更是进行贿赂的"绝好时机"。随着经济的发展，更多隐蔽的行贿方式也会被行贿人不断"创新"。

具体来讲，商业贿赂的主要表现形式有：一是给付或收受现金的贿赂行为；二是给付或收受各种各样的费用、红包、礼金等贿赂行为；三是给付或收受有价证券；四是给付或收受实物；五是以其他形态给付或收受；六是给予或收受回扣；七是给予或收受佣金不如实入账，假借佣金之名进行商业贿赂。

4. 商业贿赂日趋国际化

随着我国对外开放程度的深入，在商业贿赂易发多发的重要领域和关键行业，跨国企业的身影可以说是越来越多。诸如之前的"沃尔玛案""德普案""IBM案""家乐福案"等还未曾远去，就又出现了"大摩案""力拓案"等一大批商业贿赂案件，如此多的跨国公司轮番登上中国商业贿赂榜单，使原本相信这些跨国公司会遵守国际和国内法律规范、诚信经营的人们大跌眼镜。国内民间经济分析机构安邦集团公布的一份研究报告显示：跨国企业在华行贿事件一直呈上升趋势，中国在10年内至少调查了50万件腐败事件，其中64%与国际贸易和外商有关。[①] 跨国公司的商业贿赂手段繁多，名、利、色无所不用其极，并且这些商业贿赂行为，往往跟中国政府官员、国企高管的腐败牵涉在一起。与此同时，此类商业贿赂往往又涉案金额巨大，不但会对我的经济安全造成威胁，更会对我国的国际声誉产生严重不良影响。

值得注意的是，随着中国企业"走出去"战略的推进和海外并购、境外投资经营步伐的进一步加大，中国公司境外商业贿赂犯罪出现了增长的势头。时至今日，中国公司在境外进行商业贿赂犯罪已不再是潜在的威胁，已对中国企业境外的整体形象造成了较大的影响和危害。2008年6月22日，中共中央在关于《建立健全惩治和预防腐败体系2008~2012年工作规划》中明确规定：严禁中国企业在境外进行商业贿赂，并严格查处境外企业在中国的商业贿赂行为。可以说，打击境外商业贿赂的5年规划为今后防治中国公司境外商业贿赂指明了方向，并提供了政策性依据。[②]

① 张锐：《报告显示跨国企业在华行贿事件呈上升趋势》，2009年8月3日《中国青年报》。
② 刘彦辉：《打击海外商业贿赂：刑法的新使命》，2012年5月3日《中国社会科学报》。

（二）2009～2011 年商业贿赂典型案例

1. 教育领域

2009 年 10 月 9 日，武汉大学常务副校长陈昭方和常务副书记龙小乐两位正厅级"校官"因涉嫌在该校学生宿舍的建设中受贿被湖北省检察院批捕。与武大腐败案被曝光的同一天，广东湛江师范学院院长郭泽深在学校基建、财务等方面涉嫌存在经济问题被当地公安机关刑事拘留。4 天后，又爆出武汉科技学院院长张建刚、副院长王志贵因涉嫌基建腐败被"双规"的新闻。短短数日，多名高校官员因涉嫌腐败被捕，昔日公众心目中"象牙塔"的圣洁形象顷刻间丧失殆尽，大学官员的中饱私囊让象牙塔渐渐变成了"蛀虫塔"。①

2. 零售领域②

2012 年 7 月 16 日，北京一中院的一纸终审裁定，为广药和加多宝的"王老吉"商标争夺案画上了句号，维持中国国际经济贸易仲裁委员会于 2012 年 5 月 9 日作出的仲裁裁决，要求加多宝集团停止使用"王老吉"商标。法院审理查明，2001～2003 年，鸿道集团董事长陈鸿道曾向时任广药集团副董事长、总经理李益民先后行贿共计 300 万港元，才得以续订红罐王老吉 2010～2020 年的商标使用权。2005 年后，法院以受贿罪终审判处李益民有期徒刑 15 年。行贿者陈鸿道取保候审期间弃保潜逃至今。③

3. 金融领域

2009 年 12 月 8 日，中国银河证券北京望京西园营业部原总经理杨彦明因贪污公款 6912 万余元、挪用公款 2540 万元，经最高人民法院核准被执行死刑。法院审理查明，1998 年 6 月至 2003 年 8 月，杨彦明多次指使财务人员违规提取营业部资金账户现金共计 6536 万余元，并予以侵吞。2002 年 1～4 月，杨彦明多次违规将本单位在其他证券营业部经营的股票、基金变现，共计侵吞 376 万元。④

---

① 《2009 中国反腐败 10 大事件及 10 大案件》，2009 年 12 月 14 日《衡阳日报》。

② 王攀、肖思思、范超：《王老吉之争：都是商业贿赂惹的祸》，《中国品牌》2012 年第 6 期。

③ 一宗商业贿赂交易，让双方付出了沉重的代价。中山大学廉政与治理研究中心副教授张紧跟针对这场纠纷说："商业贿赂是一种典型的'短期理性、长期不理性'的偏门手段，最终会给企业、个人乃至全社会造成严重损失。"

④ 重庆交通大学纪检监察网，http：//www2.cqjtu.edu.cn/jjw/show.aspx？id=786&cid=19。

4. 国土资源领域

2011 年 1 月 11 日，国土资源部地籍管理司原副司长温明炬因受贿 70 万元，并接受他人给予的 20% 的干股，被北京市中院以受贿罪判处有期徒刑 12 年。温明炬于 2005～2009 年，利用担任国土资源部地籍管理司调查处处长、地籍管理司副司长兼国务院第一次全国土地调查领导小组办公室副主任的职务便利，在承揽土地调查项目及减免行政处罚等方面为他人提供便利，从中先后收受人民币 70 万元，并于 2007 年 1 月收受北京某公司 20% 的股份，在次年 7 月退出时获得收益价值人民币 80 万元。①

5. 通信领域

2009 年 12 月 31 日，美国司法部和证券交易委员会发布消息称，电信设备制造商 UT 斯达康公司因其贿赂中国国有电信公司官员一案将支付罚金 300 万美元。据称，为了谋取巨额商业利益，UT 斯达康不惜花重金邀请中国电信有关公司官员到纽约、拉斯维加斯和夏威夷等地旅游，并将这些官员的出国旅游花销作为培训费用入账。②

6. 出入境商业贿赂

2011 年 5 月，山东日照出入境检验检疫局原局长李华森因贪污、挪用公款、受贿共计近 1.6 亿元人民币，被判无期徒刑，剥夺政治权利终身，并处没收个人全部财产。其利用职务便利为他人谋取利益，自 2005 年上半年至 2009 年 7 月，索要或非法收受他人所送 576.48618 万元，大宗购物单 4 万元，共计折合 580.48618 万元。③

二 现阶段中国企业商业贿赂存在的原因及危害

商业贿赂已成为社会关注的重要问题之一，这种行为的盛行有其深层的经济原因，是市场经济发展中难以避免的现象。现代社会是商业化社会，商业活动繁荣，特别是在经济全球化快速发展的背景下，商业竞争异常激烈，经营者为了争夺商业资源，获取商机或高额利润，往往不惜一切手段甚至采用贿赂等进行不正当交易。

---

① 《2011 年 2 月大要案回顾》，《中国检察官》2011 年第 3 期。
② 张贵峰：《UT 斯达康在华行贿案：考验反腐决心和意志》，2010 年 1 月 3 日《京华时报》。
③ 李文鹏：《涉案 1.58 亿，李华森被判无期》，2011 年 5 月 5 日《齐鲁晚报》。

从经济生活看，目前商业贿赂滋生蔓延，已成为商业交易包括贸易、服务和投资等经济生活和社会发展的突出问题，严重破坏了公平竞争的市场秩序，侵害了消费者利益，增加了市场交易成本，影响了其他企业的竞争力乃至我国对外的国际形象，甚至演变成滋生腐败行为和经济犯罪的温床。在计划经济时期，企业缺乏应有的自主经营权并受到国家严格的行政约束，使得商业贿赂缺乏存在和生长的土壤。然而，随着市场经济制度的确立和市场竞争的出现，商业贿赂便随之出现并带来一系列的消极影响。当前我国各种体制尚不健全，商业贿赂的产生不仅与现有的经济体制息息相关，而且与我国的法制建设、社会历史文化、行政监督效能等原因有关。

（一）现阶段商业贿赂存在的主要原因

1. 政府行政权力过多干预经济

第一，经济转轨时期政府行政体制的改革相对滞后，行政权力大量介入经济领域并对经济生活产生巨大的影响，市场在资源配置中的基础性作用并未真正发挥。政府职能部门掌握着诸多商业领域的审批权、执法权等，政府批文、领导批示直接影响到企业的资金来源、业务开拓、市场份额等重要模块，这些权力直接影响商业行为的经济利益。这无疑会使大批经营者通过向权力拥有者行贿来获取市场收益，而政府职能部门中那些掌握实权的管理者就成为贿赂行为的主要受益者，商业贿赂逐渐蔓延并成为经济领域的潜规则。商业贿赂与少数官员的腐败互相推动，使得商业贿赂与其他腐败行为紧紧交织在一起。此外，破坏市场机制的地方保护主义的存在也是导致商业贿赂蔓延盛行的重要原因。

第二，随着社会主义市场经济体制的逐步建立，企业间的竞争日益加剧，现阶段公有制为主体、多种所有制经济并存的经济制度，处于先天劣势的乡镇企业、私营企业要在没有固定营销渠道的前提下和备受政府眷顾、实力雄厚的国有企业同台竞争，很大程度上要依靠商业行贿手段以获取更多的交易机会。其他企业在受传染后也难以独善其身，使得商业行贿最终成了普遍的潜规则。

2. 法制体系建设尚不完善，处罚缺乏力度

在现行立法体系中，涉及商业贿赂的立法条文零散存在于《反不正当竞争法》《刑法》《关于禁止商业贿赂行为的暂行规定》和《中国共产党纪律处分条例（试行）》等法律法规及其他规范性文件中。但这些法律法规不仅不够详细明确且总体层级偏低而缺乏应有的法律效力，缺少一部专门的具有较高立法层级的

反商业贿赂法去满足惩治商业贿赂的现实需要。与此同时，当下对商业贿赂的行政制裁缺乏力度，让人们深恶痛绝的商业贿赂只有不超过 20 万元的行政罚款，这与由此带来的巨额利润相比可谓是九牛一毛，以至于难以达到有效治理商业贿赂的效果。另外，现行《刑法》中缺乏针对商业贿赂设置的资格刑，不利于刑罚功能的充分发挥，从而限制了立法在遏制商业贿赂方面的基础性作用。

3. 商业道德建设相对滞后

现代市场经济的正常运转除了法制环境的硬性规范外，还需要公平交易、诚实守信、契约精神等商业道德的软性约束。商业贿赂在我国之所以严重泛滥，与商业道德建设滞后、商业道德水平不高也有很大的关系。由于中国经历了两千多年封建社会的发展历程，正如费孝通在《乡土中国》中描述的那样，中国社会长期以来一直是依靠人际关系调节、缺乏契约法治的社会，此种情形下的商业活动主要靠熟人间的相互信赖来维系。经过 30 多年的改革开放，我国的市场经济制度已经初步建立起来，然而由于市场经济制度、观念、实践的不成熟，商业道德和诚信缺失，使得传统的熟人交易模式得到了空前的发展，熟人间的礼尚往来与商业经营中正常的销售提成之间的界限模糊不清，最终导致了社会默认的商业回扣。人们在进行商业交易时过度依赖人情关系，首先想到的往往不是提高自身产品质量和提升自我信誉度，而是一心想着"靠关系""走后门"等所谓的"捷径"，忽视对于市场契约的信赖与遵守。随着社会交往的日益频繁和复杂，商业贿赂逐步成为维系商业规则的重要手段，同时也是在激烈的市场竞争中求得生存和发展所必不可少的法宝。

4. 监督效能长期低位徘徊

首先，长期以来行政指令和行政审批等仍然是政府经济管理部门管理所辖行业或企业的主要方式，缺乏应有的服务和监督功能。其次，商业贿赂犯罪多发于医疗、电信、交通等高度垄断性行业，稀缺的经济资源由少数人员掌控而缺乏相应的监督必然导致腐败的滋生。再次，各行业、各部门的监管部门相对分散，相互间沟通、联络协调机制尚不健全，难以形成监督合力，客观上给商业贿赂犯罪提供了空间。最后，缺乏强有力的舆论监督机制和对知情、举报人的保护制度，在商业贿赂案件的办理过程中得不到相应的舆论支持，新闻媒体处于被动消极状态，知情人缺乏举报的积极性。

5. 商业贿赂"全球化"也是重要诱因

资本具有逐利本性。跨国公司为攫取高额利润，商业贿赂自然成为获取投资目的大额订单的重要手段。从某种程度上讲，超越国界的商业贿赂"全球化"现象成为本国公司境外商业贿赂的重要诱因。中国公司在国外面临着激烈的市场竞争，更值得注意的是，目前中国境外投资大部分集中在基础设施建设、矿产等领域，而这些正是商业贿赂得以滋生和蔓延的"高危行业"。在一些新兴发展中国家，跨国公司为了获得这些国家的基础建设及能源开发项目展开了非常激烈的角逐，这在某种程度上为境外商业贿赂行为的高发提供了温床。另外，一国的法制环境对企业的商业表现起着决定性的作用。跨国公司在反商业贿赂法制完备的发达国家基本不使用商业贿赂手段，而在反商业贿赂法制不完备的发展中国家却常常曝出贿赂丑闻。其原因就在于发展中国家的相关法制不健全、刺激企业"走偏门"的心态严重，只有完善法律法规制度，才能真正让企业有自律的动力和意愿。

（二）当前商业贿赂的主要危害

腐败的存在不但破坏了社会的公平法治，阻碍了经济的发展，而且加剧了社会矛盾，给改革开放的深入开展带来了巨大阻力，危害极其严重。如果任由现在腐败现象肆意蔓延，我国的现代化建设事业就有可能半途而废。商业贿赂行为的存在不但使其他竞争者的合法利益得不到保障，而且使市场经济公平的竞争机制遭到破坏，进而给社会的整体利益带来损害。其中商业贿赂案件往往涉及巨额资产，造成巨大社会资源的浪费和国家财产的流失，严重影响我国市场经济体制的正常运行。商业贿赂巨大的社会危害性决定了腐败的治理不能简单地停留在政治领域，而是要把商业贿赂的治理作为整治腐败的主战场。①

1. 经济危害进一步加深

第一，商业贿赂危害公平竞争，不利于正常经济秩序的形成。商业贿赂使企业依靠人情和关系而非自身的实力和产品的质量获得赢利的机会或优惠的商业条件，使得遵守市场规则的优秀企业失去市场机会和份额，公平正义的丧失严重危害了市场经济公平竞争秩序的形成。

第二，商业贿赂破坏原有的市场运行机制，不利于社会资源的合理配置。商业贿赂的出现，使得质量、价格、技术、服务等竞争手段的作用难以发挥，严重

---

① 程宝库：《治理商业贿赂是我国反腐败斗争的必然要求》，《中国工商管理研究》2006 年第 2 期。

影响生产技术、服务水平的提高以及产业结构的优化升级，从而严重影响整个产业链的良性发展。

第三，商业贿赂会带来额外的交易成本，侵害社会公众和国家利益。商业贿赂带来的高定价、高回扣使得物价虚高，不仅增加了交易成本，而且加重了消费者的负担。此外，商业贿赂所用的虚假报账方式使得国家税收大量流失，同时造成国家公有财产被大量侵吞，严重损害了国家经济的健康持续发展。

2. 政治危害日益严重

第一，危害国家廉政制度。拥有公权的国家公职人员是商业贿赂的重要对象，他们在私欲的驱动下产生"寻租"意图，经营者则通过贿赂的方式获得优先交易机会，如此"双赢"的需求模式使得权钱交易愈演愈烈。

第二，损害政府和执政党形象。目前我国社会两极分化严重，贫富分化愈来愈大，相对贫困使得普通民众大多存在"仇富"心理，这种现象源于社会上的部分官员和不法商家通过商业贿赂迅速实现暴富，而普通民众却最终成为商业贿赂的买单者。腐败现象的肆意横行，势必会影响公众对政府和党的信任，如果得不到很好的解决将最终影响到党的执政地位。

第三，削弱法律、法规的实施效果。商业贿赂利用违反国家法律法规的不正当竞争手段去获取不法收益，并通过行贿的方法渗透执法官员换取违法利益的实现，使得法律、法规起不到应有的效果。

3. 社会危害影响更加广泛和深入

第一，败坏社会风气，破坏社会信用体系。一方面，企业大肆贿赂、官员疯狂贪污的行为使良好的社会风气遭到严重败坏；另一方面，遵纪守法的优秀企业在良好的发展机会面前屡次受挫而不法奸商则通过商业贿赂大行其道，必然使有的企业不再信奉"诚信经营"的经营理念。

第二，违反职业道德，妨碍良好行业风气的形成。商业贿赂的长期存在必然导致行业失去公平竞争获取利益的氛围，丧失职业同情心和责任感，使人们不得不屈从于商业贿赂的潜规则并使其在行业内日渐盛行，这不仅严重违反了职业道德，而且使行业内兴起贪污受贿的不正之风。

第三，滋生多种犯罪行为，进而威胁社会主义法治体系。商业贿赂作为一种典型的违法犯罪行为，为其他违法犯罪行为的滋生提供了温床。商业贿赂往往伴随着滥用公职、侵犯商业秘密、偷逃漏税以及盗骗国家财产等行为。如果商业贿赂在多个行业迅速蔓延，又是发生在国家法律法规不够健全和公民法律意识薄弱并存时，我们有法必依、执法必严的法制制度将遭到挑战，整个社会主义法治环境将受到重创。

三 我国反腐败、反商业贿赂的政策建议

腐败及商业贿赂的存在严重破坏了正常的社会经济秩序，不仅损害了国家、公众和个人的利益，而且助长了社会的不正之风，严重危害了社会的和谐和稳定。因此，防治商业贿赂行为，对于规范市场秩序，健全社会信用体系，维护公平竞争规则和完善社会主义市场经济体制，推动廉政建设和反腐败斗争深入开展以及构建社会主义和谐社会，都具有极其重要的现实意义。从根本上讲，反商业贿赂必须建立在法治的基础之上，同时商业贿赂作为一个社会问题，最终的解决还需要社会力量的全面参与。

2009年5月，中央一连推出了三项反腐新规，同年10月，"两高"把利用影响力受贿罪列入罪名，为反腐增加了新的法律依据。2010年4月温家宝总理再次提出要深入打击商业贿赂问题，表明我国政府防治商业贿赂的决心，中国特色的反腐败正不断向制度化迈进。

要使商业贿赂问题得以根治，需要构建一个从体制到机制、从立法到执法、从制度到文化、从国内到国外的全方位反腐败体系，具体包括以下几个方面。

（一）切实规范公共权力，不断强化监督制约机制

商业贿赂犯罪作为一种社会现象，同社会的政治、经济、文化、法律、道德和个人的主观因素密切相关，完全可以通过强化监督制约机制来减少进而抑制贿赂犯罪。商业行贿盛行的主要原因是公共权力运行的不规范和不透明，因此对公权力的规范并使之正常运行是治理商业贿赂的根本所在。[①] 为更好地对权力进行监督而防止其滥用，就要不断加强制度建设和推进体制改革。一是要不断健全国有资产监管、政府投资等制度，进一步深化行政审批体制、财政管理体制等改革，强化对行政权力的制约和监督，规范行政审批程序，杜绝决策权过度集中；二是要推行财务、政务公开制度，将政府采购、投资等各种款项收支使用情况透

---

① 王媛：《浅议商业贿赂与反腐败》，《中国校外教育》2008年第8期。

明化并建立相应的追究制度，自觉接受广大群众的监督；三是要不断加强对权力所有者的监督力度，逐步规范权力运行；四是要进行管理体制改革以加强行业自律，为企业合法经营、公平竞争营造条件。

（二）着重加快法律体系建设，继续加大惩罚打击力度

温家宝总理强调：要将依法治理贯彻到治理商业贿赂的整个过程中，始终坚持依法而行、依法而治的原则。因此，我们在治理商业贿赂中要充分发挥法制的作用。

第一，制定并尽快出台《反商业贿赂法》。针对国内日益严峻的商业贿赂形势，我们要在借鉴西方发达国家治理商业贿赂成功经验的基础上，制定出符合我国国情的专门的《反商业贿赂法》，明确商业贿赂犯罪的界限及相应的刑罚等，为遏制商业贿赂的蔓延趋势提供法律依据，为我国拥有公平竞争的市场环境和投资环境提供法律保障。

第二，加大商业贿赂行为的处罚力度。一是要加大商业贿赂的查处力度，在社会反映强烈的如资源开发、土地出让、工程建设、产权交易等重点行业和关键领域开展专项治理活动，对其中的职务犯罪行为坚决查办并从严惩处。二是进行严厉的经济处罚，让商业贿赂具有高昂的违法成本。当下对商业贿赂的行政制裁缺乏力度，让人们深恶痛绝的商业贿赂只有不超过20万元的行政罚款，这对由此带来的巨额利润而言实属微不足道，难以达到所要的治理效果。因此，要参考国外的立法经验，通过修订有关法规加大对违法所得者的经济处罚额度，同时让经营单位承担经济的、行政的乃至应有的刑事责任。三是加强执法力度，严格、公正执法。立法固然重要，执法才是王道。反商业贿赂的关键就在于能够严格执法，坚决维护法律的尊严以始终保持对违法者足够的法律威慑力，对于该依法承担法律责任的要坚决追究其法律责任，对以身试法者绝不姑息。此外，要不断提高执法水平，严格区分正常商业行为和商业贿赂的界限，在维护法律权威的同时保障社会的公平正义。

（三）搞好行政部门协调配合，进一步加快诚信信息系统建设

目前，我国反商业贿赂的执行主体之间存在着协调较差、执法混乱、尺度不一等问题，因此要在明确职能分工的基础上逐步理顺工作关系，加强各个执法主体之间的协调配合和沟通联系，构建商业反腐联防体系和相应的责任追究制，在打击商业贿赂违法犯罪行为上做到各司其职、各尽其责，通过形成整体合力来不

断提高办案效率。此外，检察机关要与行政执法机关特别是工商行政管理部门加强合作，构建预防和惩治商业贿赂犯罪长效机制，建立行贿犯罪档案查询制度和失信惩戒制度，通过定期向社会曝光诚信"黑名单"的方式让商业贿赂者无处藏身，以形成健康有序的社会主义市场经济秩序。

（四）持续加强思想道德建设，不断加大宣传力度

治理商业贿赂离不开强硬的行政法律手段，但要真正有效地遏制商业贿赂的蔓延还要从整体上提高国民的思想道德水平。通过紧贴思想实际和工作实际的宣传和教育，才能使"廉洁是为官之德，自律是做人之本"的理念深入人心。因此，要充分利用电视台、广播、报纸、网站等媒体开展广泛的商业道德宣传，宣传党和国家的有关政策和法律法规，曝光典型商业贿赂案件，引导社会公众特别是市场主体树立自律意识，强化人们的法治意识、公共权力意识、契约意识、公平竞争意识，使各类市场行为主体充分认识到诚信建设对企业发展的重要性，充分发挥相应行业的职业道德规范和行业协会的作用，不断强化商业自律，为杜绝商业贿赂、维护市场秩序营造良好的社会氛围。

（五）强化企业社会责任建设，主动承担反商业贿赂

我国企业社会责任建设尚处于初步探索阶段，就整体而言具有商业伦理淡薄、投机意识严重、社会责任感较差等特征，一些企业为了片面追逐商业利益不惜采用不正当甚至违法的手段，不仅违背了市场经济的公平竞争原则，更会促进商业贿赂行为在行业内的蔓延。因此，企业应该从自身做起，将反商业贿赂作为企业的规制制度进行贯彻实施，净化企业环境；同时将反商业贿赂当做履行企业社会责任的一个重要部分，在进行企业社会责任报告的同时也应将企业的反商业贿赂成果一并公开。[①] 只有企业在加强自身社会责任建设的同时积极配合国家进行的反商业贿赂行动，才能使我国的反腐败反商业贿赂工作得以有效展开并取得最终的胜利。

（六）增强行政透明度，建立信息公开和舆论监督机制

阳光是最好的防腐剂，公开透明是防止腐败的最有效方式。只有将容易滋生

---

① 邹东涛主编《中国企业公民报告（2009）》，社会科学文献出版社，2009。

腐败的所有灰色地带都暴露在群众和社会舆论的监督之下，市场竞争的公平性才能得到保障，反腐败工作也才能取得真正的成功。增强透明度，就是让群众享受充分的知情权、参与权、选择权和监督权，坚持和扩大公开办事的范围，对群众关注事项的标准、条件、名额以及办理程序等要最大限度地予以公开。同时，充分发挥网络监督的积极作用，让群众拥有广泛、有序、有效的监督参与路径，不断为其监督政府搭建更加宽广的平台。

（七）加强国际司法合作，查处跨国商业贿赂

商业贿赂并非是中国社会存在的特有现象，而是整个国际社会腐败犯罪的一种固有形式。世界上其他国家在治理商业贿赂的问题上有着许多值得我们吸收和借鉴的优秀经验和成果，而且反腐倡廉工作的国际合作已成为一种全球性趋势。在开展商业贿赂犯罪治理中要加强并积极开展国际交流与合作，通过签署合作协议建立联络机制、定期磋商机制以及信息交换机制，及时进行信息上的交流和沟通，彼此间相互提供与移交犯罪线索和证据等，具体的合作的方式可以更加灵活多样。目前，我国已同近80个国家和地区的反腐败机构建立了友好关系，并与波兰、俄罗斯等签署了合作协议，把双边交往纳入了制度化轨道。通过多种形式的交流与合作，既可以学习借鉴各国反腐败工作的有益经验，也可以使国际社会加深对中国反腐败工作的了解。[①]

参考文献

[1] 季华琴：《关于商业贿赂犯罪若干问题研究》，华东政法大学硕士学位论文，2007。

---

① 2011年7月23日，"厦门远华集团特大走私案"首犯赖昌星被遣返回国。赖昌星所面对的不仅仅是"法网恢恢，疏而不漏"的不变铁律，还有中国政府坚决打击刑事犯罪的决心和毅力。中国政法大学国际公法研究所所长李居迁在接受中国网采访时表示：赖昌星从出逃加拿大到最终被捕有12年之久，其最主要的因素就是因为中国和加拿大之间没有引渡条约，如果双方存在引渡条约，引渡罪犯就会成为双方的义务。赖昌星被成功引渡的案例，为中加双方今后开展类似方面的引渡提供了经验，这在某种程度上势必会增进双方的理解，为双方最终签订有关引渡条约创造有利条件。

［2］王星、黎友焕：《我国立法对商业贿赂的界定》，《WTO 导刊》2009 年第 10 期。

［3］田心则：《〈联合国反腐败公约〉与我国对商业贿赂犯罪的治理》，《中国检察官》2009 年第 2 期。

［4］胡锦涛：《严惩腐败分子，以实际成效取信于民》，《人民日报》2011 年 1 月 11 日第 1 版。

［5］田湘波：《廉政文化与廉政制度关系辨析》，《廉政文化研究》2010 年第 4 期。

［6］程宝库：《治理商业贿赂是我国反腐败斗争的必然要求》，《中国工商管理研究》2006 年第 2 期。

［7］王媛：《浅议商业贿赂与反腐败》，《中国校外教育》2008 年第 8 期。

［8］沈静兰：《引发商业贿赂行为的动因分析及其治理——经济学心理学视角的研究》，硕士学位论文，东北师范大学，2009。

［9］马丽：《解读中国在朗讯贿赂案中的沉默》，《法人》2008 年第 2～3 期。

［10］石晨、苏楠：《从"德普案"看中国反商业贿赂的缺失与完善》，《理论界》2007 年第 1 期。

［11］李洁筠：《论市场竞争中的商业贿赂及其法律规制》，华中科技大学硕士学位论文，2007。

［12］邹东涛、王再文、冯梅：《中国企业公民报告（2009）》，社会科学文献出版社，2009。

［13］张永进：《中国反腐败机制的解读与完善》，《福建行政学院学报》2011 年第 2 期。

［14］黎友焕、刘延平等：《中国企业社会责任建设蓝皮书（2010）》，人民出版社，2010。

［15］贺国强：《全面贯彻党的十七大精神努力开创党风廉政建设和反腐败斗争新局面》，《人民日报》2008 年 2 月 21 日第 2 版。

［16］黎友焕：《企业社会责任概论》，广东，华南理工大学出版社，2011。

［17］王攀、肖思思、范超：《王老吉之争：都是商业贿赂惹的祸》，《中国品牌》2012 年第 6 期。

［18］胡鞍钢：《中国：挑战腐败》，杭州，浙江人民出版社，2001。

Report on Corporate Responsibility on Anti-corruption and Anti-commercial Bribery

Abstract：Within the market economy system，commercial bribery has abetted illicit competition，wasted social resources，disturbed regular market order and impeded

企业公民蓝皮书

the healthy development of our economy. It is now a global problem and has spread to all fields of life such as business, politics, education and health care. In recent years, Chinese government has placed strict countermeasures on commercial bribery which, to some extent, suppresses the occurrence of commercial bribery. This report analyzes the current situation, causes and menaces of commercial bribery, and then makes some suggestions and measures on how to combat bribery and corruption.

Key Words: Commercial Briber; Anti-corruption; Anti-commercial Bribery

B.6
企业履行社区服务责任报告

孙凤仪 李 琳 张志岩*

摘 要：社区作为企业的利益相关者之一是社会的基本细胞，企业履行社区服务责任对企业和社会的可持续发展具有重要意义。本文通过对企业履行社区服务责任现状的分析，总结了企业在履行社区服务责任中存在的问题，并以此提出了进一步促进企业履行社区服务责任的对策与建议，以期达到推进企业社区服务建设、构建和谐社区的目的。

关键词：企业公民 社区服务 社会责任

社区作为城市建设的基本细胞，在社会发展中起着举足轻重的作用，社区服务是城市建设的一个重要方面。企业社区服务是企业改革发展到一定阶段的产物，也是城市建设的有机组成部分。发展企业社区服务不仅有利于市场化、城市化的进一步发展，而且有利于满足社区居民日益增长的物质文化和精神文化需求。所以准确把握企业社区服务的定位和发展趋势，妥善处理企业与社区的关系，完善企业社区服务是企业履行社会责任的重要表现，也是促使企业与社区和谐发展的良策。

一 中国企业公民履行社区服务责任的现状分析

企业与社区在地域上是一种相互交叉的"你中有我、我中有你"的关系，

---

* 孙凤仪，男，山东人，北京工商大学经济学院，经济学博士，副教授。研究方向：公共经济、经济体制改革、企业社会责任；李琳，女，河北人，北京工商大学，经济学硕士。研究方向：企业社会责任；张志岩，女，河北人，北京市海淀区海淀镇人民政府，经济学硕士。研究方向：财政政策理论。

在功能上是生产经营和生活服务一体化的相互依存、共同发展的关系。因此，承担社会活动的企业，同样也承担着其所在社区的活动，社区服务便是这种社区活动中的核心部分①。目前，全国有 6923 个城市街道，8.7 万个城市社区②。社区发展已经初具规模，企业履行社区服务责任也取得了一定成果。

（一）企业履行社区服务责任的总体概况

1. 企业社区服务的就业促进作用进一步强化

表1　2009～2011 年就业人员变化情况

单位：万人

	2009 年	2010 年	2011 年
年末全国就业人数	77995	76105	76420
年末城镇就业人数	31120	34687	35914
比上年末增加人数	910	−1890	315
城镇新增就业人数	1102	1168	1221

资料来源：笔者自行搜集整理。

在后金融危机时代，企业加强社区服务是促进未就业高校毕业生就业、社会人员再就业和下岗职工再就业的一项重要措施。如表 1 所示，2009 年末全国就业人员 77995 万人，其中，城镇就业人员 31120 万人，比 2008 年末增加 910 万人；城镇新增就业人员 1102 万人，其中，就业困难对象再就业 164 万人，514 万下岗失业人员实现了再就业。2010 年城镇新增就业人员 1168 万人，其中，就业困难人员再就业 165 万人，547 万下岗失业人员实现了再就业，比 2009 年增长6.4%，就业环境明显改善。2011 年末全国就业人员 76420 万人，其中，城镇就业人员 35914 万人；城镇新增就业人员 1221 万人，比 2010 年增长 4.5%。究其原因主要有以下几个方面：第一，企业利用自身的信息资源优势向未就业人员传递重要岗位信息，以缓解信息不对称的矛盾，从而促进未就业人员选择适合自己的工作；第二，企业通过宣传与培训加强未就业人员的就业技能等；第三，企业

---

① 王再文、赵杨：《中央企业履行社会责任报告 2010》，中国经济出版社，2010。
② 《国务院办公厅关于印发社区服务体系建设规划（2011～2015 年）的通知》（国办发〔2011〕61 号）。

与街道、社区服务中心等联盟，加快发展社区服务业，积极拓宽社区就业渠道，引导和帮助更多的下岗失业人员在社区服务领域实现再就业。通过企业与相关社会组织的共同努力，2010年中国的就业压力比2009年有所缓解，到2011年末，金融危机带来的影响基本消除。总之，企业通过加强社区服务而促进就业的举措对维护社会稳定做出了巨大贡献。

2. 企业社区服务的支持力度继续加大

表2　2009、2011年支持社区服务慈善捐助款流向比例统计

单位：%

	2009 年	2011 年
人类服务领域	7.08	10.28
扶贫与社会开发领域	5.06	28.99
教育领域	41.07	33.68
医疗领域	9.20	8.92
减灾救灾领域	25.52	6.10
生态环境领域	2.31	4.62
文化体育等领域	1.46	7.18
其他/非定向领域	8.34	—

资料来源：根据网络披露的《2009年度中国慈善捐助报告》《2011年度中国慈善捐助报告》中的核心数据整理。

慈善捐助款流向领域或多或少都与企业社区服务有关，慈善捐助为企业履行社区服务责任提供了资金支持，是企业投身社区服务建设的有力保障。从表2中可以看出，2011年人类服务领域（包含老人服务、残疾人服务、妇女服务、儿童服务等）、扶贫与社会开发领域、生态环境领域及文化体育等领域捐助款占捐助总额的比例比2009年有所上升，尤其是扶贫与社会开发领域，捐助比例上升了23.93个百分点；其余领域捐助比例有所下降，尤其是减灾救灾领域下降了19.42个百分点。主要原因是2009年汶川地震灾后重建受到关注，使减灾救灾领域的捐助比例较高，达到25.52%；2011年我国未发生特别重大的自然灾害，减灾救灾领域捐助比例下降至6.10%，而经济形势并不是很乐观，致使捐助注意力转移到了扶贫与社会开发领域，捐助比例达到28.99%。在这两年中，教育领域捐助比例最高，分别为41.07%和33.68%。

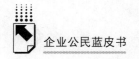

3. 企业社区服务的方式不断多样化

近几年来，企业社区服务方式不断多样化。最普通的方式是企业社区服务志愿者组织一系列公益活动，将社区居民调动起来共同参与，之后发展为企业与政府、社区居委会、社区服务中心、社区服务站、非营利性组织等共同合作，为社区居民提供多方面的"一站式"服务，尽可能方便居民的生活。另外一种方式是企业通过设立项目资金、开展项目补贴等引导社会其他组织参与社区管理和服务活动，设立公益基金便是其中一种方式，比如华为赞助英国查尔斯王子基金会、加拿大皇家骑警（RCMP）基金会等，海富通基金管理有限公司成立海富通基金并与国际环保非政府组织"根与芽"（Roots & Shoots）进行深度合作等①。2010年初，中国社会福利教育基金会成立了社区发展基金，这是一个公募基金，其宗旨是"取之于社会、用之于社区，服务居民、发展社区"。基金的设立不仅增加了社区服务的资金支持力度，而且增强了社区服务的活力和社会组织的服务能力。随着信息技术的发展，信息服务平台被越来越多地应用于社区服务，促进水电费、物业费、社区通知等信息的便捷发布，在居民及时了解社区服务信息的同时了解居民之所需，为广大社区居民提供符合其意愿的社区服务。截至2011年底，全国有60%的社区初步建立了社区管理服务信息网络，在为广大社区居民提供方便快捷的社区服务的同时也促进了社区服务效率和质量水平的提高。

4. 企业社区服务的外部环境逐渐改善

发达的社区服务体系是保障和改善民生以及促进社会和谐稳定发展的重要保证。就目前情况来看，社区服务已经被纳入国家的发展规划中，我国企业社区服务的外部发展环境得到进一步改善。2009年9月28日，民政部在六部委下发的《关于加强和改进社区服务工作的意见》中再一次对社区服务做出了明确的界定，即"在政府的引导和扶持下，依托社区组织，动员社会力量，利用社会资源直接为社区成员提供的公共服务和其他物质文化生活的服务"②。社区服务自民政部首次倡导以来一直得到政府的高度重视，它是实现"民生优先"的重要抓手。2011年12月20日，国务院办公厅发布了《社区服务体系建设规划

---

① 《华为技术有限公司2010年年度企业社会责任报告》。
② 中华人民共和国民政部基层政权和社区建设司，http://zqs.mca.gov.cn/article/sqjs/zcwj/。

（2011～2015 年）》。规划明确指出："进一步健全新型社区管理和服务体制，强化社区服务体系和信息化建设，到 2015 年初步建立起较为完善的社区服务设施、服务内容、服务队伍、服务网络和运行机制，农村社区服务试点工作有序推进。"① 该规划的发布进一步体现了政府对社区服务体系建设的重视程度，为企业社区服务寻求资金与专业人才提供了支持，为企业社区服务的进一步发展创造了良好的外部环境。

（二）企业按性质分类履行社区服务责任的具体情况

1. 国有企业履行社区服务责任的情况

国有企业是国民经济的排头兵，经济实力雄厚，在社区服务方面应该履行更多的责任。

表3　国有企业履行社区服务责任事件一览表

年份	事件
2009	6 月 9 日,国网信息通信有限公司的技术人员在北京市海淀区对智能电网用户服务系统的功能进行了测试。基于电力线宽带网络对小区内用户的覆盖,智能化小区的社区服务综合平台基本功能均能实现,增值服务内容均能正常显示。
	国家电网辽宁公司强化窗口服务,加快推进标准化营业厅建设,要求所属供电公司大力推进供电服务进社区,沈阳、大连两地供电公司各新建 8 个电力社区服务点,鞍山、抚顺、本溪供电公司各新建 5 个电力社区服务点,其他供电公司至少各新建 3 个电力社区服务点。
	12 月 16 日,神华集团公司所属澳大利亚控股有限公司向当地社区捐赠 100 万澳元,用于建设农村健康中心。该农村健康中心由当地政府主持建设,用于满足本地区居民就医需求,属于公益性医疗机构,预计 2011 年完工,可接纳 100 人就医。当地居民和神华员工都能够在此接受医疗服务。
2010	中国移动河南洛阳分公司与洛阳市劳动和社会保障局合作,建设洛阳市 12580 家庭服务呼叫中心,实现找保姆、保洁、家教、快递等的"一站式"服务。
	中国移动与江苏省人力资源和社会保障厅合作,打造了"求职通"信息服务平台。该平台创造了"信息找人"、主动推送、高度匹配的新模式,为广大求职者提供了高效、便捷的就业信息服务。
	国家电网"红马甲"青年志愿者服务队积极开展"亲情电力"志愿服务社区行系列活动,在全省 13 个地市建立 100 个社区志愿服务示范点,扎实开展"关爱空巢老人""微笑服务送清凉"等专项活动,共建立社区"困难群众帮扶档案"16000 余份,固定帮扶对象 18200 户。

---

① 中央政府门户网站，http：//www. gov. cn/zwgk/2011 - 12/29/content_ 2032915. htm。

年份	事件
2010	国家电网常州供电公司多次走进各小区,及时提供用电信息预告,现场办理用电业务,进行上门慰问、免费抢修等。同时还举行电气知识讲座,组建社区用电服务队,为老红军、军烈属、孤寡老人等免费提供服务。
	国投全资子公司中国成套设备进出口(集团)总公司牙买加会展中心项目组向项目所在社区——圣杰姆(St. James)社区的病弱百姓提供食品,为社区学校里的孩子们提供了铅笔、练习本等学习文具,价值总计200000牙元(约24000美元)。
	一汽丰田湖南协力会近期组织了长沙4家一汽丰田4S店进入社区为业主提供上门服务,将"安全、安心、爱用"的三A服务理念落到实处。上门服务包括"清凉一夏",车载空调全面检查;"娱乐一下",社区文艺表演;"咨询一下",社区优惠活动(最高优惠达到了4万元)。与此同时,一汽丰田湖南协力会还特别推出了多重大礼,奉献给购买不同车型的客户,分别为"0利率盛惠卡罗拉,邀您共享""安心一路陪伴,一汽丰田'安心+'""购车赢大礼,万人日本游"以及"东方神韵,皇冠之旅"等。
2011	4月18日,中国中冶所属中冶南方工程技术有限公司承担设计工作的新疆维吾尔自治区博乐市棚户区改造项目举行开工奠基仪式。该项目是湖北省新一轮对口援疆工作的重点项目之一,将建设2634户回迁房,其中社区服务中心、农产品超市、社区幼儿园及运动场等设施一应俱全,被列为博尔塔拉蒙古自治州2011年重点工程、博乐市2011年一号工程。
	6月9日上午,上海巴士集团在本市中心城区同时开通了1201路等11条穿梭巴士。新开通的11条穿梭巴士衔接沿线的轨道交通线路和周边社区,串联起商业网点、大卖场、学校、医院、菜市场和社区服务中心等,初步缓解了浦西新村小区居民的"最后一公里"出行难题。
	华侨城控股的惠州华力包装有限公司通过努力,促成当地政府为其所在的工业区开通一条公交线路,新建了一个医疗点,极大地提升了周边居民的生活便利。
	中化泉州在运营地不断改善就业环境,支持基础设施建设,努力为当地经济社会发展贡献力量。项目建设过程中,公司为当地居民提供了大量就业机会,并通过业务培训,提升当地居民的就业技能。同时,公司与所在地驻军、学校开展多种形式的共建活动和文化交流活动,为当地4所学校提供培训资源,向当地驻军部队捐赠图书800多册。
	中国兵器工业集团公司为云南省红河县9所中学、13所中心小学及对口帮扶学校修建宿舍,捐赠2500套兵工课桌椅、125台电教化设备和数百套音体美器材,改善了其基本教学条件。
	中国有色矿业集团在赞比亚为当地社区和酋长部落捐建道路、围墙、公共候车厅等公用设施,投资建设了中赞友谊医院,提高了当地的医疗保障水平。

资料来源:笔者自行搜集整理。

通过表3所列举事件可以总结出国有企业履行社区服务责任的一些特点:

(1)公共服务和便民利民服务受到重视。一方面,国有企业继续发挥其公共服务领域优势,为社区居民带来方便,比如加强街道和社区的劳动就业和社会服务平台建设,完善服务功能;不断完善社区医疗卫生服务体系建设,提供老年人保健、义务诊断、政策咨询等服务;不断发展社区文化、教育、体育服务事业,在社区内广泛开展社会文化活动，建立社区文化中心，广泛开展社区教育，创新社区教育发展的体制、机制与模式并积极主动地举办社区居民健身活动。另一方面，国有企业为社区居民提供便民利民服务，比如一些邮政、金融、电信、供销、燃气、自来水、电力等公用事业单位在社区内设立了服务网点，满足居民多样化的生活需求等。

（2）特殊群体是国有企业的重点服务对象。企业社区服务最早来源于企业办社会，这一般是国有企业特有的现象。企业一般以企业社区内常住居民为服务对象，满足居民的生活需求，提高居民的生活质量。随着我国经济的不断发展、社会的不断进步，企业社区服务的对象已不仅仅局限于企业小区范围内的居民，而是得到了更广泛的扩展：由只向常住居民提供服务转变为向常住人口、暂住人口、流动人口提供服务，尤其是弱势群体，包括老年人、残疾人、偏远山区的少年儿童、农民工子女、特困家庭等，已经成为企业社区服务的重点对象。总之，国有企业社区服务形成了一个辐射网，囊括了企业力量能够触及的任何地方。

（3）慈善捐赠是国有企业履行社区服务责任的重要方式。许多国有企业通过捐资捐物加强对弱势群体的关心与帮助。如表3所示，2009年神华集团公司所属澳大利亚控股有限公司向当地社区捐赠100万澳元，用于建设农村健康中心，为当地居民和神华员工提供便利的医疗服务；2010年，中国成套设备进出口（集团）总公司在牙买加的圣杰姆社区为病弱百姓提供食品，为社区学校里的孩子们提供铅笔、练习本等学习文具，为他们的生活与学习提供帮助。

2. 民营企业履行社区服务责任的情况

近些年来，随着民营企业的逐渐成长，许多大型民营企业也成为社区服务的中坚力量。

表4　民营企业履行社区服务责任事件一览表

年份	事　件
2009	5月15日,盈科律师事务所在北京市朝阳区三里屯中纺里社区开展"送法进社区"助残行动,此次活动为100多位残疾人朋友举办了一场关爱、帮助残疾人的法律讲座。
2010	5月份,在崇文区组织了民营企业招聘与社区就业服务相结合的活动,推出民营企业招聘周暨"阳光五月"社区就业系列服务。
	9月11日下午,以"关爱生命,关注乘梯安全"为主题的2010通力电梯关爱进社区活动在安宁庭院举行,通力电梯展示了多个安全乘梯宣传展架,以直观明了的画面语言,对人们关心的电梯使用常识和突发事故应对两方面内容进行了详细介绍。

资料来源：笔者自行搜集整理。

109

通过表 4 所列事件可知，民营企业举行了一系列亲民活动，对残疾人员的关爱、对未就业人员的服务以及对社区居民的安全知识普及等，点点滴滴都记录着民营企业在履行社区服务责任中的努力。

3. 外资企业履行社区服务责任的情况

长期以来，外资企业在社区服务中也发挥了不可替代的作用，表 5 列举了部分外资企业履行社区服务责任的具体情况。

表 5　外资企业履行社区服务责任事件一览表

年份	事件
2010	1 月 11 日，沃尔玛中国在中国的高效节能示范店——北京望京店举行了以"共同关注气候变暖，让地球更健康"为主题的全国性环保低碳社区教育公益活动的全国启动仪式。活动宣布将在全国范围内超过 90 个城市的 175 家沃尔玛商场所服务的社区开展精彩纷呈的低碳生活宣传教育系列活动，以期唤起社区公民进一步认识"气候变暖"对人们日常生活的影响，增强公众对低碳生活的重视，并积极行动起来，"从我做起"。
	5 月 9 日上午，索尼探梦科技馆在朝阳区麦子店街道枣北社区举行了一场环保进社区——"垃圾分类，减量有我"活动，周围社区 50 多名居民带着孩子参加了此次活动。活动现场，近三十名中小学生在环保科普老师的带领下参加垃圾分类游戏，包括《垃圾知多少》知识问答、《垃圾争夺战》、《垃圾准投》等。
	10 月 5 日，"为明天，与希望同行"——凯德置地第三届中秋慈善健康走活动在青羊人文国际社区凯德·风尚如约举行。活动当天，来自凯德·风尚的业主、凯德置地员工、成都青年志愿者服务队"爱有戏"公益戏剧社的志愿者们陪伴来自邛崃的十多位留守儿童一起利用健康走的方式欢度国庆。活动现场爱心捐助环节，更是让留守儿童感受到社会给予他们的关爱和温暖。
2011	10 月 20 日下午，外资企业淄博科勒有限公司在桓台经济技术开发区成立了企业社区志愿服务队，淄博科勒有限公司作为首支加入淄博市社区志愿者联合会的外资企业，将为淄博志愿者事业注入新鲜血液。

资料来源：笔者自行搜集整理。

通过表 5 所列举事件可以总结出外资企业履行社区服务责任的一些特点：

（1）志愿者活动是外资企业参与社区服务的重要方式。外资企业在履行社区服务责任时大力支持员工开展志愿者活动，以志愿者的方式参与社区服务成为外资企业履行社区服务责任的重要方式。如表 5 所示，凯德置地在 2010 年组织志愿者队伍陪伴国庆期间的留守儿童，为他们送去了关爱与温暖；2011 年淄博科勒有限公司进一步加强和改进了志愿者服务活动的组织、机制和队伍建设，为淄博志愿者事业注入了新鲜血液。

（2）绿色环保成为外资企业履行社区服务责任的亮点。社区环境是人们的生存环境，企业的发展不能以牺牲社区环境为代价，从企业设立之初就应当严格遵守国家相关的环保制度，承担绿色环保责任。社区的绿化程度关系到居民所在地区的空气质量以及居住舒适度等，关系到社区居民的生活质量。2010 年，沃尔玛举办环保低碳社区教育公益活动，索尼举行"垃圾分类，减量有我"活动以增强居民的社区绿色环保意识。

二　中国企业公民履行社区服务责任的问题分析

（一）企业社区服务定位模糊

企业社区服务在一定程度上混淆了社会公益性组织与社会经济性组织的功能差别，这就使企业履行社区服务责任时在公益性与营利性之间难以抉择。一方面是由于政策上的定位模糊，将社区服务定位为福利性社会事业和营利性第三产业。企业社区服务的经济来源主要是企业母体，而这部分经济补给一般是很难满足庞大的服务开支的，这就使得企业社区组织往往以营利为目的而牺牲社区居民的公共利益。另一方面是由于企业社区服务项目没有进行科学合理的分类，致使有偿的、无偿的、公益的、福利的、志愿互助性的服务混淆在一起，企业社区服务难以形成科学合理的管理体制。企业社区服务组织和服务需求者都没有判断的标准和依据，使得社区服务难以有序地进行，造成企业社区服务效率低下。

（二）企业社区服务项目专业化有待提高

企业社区服务大多来源于企业的自愿性互助活动，不同于城市化社区的专门服务机构，其工作重心更侧重于经营，性质定位也更倾向于经济组织而非行政管理组织，因此企业在社区服务过程中缺乏专业化。正如上文所述，企业社区服务都是在力所能及的范围之内，由于这不是企业的主业，所以缺乏专业性。比如企业更倾向于提供社区绿化、卫生保洁、贫困救助等社区服务，而企业社区居民需要的专业服务，如"老年人的心理与行为辅导、问题青少年的行为矫治与辅导、暴力家庭与单亲家庭的辅导和治疗、弱智儿童辅导、精神障碍者回归社会的辅导、刑释人员的社会化辅导、居民的康复辅导、职业培训与就业指导等"知识含量的专业化服务很少开展，或者根本没有开展起来①。另一方面，企业社区服务的提供者都是企业的内部职工，他们只是被分流出来临时为社区居民提供社区服务，本身就缺乏专业的培训，再加上社区服务人员的工作范围大、工作时间长、工作内容多等原因，使得企业社区服务队伍的专业化程度上不去。总之，企业社区服务的专业化程度比较低，难以满足社区成员日益增长的专业化服务需求，也降低了社区成员对企业社区服务的认同度与满足感。因此，在社区成员对企业社区服务的专业化需求日益增长的情况下，企业必须积极拓展专业程度高、社区需求量大、知识技能要求高的服务项目。

（三）企业社区服务信息化建设滞后

民政部、国家发展和改革委员会在 2007 年联合发布的《"十一五"社区服务体系发展规划》中便指出："要大力推进社区信息化建设，构建社区信息服务网络，推动形成'资源共享、协同服务、便民利民、安全可控'的社区服务信息发展格局，在全国范围内培育一批'社区信息化示范社区'②。"但这一倡导并未得到太多企业的响应。截至目前，各个企业都是在自身现有资源的基础上有限度地提供社区服务，并未形成能够资源共享的信息网。一方面，由于信息没有公开化，企业很难了解社区居民的真正需求是什么，社区居民也不能及时准确地了解社区服务的项目和内容，所以企业不能为社区提供多功能、全方位、全天候、多渠道的综合性服务；另一方面，由于信息不流通，企业之间以及社区居民之间都处于封闭状态，不能形成资源共享、协同服务，所以企业社区服务信息化建设有待提高。

（四）企业社区服务的参与意识不足

企业社区服务应当坚持全体人民的广泛参与，包括企业社区服务参与主体的广泛性和社区居民参与活动的广泛性。就目前状况来看，企业社区服务的参与意识不足主要表现在两个方面：第一，企业对社区服务的供给不足；第二，社区内

---

① 蔡翔华：《以社区服务中心为依托的社区服务多元供给研究》，上海师范大学硕士学位论文，2008。

② 中华人民共和国民政部基层政权和社区建设司，http://zqs.mca.gov.cn/article/sqjs/zcwj/200912/20091200044446.shtml。

的居民对社区服务的参与意识不够。从上述案例中可以看出，大多数的社区服务供给都集中于大型国有企业，一方面原因是小企业认为自身没有足够的人力物力财力为社区提供服务；另一方面可能是信息披露不够全面。总体来说，我国企业社区服务供给不足，企业参与社区服务的意识不够强烈，主要表现在以下几个方面，社区服务设施总量供给不足，服务设施建设滞后，功能不全，难以满足社区居民的需求；企业社区服务缺乏统一规划和政策指引，保障能力不强；社区服务项目较少，水平不高，供给方式单一；社区服务人才短缺，素质偏低等。另外，社区内居民对社区服务没有足够的认同感。虽然社区服务工作在不断完善，但由于缺乏明确的定位目标，服务机制尚未健全，很难迎合社区居民的实际需求，导致社区服务组织的功能有限。

三　推进中国企业公民社区服务建设的对策建议

以上论述指出了当前中国企业社区服务存在的主要问题。根据《民政部关于进一步推进和谐社区建设工作的意见》中"积极推进和谐社区建设，提高居民生活质量"的要求，提出以下对策建议。

（一）进一步完善企业社区服务的相关法律

企业社区服务具有公共产品的性质，可能会产生垄断等侵害社区居民利益的负外部性问题，比如私人凭借其拥有的垄断势力制定企业社区服务的消费准入价格，垄断组织获利了，企业居民却受到了损害。另外，企业社区服务是一种非营利性的社会活动，其本身就缺乏资金支持与专业人才，这已经影响了服务的效率与质量，所以需要相关部门制定法律法规给予这类服务公平获取资源的权利。而纵观我国社区服务法律法规发展的历史，只是一些中央的指导性意见和总体性规划，并没有实质性的法律约束力：比如1993年8月发布的《关于加快发展社区服务业的意见》、1995年12月发布的《全国社区服务示范城区标准》、2000年2月发布的《关于加快实现社会福利社会化的意见》、2006年4月发布的《国务院关于加强和改进社区服务工作的意见》、2007年5月发布的《"十一五"社区服务体系发展规划》、2009年11月发布的《关于进一步推进和谐社区建设工作的意见》、2011年12月发布的《社区服务体系建设规划（2011～2015年）》等。

虽然社区服务规范在不断完善，但具体的社区服务调整方面的法律仍然空白。社区服务的法律法规完善是企业社区服务发展的一个重要界标[1]。行政组织有必要对企业社区服务组织制定一定的规则，以规范社区服务提供者的行为，从而维护良好的竞争秩序。

（二）提升企业社区服务队伍的专业化程度

为了适应企业社区服务发展的需要，企业必须有计划有组织地培养一批既有专业知识和工作技能又热心于社会工作的专业人员。第一，制定企业社区服务人才队伍培养发展计划。按照《国家中长期人才发展规划纲要（2010~2020）》的要求，把社区服务人才队伍建设纳入企业人才发展规划中，研究制定社区服务人才队伍培养发展计划，鼓励、吸引优秀人才为社区服务。第二，积极推进企业社区服务人才队伍专业化、职业化。根据工作需要，面向社会公开招聘，配备一定数量的专职社区工作者。积极开发社区服务工作岗位，扩大就业范围，吸纳更多人员从事社区服务工作。第三，建立健全企业社区服务人才培养制度。鼓励企业社区服务人员立足岗位，自学成才，支持他们参加社会工作等各种职业资格考试和学历教育考试；采取多种方式加强对现有社区服务人员的培训，不断提高他们的服务意识、职业素质和专业水平。

（三）大力推进企业社区服务的信息化建设

社区信息化是充分运用信息技术，开发利用信息资源，促进信息交流和共享，提高社区管理和服务水平的过程，是国家信息化的重要基础[2]。社区信息化建设是时代发展的潮流，需要企业进行多方努力。首先，进一步整合社区信息化资源，保证社区信息化建设高效、有序、持续地运行，需准确把握企业社区服务信息化的主体需求，从与社区居民生产生活密切相关的问题入手，广泛搜集社情民意，尽可能多地了解社区居民在就业、社保、低保、卫生、计生、文化、培训等方面的需求，不断拓展信息技术在社区管理和服务中的应用领域，满足社区居民日益增长的物质文化需求，构建良性循环机制。其次，进一步建立网络信息平

---

① 付望舒：《我国社区服务发展研究——以泰安市泰山区为例》，山东大学硕士学位论文，2009。
② 中国社区信息化网，http://www.sqxxh.com/system/window.htm。

台，促进各部门和社区相关业务信息共享共用、综合分析。进一步推进企业社区服务信息公开和资源共享，能够切实提高社区的管理效率，整合各种信息资源形成综合的社区服务网络，将社区组织、社区服务中心等连接在一起，形成一个综合管理、结算和服务的信息化平台。同时，将涉及企业社区服务的财政收入、项目管理等一切事项进行公开化、透明化运作和管理，发挥社区综合信息平台在企业和社区居民之间的沟通交流作用，方便社区居民，增进社区和谐。通过信息化改善社区管理，维护社区安全。

（四） 充分加强企业社区服务的外部监督工作

首先，加强政府的监管工作。政府要制定相关政策标准以明确企业社区服务定位，引导企业正确履行社区服务职能。其次，加强新闻媒体的监督工作。在现代社会中，新闻媒介包括电视、广播、报纸、杂志、互联网等，是一种非常重要的社会舆论监督力量，对企业履行社区服务责任的潜在影响不容小觑。一方面要借助新闻媒体的舆论监督力量，对企业履行社区服务责任的相关事件积极报道，以加强企业的外部驱动力；另一方面要通过新闻媒体的跟踪报道以及持续关注引导企业履行社区服务责任，尤其要对负面事件进行跟踪报道以加强新闻媒体的舆论威慑力。最后，加强社会组织的监督力量。社会组织是独立的第三方机构，在推动企业履行社区服务责任时往往扮演着重要角色：社区服务中心、志愿者协会等直接相关组织应当积极与企业合作，在监督中促进企业履行社区服务责任；中国社会科学院社会责任研究中心、南方周末报社和《WTO 经济导刊》等非直接相关组织应当积极将企业履行社区服务责任的具体情况及时展现在公众面前，做好舆论监督工作。

参考文献

[1] 蔡翔华：《以社区服务中心为依托的社区服务多元供给研究》，上海师范大学硕士学位论文，2008。
[2] 李雪萍：《论城市公共产品的准市场机制供给》，《华中师范大学（人文社会科学版）》2009 年第 5 期。
[3] 黎友焕：《企业社会责任》，华南理工大学出版社，2010。

［4］黎友焕、刘延平等：《中国企业社会责任建设蓝皮书（2010）》，人民出版社，2010。

［5］〔德〕腾尼斯：《社区与社会》，林荣远译，商务印书馆，1999。

［6］王再文、赵杨：《中央企业履行社会责任报告2010》，中国经济出版社，2010。

［7］付红艳：《企业社区服务系统改革与发展模式探讨》，《现代企业教育》2008年第6期。

［8］冯桂平：《社区服务研究现状与实现分析》，《学术问题研究》2010年第2期。

［9］奥斯特罗姆、帕克斯、惠特克：《公共服务的制度建构》，三联书店，2000。

［10］庄云霞：《浅谈社区服务产业化的问题与对策》，《淮海文汇》2010年第4期。

Report on Corporate Responsibility on the Community Service

Abstract：Community is one of the enterprise stakeholders and the basic cell of society, and enterprises' implementation the responsibility of community service have great significance to the sustainable development of enterprises and society. The report analyzes the present situation of the responsibility on community service, and summarizes the characteristics and problems presented in the process of fulfilling responsibility on community service, and puts forward suggestions to promote the construction of community service for achieving the purpose of building a harmonious community.

Key Words：Corporate Citizenship；Community Service；Social Responsibility

B.7
企业履行产品质量安全责任报告

许 — 于海丽*

摘 要：产品质量安全是关系国计民生的重大战略问题。提供满足质量安全要求的合格产品，是生产企业应当承担的最基本义务，也是消费者消费安全与社会和谐发展的最基本保障。但是，近年来中国企业公民承担产品质量安全责任的状况堪忧。本文通过对 2009~2011 年中国企业履行产品质量安全责任现状的分析，查找企业履行产品质量安全责任中存在的问题，并以此提出针对性建议，从而促进企业更好地履行产品质量安全责任。

关键词：企业公民 产品质量安全 社会责任

一般而言，人们对产品质量安全的要求是与经济发展阶段，特别是消费者的生活水平相适应的。当一个经济体恩格尔系数低于 50% 时，消费者关注的焦点从产品数量转向产品质量安全，而 2011 年我国城乡居民家庭恩格尔系数分别为 36.3% 和 40.4%①。与此相关，近年来人们对产品质量安全的要求和预期空前高涨。然而，尽管中国产品质量总体水平有了大幅提高，但与经济社会发展要求和人民群众的期望相比仍有差距。随着中国经济社会的不断发展，社会消费品空前丰富，产品质量问题也日渐突出。重大产品质量问题在新闻媒体上曝光已屡见不鲜，"毒粮""毒油""毒肉""毒酒""毒饲料"……因产品质量安全问题而造成消费者伤亡的事件越来越多。企业产品质量安全责任问题日益凸现，成为社会关注的焦点。

---

* 许一，女，新疆人，浙江农林大学经济与管理学院，管理学博士，副教授。研究方向：组织管理、人力资源管理、领导理论；于海丽，女，山东人，北京交通大学，应用统计硕士。研究方向：企业经济与管理决策定量分析。
① 马建堂：《科学发展 铸就辉煌》，《求是》2012 年第 12 期。

一　中国企业公民履行产品质量安全责任的现状分析

由于产品质量安全问题直接关系人民群众的健康与安全、关系企业的前途和命运、关系国家形象与社会和谐，因此党和国家把产品质量安全问题提升到前所未有的高度予以重视和解决。从法律法规到具体政策措施，政府和企业为加强产品质量安全付出了持续的努力，我国产品质量安全的整体水平也有了较大提高。但我国产品质量安全仍然面临严峻的挑战，屡屡发生的产品质量安全事件对企业来说仍然是一个巨大的危机。

（一）企业履行产品质量安全责任的总体概况

依据国资委公布的《中国企业社会责任报告研究 2001 ~ 2009》①《中国企业社会责任报告研究 2010》②《金蜜蜂中国企业社会责任报告研究 2011》③，按年份考察产品/服务质量和产品/服务质量的制度体系指标覆盖率，如表 1 所示。

表 1　2009 ~ 2011 年产品/服务质量、产品/服务质量的制度体系指标覆盖率

单位：%

指标　　　　　　　　年份	2009	2010	2011
产品/服务质量指标覆盖率	81.10	88.20	75.50
产品/服务质量的制度体系指标覆盖率	53.00	64.30	56.50

从表 1 中可以看出，2010 年产品/服务质量、产品/服务质量的制度体系指标覆盖率分别为 88.2%、64.3%。与 2009 年相比，各项指标覆盖率都不同程度地有所提升，尤其是产品/服务质量的制度体系指标披露质量明显提升。而 2011

① 《WTO 经济导刊》企业社会责任发展中心：《中国企业社会责任报告研究 2001 ~ 2009》，《WTO经济导刊》，2009，http://www.sasac.gov.cn/n1180/n13307665/n13307681/index.html。
② 北京大学社会责任与可持续发展国际研究中心、责扬天下（北京）管理顾问有限公司：《中国企业社会责任报告研究 2010》，《WTO 经济导刊》，2010，http://www.sasac.gov.cn/n1180/n13307665/n13307681/index.html。
③ 责扬天下（北京）管理顾问有限公司、北京大学社会责任与可持续发展国际研究中心、《WTO经济导刊》企业社会责任发展中心：《金蜜蜂中国企业社会责任报告研究 2011》，《WTO 经济导刊》，2012，http://www.csrreport.cn/。

年这两项指标覆盖率均大幅降落，产品/服务质量指标覆盖率达到三年内最低。

2009～2011 年不同行业产品/服务质量和产品/服务质量的制度体系指标覆盖率见表 2。从表 2 中可以看出，2010 年采掘业、制造业、建筑业、信息技术、综合业等行业的两个指标覆盖率均较高，且比 2009 年有较大提高；农林牧渔、电力等行业产品/服务质量指标覆盖率较低，不同行业在产品/服务两个指标方面信息披露差异显著。而 2011 年，农林牧渔、采掘业、制造业和建筑业等行业的两项指标覆盖率相对较高，较 2009 年和 2010 年来说，农林牧渔业对产品/服务质量、产品/服务质量的制度体系两项指标披露最好，电力、金融保险等行业的两项指标覆盖率普遍不高，为各行业最低。

表 2　2009～2011 年不同行业产品/服务质量、产品/服务质量的制度体系指标覆盖率

单位：%

行业 ＼ 指标年份	产品/服务质量指标覆盖率			产品/服务质量的制度体系指标覆盖率		
	2009	2010	2011	2009	2010	2011
农林牧渔	71.40	66.70	90.00	57.10	66.70	70.00
采掘业	85.70	90.60	80.00	60.70	68.80	74.30
制造业	81.60	92.80	78.30	65.80	74.90	68.10
电力	79.10	65.80	59.50	44.20	39.50	23.80
建筑业	50.00	91.70	84.60	41.70	66.70	61.50
交通运输	92.10	78.40	84.10	34.20	40.50	43.20
信息技术	76.50	92.90	78.00	41.20	64.30	63.40
批发和零售贸易	62.50	85.00	68.00	12.50	40.00	40.00
金融、保险	89.50	89.10	62.70	28.90	67.20	28.40
房地产	70.40	76.50	75.00	48.10	26.50	30.60
社会服务	91.70	77.80	60.00	50.00	66.70	66.70
传播和文化产业	100.00	75.00	75.00	20.00	25.00	25.00
综合业	73.50	100.00	76.50	29.40	63.60	47.10

此外，国家质量监督检验检疫总局还公布了 2009～2011 年中国总体产品合格率，分别为 94.8%、95.4%、88.5%①（见图 1）。从图 1 中可以看出，2010 年中国产品合格率比 2009 年略有提高，但是 2011 年却大幅度下降。

---

① 资料来源：中华人民共和国质量监督检验检疫总局网站，http://www.aqsiq.gov.cn/ztlm/cpzlccgg/。

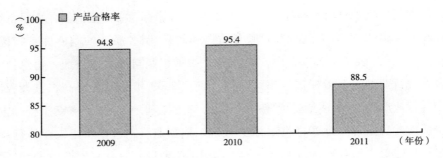

图1　2009～2011年中国总体产品合格率

（二）企业履行产品质量安全责任的具体情况

1. 产品质量安全问题有所下降，国有企业明显占优

南方周末·中国企业社会责任研究中心通过对2007～2010年上榜的民营、外资和国有三类百强企业进行产品质量的检查，存在产品质量安全问题的企业数如图2所示①。

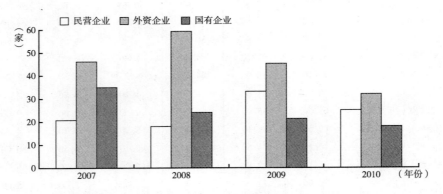

图2　2007～2010年三类上榜企业存在产品质量安全问题的企业数

在一般公众印象中，外资企业的产品质量肯定明显优于国有企业和民营企业。但通过对历年上榜企业产品质量指标的分析发现，外资企业在产品质量安全责任方面并没有显示出比其他两类企业更好的优势。从存在质量安全问题的企业数来看（见图2），外资企业一直都是被投诉最多的，而国有企业中存在质量安

---

① 南方周末报社：《中国企业社会责任报告》，《南方周末》2011年12月29日。

全问题的企业数却逐年减少，在 2009 和 2010 年成为三类企业中存在质量安全问题最少的一类。近年来，民营企业存在质量安全问题的企业数有较大幅度上升，并超过了国有企业。但总体来看，2010 年三类企业的产品质量安全问题有所改善，出现产品质量安全问题和重大消费者投诉的企业家数较前三年有了明显减少。

表 3　2007～2010 年三类上榜企业通过 ISO 9001 质量认证的企业数

单位：家

年份	民营企业	外资企业	国有企业
2007	98	91	100
2008	95	91	96
2009	93	90	96
2010	96	99	98

近年来，随着企业竞争加剧，无论是外资企业还是民营企业都更重视对产品进行质量管理体系认证。2007～2010 年上榜的三类百强企业通过 ISO 9001 质量认证的企业数如表 3 所示[①]，从表 3 中可看出，三类上榜企业通过 ISO 9001 质量管理体系认证的企业数占比都达到 90% 以上，没有明显差异，在多数年份国有企业和民营企业通过 ISO 9001 质量管理体系认证的企业数都高于外资企业。

2. 产品合格率有所提升，大型企业产品合格率较高

2009～2011 年，国家质检总局连续对食品、日用消费品、建筑和装饰装修材料、农业生产资料、工业生产资料等产品质量进行了国家监督抽查。此次按大、中、小型企业规模共抽查 29 类 2237 家企业生产的 2348 种产品（不涉及出口产品），抽查结果显示，三类企业总的产品实物质量抽样合格率如图 3 所示。

从图 3 中可以看出，大型企业的产品合格率比中型企业的略高，二者接近。但是大中型企业的合格率明显高于小型企业，即小型企业的产品合格率最低，有待提高。从年份可以看出，大型企业三年来一直保持较高的产品合格率，中型企业在 2010 年达到高点后又开始下降，而小型企业的产品合格率近两年稍有提升。

3. 各行业的产品合格率起伏不定，食品行业质量要求最为严格

从行业类型的角度，可以将 2009～2011 年国家质检总局的产品质量抽查产

---

① 南方周末报社：《中国企业社会责任报告》，《南方周末》2011 年 12 月 29 日。

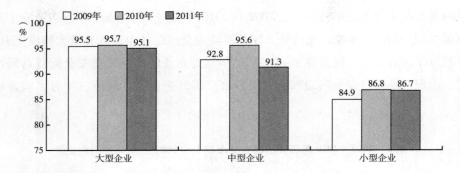

图 3   2009～2011 年大、中、小型三类企业的产品实物质量抽样合格率

资料来源：笔者自行整理。

品划分为食品、日用消费品、建筑和装饰装修材料、农业生产资料、工业生产资料五类，其产品合格率如图 4 所示。

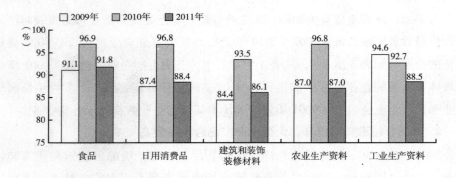

图 4   2009～2011 年五类产品的合格率

资料来源：笔者自行整理。

从图 4 中可以看出，五类产品中食品的合格率最高，都在 91% 以上，日用消费品、农业生产资料和工业生产资料的合格率都接近于 90%，相比而言，建筑和装饰装修材料的合格率最低。从年份上可以看出，2010 年各类产品的产品合格率均有明显提高，这与政府在 2010 年加大产品质量监督力度是密不可分的。

总体而言，中国企业履行产品质量安全责任的现状是：虽取得一定成果，但问题依旧很严重。首先，从国家总体产品合格率来说，2010 年比 2009 年略有提高，但是 2011 年又大幅下降，为三年最低。其次，通过大、中、小型企业的对比发现，小型企业的产品合格率明显低于大、中型企业，而中小型企业的数量占市场的80%以上，因而小型企业的产品合格率较低对整个社会来说存在巨大的隐患。最后，通过各类产品的合格率对比，人们最关注的食品安全虽然在2010年有所改善，但是2011年又大幅下降，这无疑会给社会公众带来一定的恐慌，阻碍和谐社会的发展。此外，相应法律法规的不完善也是不可忽略的问题。2000年对《中华人民共和国产品质量法》所做的修订虽然有很大创新，但随着近年来中国社会的变化，一些缺陷和不足逐渐显露出来。在一定程度上，《中华人民共和国产品质量法》不仅不能强有力地规范企业的行为，并对其违法行为进行惩处，而且很难保障消费者的权益，对质量安全问题造成的危害无法提出合理的解决方案和措施。

二 现阶段中国企业公民履行产品质量安全责任的主要问题

近年来，产品质量安全已成为中国和谐社会建设特别是民生建设的中心问题，以食品质量安全为代表的产品质量安全已成为社会公众关注的焦点，也成为媒体关注的热点和政府社会管理的难点。从另一个角度来说，产品质量是企业的生命，是企业提高竞争力的需要和保证，也是企业应尽的社会责任。但是，目前在企业履行产品质量安全责任方面仍存在不少值得关注的问题。

（一）质量安全事故频频发生的势头并未得到有效遏制

虽然质量安全作为中国社会管理的重大问题引起社会各界的极大关注，全社会调动大量社会资源用以提高中国的质量安全管理水平，但由于各种原因，现阶段中国重大质量安全事故频发的问题并没有得到有效解决，其高发的趋势未能得到有效缓解。质量安全管理面临的严峻形势说明我国在质量安全方面任重道远。在公众对质量安全日益重视的背景下，中国的质量安全管理改革与发展所面临的挑战日益严峻。

（二）农业生产资料和食品领域产品质量安全问题突出

从2009～2011年五类产品的合格率对比中可以看出以下几个趋势：①以

2010年为分水岭，五类产品的合格率在2011年均有不同程度的下降，其中下降幅度最大的农业生产资料降幅达到9.8%，折射出我国企业在该项产品质量的控制方面出现了较为明显的问题；②2011年五类产品质量合格率最高的食品也只有91.8%，这一数字离国家规定的标准以及社会公众的要求尚存在不小的差距；③与2009年相比，2011年除工业生产资料的产品质量下降6个百分点外，其余四种产品质量的进步皆不明显，反映出三年来我国企业在产品质量的监督上存在一定停滞。

此外，在三聚氰胺事件后，食品卫生质量安全事故再次牵动整个社会的神经。2010年7月青海、天津的三聚氰胺重现事件，2011年3月的双汇瘦肉精事件，2011年4月上海的毒馒头事件等食品安全问题的频频发生，严重威胁消费者的健康安全。食品行业的质量安全受到社会的广泛质疑，"我们还能吃什么"成为广大社会成员的共同疑问。

（三）国有企业和外资企业产品质量安全优势不再

长期以来，在消费者心目中，大型国有企业和外资企业是企业中的佼佼者，其社会责任感、管理理念、管理能力和企业实力都远远优于其他类型企业，在质量安全方面，这两类企业往往能够获得消费者和社会公众更多的信任。但近年来大型国企和大型外资、台资企业在质量安全方面的表现令中国公众十分失望。肯德基、麦当劳的食品质量问题、服务质量问题都在动摇着人们对这些快餐巨头的信任；2010年4月的丰田"召回门"事件、2011年6月的哈药集团环境污染事件、2011年的"7·23"甬温铁路特大交通事故、2011年12月的蒙牛乳业（眉山）有限公司产品被检出致癌物等事件，严重动摇了社会公众对相关企业的信心，企业多年来树立的社会形象受到严重损害。这些企业要在消费者和社会公众面前重树形象，需要做大量工作。这些企业的教训再一次说明了企业信誉对企业的重要性。在现代社会，公众眼中的产品质量、企业社会责任和企业社会形象是无法分割的整体。这些企业的"遭遇"从反面说明了企业从单纯质量管理升级到质量安全管理的必要性。

（四）企业的品牌欺诈行为引起消费者的关注

2011年7月发生的达芬奇家具事件，以及媒体后续对假洋品牌的揭露与声讨说明，我国消费者对产品质量的要求已远远超过了传统产品、服务本身的质量，延伸到了产品质量安全定义的产品质量范畴。

三 中国企业公民履行产品质量安全责任的改进方向

改革开放催生了中国社会的实质性变革。一是随着生活水平的提高，公众对生活质量的要求不断提高，在客观上要求社会的产品质量安全提高到一个新的水平；二是随着公民社会的逐步形成，公众的社会参与意识越来越高，公众对企业的要求也发生了巨大变化，这其中包括要求企业实现从单纯的利润创造者向企业公民身份的转变；三是知识经济时代，企业间的竞争已超出了单纯的技术与市场营销手段的较量，而扩展到企业综合实力的对抗，企业的综合实力不但包括企业的物质资源、人力资源，还包括企业的品牌形象、社会知名度、美誉度和企业在担负社会责任方面的能力等"软实力"。这些实质性变革对中国企业公民产品质量安全管理水平提出了越来越高的要求。企业公民产品质量安全管理是一项由企业直接操作、需要全社会参与的系统工程，加强中国企业公民产品质量安全管理可以从以下几个方面入手。

（一）以企业公民理念为中心，完善企业产品质量安全管理机制

企业是产品生产主体，履行产品质量安全责任首先应加强企业内部建设，从意识到行动构建完整、规范的产品质量安全管理运营机制。

强化全体员工的品牌意识。对企业来说，建立品牌是一个艰难的过程，而一次重大的质量安全事故，就可以摧毁一个品牌、损害一个产业、危害消费者健康和影响全社会的消费信心。因此，企业要从战略高度抓产品质量和品牌建设。质量是企业发展之基、品牌之本，提高产品质量、创立更多世界级品牌，是中国企业实现从"中国制造"到"中国创造"的必然战略选择。

培养企业的质量安全责任意识。企业勇于担当责任是对员工树立企业公民质量安全责任意识最有效的宣贯与培训。企业实行严格的市场准入制度和产品质量追溯制度、召回制度，把对消费者和社会的庄严承诺变成现实，具体包括：增强企业守法经营责任，严格遵守《公司法》《合同法》等相关法律法规，严格执行国家产业政策和质量技术标准等规定；增强企业安全生产责任，以《安全生产法》为基本要求，加强安全生产管理；增强企业环境保护责任，以《环境保护

法》为依据，自觉履行环境保护责任，规范环境行为；增强企业员工对产品质量的责任感，以《产品质量法》为基本要求，强化各级管理人员和员工群众的责任意识；增强企业民主管理责任，每个员工都承担着重要的质量责任，都必须按照岗位职责，完成质量管理工作中所担负的责任；增强企业商业道德责任，保护消费者合法权益，切实加强诚信体系建设，引导和规范企业诚信经营。

实现企业管理理念的创新，以适应企业公民产品质量安全管理的需要。在目前的社会环境和市场环境下，企业的管理已不仅仅只有投资者、管理人员参与，而是融合劳动者、消费者、供应商及其他利益相关者共同参与。这种新的管理趋势，要求企业从一个新的角度考虑问题，即在保证企业发展的同时，还要考虑到保障广大公众的利益和社会的发展。通过履行社会责任，塑造和展现企业有益于公众利益和社会发展的正面形象。

企业公民产品质量安全管理体系建立在知识经济时代的管理平台上，管理创新是成功建立这一体系的基础和前提。我国企业实现企业公民产品质量安全管理的过程本身就是我国企业乃至整个产业管理水平提升的过程。

（二）以加强社会监督为手段，促进企业产品质量安全

"毒大米""三鹿奶粉""瘦肉精""地沟油"等食品安全事件频频发生，不仅反映了当前中国食品行业存在的隐患，也从另一个角度说明了中国企业公民建设的薄弱和面临的层层阻碍。这不仅要求企业内部加强管理，还要借助于企业以外的力量来进行约束，规范企业履行产品质量安全责任。

1. 法律制约

完善行业内相关的法律法规，加大法律法规的实施力度。2000 年 7 月 8 日，第九届全国人民代表大会常务委员会第十六次会议对《中华人民共和国产品质量法》予以修正，2000 年 9 月 1 日开始施行。其中第一章第四条规定：生产者、销售者依照本法规定承担产品质量责任。2009 年 2 月 28 日第十一届全国人民代表大会常务委员会第七次会议通过《中华人民共和国食品安全法》。其中第一章第三条规定：食品生产经营者应当依照法律、法规和食品安全标准从事生产经营活动，对社会和公众负责，保证食品安全，接受社会监督，承担社会责任。虽然国家出台了一系列的法律法规，但我国的产品质量安全仍旧面临严峻的考验。这就要求我国立法机关应进一步完善相关法规，为我国的产品质量安全监管体制提

供坚实的法律基石。同时，立法机关应加大执法力度，对违反《产品质量法》等相关法律的生产者、销售者予以严惩。

健全消费者权益保障法律体系。1993 年 10 月 31 日第八届全国人大常委会第四次会议通过的《中华人民共和国消费者权益保护法》中规定的各项法律条文起到了保护消费者合法权益、维护社会经济秩序、促进社会主义市场经济健康发展的重要作用。同时国家还出台了其他一些相关法律，如《产品质量监督试行办法》等。但是从执法实践来看，当消费者权益受到侵害时，这些法律对消费者的保护力度较弱，可操作性不强。因此，我国立法机关应继续健全保护消费者权益的法律法规，加快制定相关法律的实施细则、操作方法，使这些法律体系切实成为消费者权益的实在保障。

2. 政府监管

强化监管机制。政府作为监管部门，应积极发挥自身的作用，主动监管企业，制定一套完善有效的制度，及时、主动地发现企业的质量问题。鉴于外资中小企业履行社会责任较差的现实，政府应当在招商引资前的审批过程中强化鉴别和筛选机制，并在引资完成后，强化跟踪、监督和强制退出机制，积极履行政府责任。同时，政府应明确每个部门的职责范围，避免出现多头监管和管理"真空"。

完善社会责任监督体系。在推广企业履行社会责任的过程中，只有极少数企业愿意参加非政府组织主办的社会责任宣传活动。在此前提下，政府的作用就尤为重要。政府要引导形成有针对性的、高效的、多层次的、全方位的社会责任监督推进体系。明确企业落实产品质量安全责任的基本任务和要求，督促企业强化质量安全意识，落实质量安全责任，加强质量安全管理。同时，政府可以通过优化公平竞争的市场体系，建立多渠道的监督体系，健全企业形象的外部评价体系，为企业创造有效的市场环境，推进企业履行社会责任。

3. 公众监督

建立独立决策的非政府组织。非政府组织是企业社会责任的最早提倡者，他们通过劳工权益运动、环境保护运动、消费者抵制运动、慈善宣传活动以及制定广泛接受的社会责任标准体系等监督企业的社会责任行为，推动企业公民建设进程的加快[1]。国际上比较有代表性的非政府组织有世界自然基金会（WWF）、公

---

[1] 冯梅、王之泉：《中国企业公民建设的路径选择》，《生产力研究》2011 年第 4 期。

平劳工协会（FLA）、国际商业领袖论坛（IBLF）等。非政府组织作为独立于政府部门和企业之外的第三方组织，既不属于政府，与企业也没有利害关系。因此，可以利用其中立的视角和立场对企业履行产品质量安全责任给予指导，并对政府在企业社会责任方面制定法规政策及战略奠定一定的基础。现阶段，我国政府应加大力度建立非政府组织，给企业增加承担社会责任的压力，增强企业承担社会责任的主动性，为企业与政府、企业与自然、企业与公众交流提供一个平台。

大力发展社会责任服务机构。目前，国际上认定的社会责任服务机构大致有社会责任专业咨询机构、审计机构、服务机构及社会责任研究与培训机构等。社会责任服务机构可以为企业公民建设提供强有力的支持，应鼓励其加快发展，使其充分发挥在企业公民建设中的作用。国际上比较有代表性的社会责任服务机构有伊尔姆（ERM）咨询公司、德国莱茵（TUV）集团、安可顾问（APCO）等，都推动了当地的企业公民建设。国内的社会责任相关机构也应抓住机会为企业提供更多的专业咨询和培训服务，促进企业社会责任实施的规范化和制度化。

（三）以宏观质量管理为核心，构筑社会质量安全管理体系

推进企业公民质量安全管理不仅是企业管理发展的必然趋势，也是社会发展对企业的客观要求，更是社会公众对企业的基本诉求。根据企业公民产品质量安全管理的特征，在现有的管理理念、管理框架、管理方法下，根本无法实现整体意义上的企业公民产品质量安全管理。从企业与社会管理实践出发，只有打破组织界限、打破传统管理观念限制、打破文化限制、打破组织形态限制，从社会管理、网络化管理的高度出发，才能真正实现企业公民产品质量安全管理。宏观质量管理正是满足上述要求的管理体系。

宏观质量管理，就是根据一个国家或区域的总体质量现象，对总体质量进行有效监管。总体质量的构成边界包括：产品与商业服务领域、公共服务领域和生态环境领域[①]。宏观质量管理的基本思路是从全社会的高度实现质量管理，决策者基于一个区域总体和系统的质量状况，对总体质量状况进行评估，并设定一个社会最低质量安全的底线，在确保总体质量安全的基础上建立有效的激励与约束

[①] 程虹：《宏观质量管理的基本理论研究——一种基于质量安全的分析视角》，《武汉大学学报（哲学社会科学版）》2010 年第 1 期。

机制，促进微观质量主体追求更好的质量，从而促进一个区域社会和经济发展的宏观质量管理。宏观质量管理的着力点有三个方面：一是要把标准作为参与宏观调控的重要技术政策杠杆，和其他经济调节杠杆共同发挥作用；二是建立起以信息化为基础的全方位质量监管体系，发挥政府、企业、社会各方面的监管作用；三是建立起覆盖全产业的产品质量检测检验体系。

在一个国家和区域内，宏观质量管理体制包括三大体系，即市场质量监管体系：主要是市场中的营利性机构，依靠充分竞争的市场机制，通过质量的检测或认证，对质量的供应方所构成的事实进行监管；社会质量监管体系：从事质量监管的非营利社会组织，如消费者组成的维护消费者利益的组织等；政府质量监管体系：主要是行政机构。三种监管体系各有侧重，三者协同配合共同构成对总体质量进行有效监管的宏观质量管理体制，形成"以市场质量监管为主体，社会质量监管为基础，政府质量监管为主导"的宏观质量管理体制。

（四）以信息传播为媒介，营造企业产品质量安全的社会氛围

企业公民产品质量安全的建设在客观上需要公正、公平、关注公众长期利益的舆论环境。目前互联网已经成为社会舆论的重要发源地和放大器，纵观近年的产品质量安全事件，互联网在所有事件中对事件进程的报道，特别是对社会舆论的影响有目共睹。如何因势利导发挥好互联网的作用是促进企业公民产品质量管理的重要课题。从目前的实际情况来看，互联网至少可以在三方面发挥作用：

1. 知识普及

为了减少质量管理中信息不对称带来的负面效应，在企业公民产品质量安全管理过程中，需要在公众中推广和普及与产品质量安全管理有关的产品知识，比如政府和企业产品质量安全管理的条件、流程、制度的知识，以及在世界范围内相关产品质量安全管理发展的知识。这些知识对公众参与相关产品质量安全管理具有重要作用。从目前情况来看，互联网是普及以上知识最好的信息平台。

2. 质量监督

在已发生的企业公民产品质量安全事件中，互联网的监督起到了很大的作用，但由于企业自身的问题，如信息透明度、沟通能力、环境的制约等以及网民自身的问题，如缺乏相关知识、盲从轻信等，也造成网民质量监督的片面性，有时甚至被利用造成不良后果。

3. 信息互动平台

大量的社会实践证明互联网是目前最有效的信息互动平台，但从既往的企业社会公民产品质量安全事件中发现，互动主要发生在网民之间，企业和政府与网民的互动则较少，如何通过互联网这个信息平台实现各相关方充分的信息互动以改变产品质量事件中的信息不对称现象，是互联网管理中面临的一个迫切需要解决的问题。

"水能载舟，亦能覆舟"，互联网既可以成为促进企业公民产品质量安全管理的建设者，也可能成为利用相关信息从质量安全事件中牟利或误导网络舆论从中获利的工具，如何避免网络成为"网络水军"们的乐园是保证互联网正向推动企业公民产品质量安全管理的重要前提。而如何充分发挥互联网的作用，促进企业公民产品质量安全管理建设，是当前网络信息管理的重点和难点。

总之，质量安全是全世界共同面对的话题，需要各国政府通力合作、加强沟通，共同解决存在的问题。质量责任重于泰山。每个企业深刻认识、理解、落实质量主体责任意识，是从根本上确保产品质量安全的重要途径。

参考文献

［1］冯梅、王之泉：《中国企业公民建设的路径选择》，《生产力研究》2011 年第 4 期。

［2］冯梅、王再文、陈志楣：《中国国有企业社会责任论》，经济科学出版社，2008。

［3］马龙龙：《政府应在企业社会责任推广期起主导作用》，《WTO 经济导刊》2008 年第 10 期。

［4］邓恩强、王鹏：《关于加强企业落实产品质量主体责任的几点思考》，《商品与质量》2011 年第 9 期。

［5］邵彦辉：《对产品质量鉴定的法律的思考》，《科技风》2011 年第 5 期。

［6］蒋冬梅：《企业社会责任视角下的我国产品质量立法探讨》，《商业时代》2008 年第 33 期。

［7］李俊：《完善我国产品质量责任制度　有效保障产品质量安全》，《上海质量》2011 年第 4 期。

［8］支树平：《提升产品质量　促进和谐消费》，《中国品牌与防伪》2010 年第 4 期。

［9］高志民：《产品安全是企业"第一责任"》，《人民政协报》2009 年 3 月 24 日。

［10］谭洁：《论我国产品质量责任的完善》，《特区经济》2011 年第 7 期。

［11］李思、姜启军：《企业社会责任对食品质量安全的影响》，《黑龙江农业科学》 2011 年第 7 期。

［12］黎友焕：《企业社会责任研究》，华南理工大学出版社，2010。

［13］林厉军：《企业的社会责任与质量安全》，《中国质量技术监督》2011 年第 10 期。

［14］南方周末报社：《企业社会责任报告》，《南方周末》2011 年 12 月 29 日。

［15］《WTO 经济导刊》企业社会责任发展中心：《企业社会责任报告研究 2001 ~ 2009》，《WTO 经济导刊》，2009，http：//www. sasac. gov. cn/n1180/n13307665/ n13307681/index. html。

［16］北京大学社会责任与可持续发展国际研究中心、责扬天下（北京）管理顾问有 限公司：《中国企业社会责任报告研究 2010》， 《WTO 经济导刊》，2010， http：//www. sasac. gov. cn/n1180/n13307665/n13307681/index. html。

［17］责扬天下（北京）管理顾问有限公司、北京大学社会责任与可持续发展国际研 究中心、《WTO 经济导刊》企业社会责任发展中心：《金蜜蜂中国企业社会责任 报告研究 2011》，《WTO 经济导刊》，2012，http：//www. csrreport. cn/。

［18］程虹：《宏观质量管理的基本理论研究——一种基于质量安全的分析视角》，《武 汉大学学报（哲学社会科学版)》，2010 年第 1 期。

Report on Corporate Responsibility on
the Quality and Safety of Product

Abstract：Product quality and safety is a significant strategy problem related to national welfare and the people's livelihood. Providing qualified products to meet quality and safety requirements is the most basic obligations of manufacturers, which also is a most basic protection way on consumers' security and the harmonious society development. However, the implementation on corporate responsibility on the quality and safety of product. By analyzing Chinese enterprises' fulfilling product quality and safety responsibility from 2009 to 2011, this report tries to look for the problems and put forward specific proposals to encourage enterprises to fulfill the product quality and safety responsibilities better.

Key Words：Corporate Citizenship；Product Quality and Safety；Social Responsibility

专题报告

Special Report

B.8

ISO 26000 对我国企业的影响

赵 杨*

　　摘　要: ISO 26000 是国际标准化组织（ISO）开发的第 1 个关于社会责任的国际标准，是向全世界各组织全面实施社会责任系统管理提供全球认可的社会责任行动指南。ISO 26000 为各种类型的组织实施社会责任提供了行动方向和实施步骤，是企业履行社会责任的行动纲领，也将成为社会监督企业社会责任行为的工具。本文详解了 ISO 26000 的性质、核心主题、对我国政府及企业的影响，同时结合 ISO 26000 给出了我国各类组织的应对措施。

　　关键词: 社会责任　社会责任标准　ISO 26000 影响　对策建议

　　在当今世界范围内，企业履行社会责任作为推动企业与社会、环境和谐发展的时代潮流，已经得到政府、社会和企业的高度关注和支持，成为建设和谐世界

---

* 赵杨，男，山东人。北京交通大学经济管理学院，管理学博士，讲师。主要研究方向：企业社会责任。

的重要动力。20 世纪 90 年代以来，随着经济全球化的进一步发展，企业社会责任得到国际社会的广泛关注。在西方国家的政府和消费组织、工会组织、环境保护组织等非政府组织以及有关国际组织的推动下，跨国公司的企业社会责任实践由关注劳工冲突和环境问题转向探索实现企业社会责任理念的途径、方法、工具等问题，并探索如何将对社会和环境的关注融入公司经营宗旨、企业战略、组织结构、日常运营，进而取得经济、社会、环境三重效益，形成新的核心竞争力；另一方面，以联合国、全球报告倡议组织等为代表的国际组织和各国政府纷纷发布社会责任倡议、标准、守则或相关政策，倡导和鼓励企业履行社会责任。

在这样的背景下，2004 年 6 月，国际标准化组织（ISO）决定开发一个适用于所有组织的社会责任国际标准——ISO 26000，这也是国际标准化组织继推出质量管理体系（ISO 9000）和环境管理体系（ISO 14000）之后，在社会责任领域推出的第一个标准体系。2010 年 11 月 1 日，国际标准化组织（ISO）在瑞士日内瓦国际会议中心举办了主题为"共担责任，实现可持续发展"的 ISO 26000（社会责任指南标准）的发布仪式。为一项全球性的标准举办隆重的发布仪式在 ISO 的历史上并不多见，由此可以看出国际标准化组织的高度重视及希望尽快在全球推广的迫切心情。

以此发布仪式为标志，近 10 年来众说纷纭的 ISO 26000 终于面世。该标准旨在促进全球范围内对社会责任的共识，是对其他有关社会责任的国际文件倡议的补充而非替代，充分考虑了社会、环境、法律、文化、政治和组织的多样性，以及不同国家间经济社会的发展差距。因此，ISO 26000 问世以来在世界范围内引起了广泛重视，深刻影响了世界各国对社会责任的理解和实践。2011 年，全球多个国家和区域化组织将社会责任融入企业和国家发展战略。印度政府颁布首个企业社会责任指导准则——《印度企业社会、环境和经济责任自愿准则》，从九大原则指导印度企业履责实践；西班牙社会责任组织发布"西班牙企业 2020 倡议"，明确企业社会责任发展方向；欧盟最新发布的《欧洲企业社会责任战略 2011～2014》详细规划了欧盟企业社会责任行动议程，共同监督各国企业执行新战略的进展并要求企业采用 ISO 26000。2011 年，已有 36 个国家把 ISO 26000 社会责任国际标准转化为国家标准。日本计划于 2012 年 4 月将 ISO 26000 直接转化为国家标准；巴西作为 ISO 26000 标准制定的主席国，一直致力于 ISO 26000 的推广应用。

ISO 26000 是全球社会责任领域的第一个国际标准，是当前国际社会责任理论和实践最新发展的集大成者，是迄今为止国际上最全面、最成熟、最具权威性的社会责任国际标准，无疑将会对我国企业社会责任的发展产生重要影响。中国政府高度重视 ISO 26000 社会责任国际标准的制定，成立了由国家质检总局牵头的，由国家发改委、外交部、科技部、商务部、环境保护部、人力资源和社会保障部等 22 个部委参与的协调机制。国家标准化管理委员会作为代表，全程参与了 ISO 26000 的制定，并代表中国最终对标准投了赞成票。[①] 此外，中国国家标准化管理委员会正以 ISO 26000 为基础来制定社会责任国家标准，并计划在此基础上发布社会责任评价国家标准。

那么，未来数年，作为新的知识体系、新的运营规则、新的全球话语体系、新的组织决策环境，ISO 26000 会给中国企业（尤其是有海外业务或出口导向）的发展带来哪些影响？应当对其进行怎样的分析研究，以正确理解认识并更好地掌握运用标准所给出的社会责任管理方法与工具，最终提升我国企业的可持续发展能力？本文认为，我国的广大企业首先必须去面对、了解、分析这一规则，然后才有可能辩证地去应用规则、改进工作，因此，将针对上述问题予以阐述。

一　ISO 26000 社会责任指南概况

（一）产生过程

ISO 26000 自 2001 年立项后，历时四年，于 2005 年 1 月由 ISO 宣布正式启动该国际标准制定项目。其后又历时近五年，于 2010 年 11 月 1 日由 ISO 正式公布实施，从宣布立项到最终颁布，时间跨度长达九年，可见制定过程的漫长与艰辛。此外，参与起草的专家由最初的 225 名增加至 450 名，参与国家由 43 个扩展至 99 个，相关国际机构由 24 个增加至 42 个。ISO 26000 成为参加起草工作的国家数量、组织数量、专家人数最多且制定周期跨度最长的国际标准。

ISO 26000 的开发主要经历了筹备、制定和发布三个重要阶段，期间一共召

---

① 彭华岗：《ISO 26000 的逻辑：社会责任国际标准深层解读》，"序"，北京，经济管理出版社，2011。

开了八次全体会议，每次会议都具有一个阶段性成果，并将各利益相关方的意见吸纳进标准，不断将标准改进、充实和完善。值得特别注意的是，中国作为该标准的成员单位之一，也参与了标准的开发；此外，中国企业联合会、中国国家电网公司等大型央企、地方企业派代表参加了会议。我国专家则全程参加了 ISO 26000 标准的制定工作，并提出了许多重要的意见和建议且得到了采纳，如尊重差异性原则。

（二）基本性质

ISO 26000 是国际标准化组织（ISO）的一个国际标准文件——"社会责任指南"的技术编号，其目的是提供一个有助于践行社会责任的框架性指南，为支持组织实现可持续发展做出贡献。ISO 26000 是国际标准化组织制定的第一个涉及政治、经济和伦理道德的国际标准，其涉及面和影响力将比以往的社会责任标准更强、更广。因此，可以说 ISO 26000 是社会责任发展的里程碑和新起点。

ISO 26000 为社会责任的主要原则、与社会责任相关的核心主题、问题以及社会性负责任的行为与一个组织的战略、系统、实践、程序相整合的方法提供了指南。该指南的目的是向组织提供一个完整的社会责任体系和系统化实施社会责任的路径，推进社会责任从理念转向实践行动。该指南既不是一个管理体系标准，又不用于第三方认证、监管和合约性质的使用，也不作为任何国际、国内或其他程序中法律诉讼、投诉、辩护或其他要求、索赔的基础。ISO 也不阻止更加具体、更加符合需求的不同类型的各国标准，其目的是提供协调的、具备全球相关性的指南并且以此在世界范围内促进社会责任领域最佳做法的实施。

（三）体系内容

ISO 26000 社会责任国际标准是集体智慧的结晶，汇聚了来自全球 99 个国家 450 多位各界专家的聪明才智，是国际标准化组织迄今为止历时最长、涉及面最广的单项课题，最终以 93.5% 的高赞成率通过。ISO 26000 的基本框架可从如下的概览示意图中得以反映。从图中可以看出，ISO 26000 社会责任国际标准文本由 7 个章节和附录文件构成，它们系统介绍了 ISO 26000 的适用范围、概念、特征、原则以及实施的内容、方法等。具体而言，第一章界定了适用范围；第二章诠释了社会责任相关术语和定义；第三章概括了社会责任的背景、趋势和特征；第四章确定了社会责任的原则和实践；第五章指导组织识别并促使利益相关方参与社会责任；第六章是 ISO 26000 的内核，概括出有关社会责任的 7 个核心议题；第七章为组织承担社会责任提供指南。其中，第六章无疑是核心部分。除此之外，还有自愿性倡议案例及社会责任工具、简略条款、参考书目三个附件。

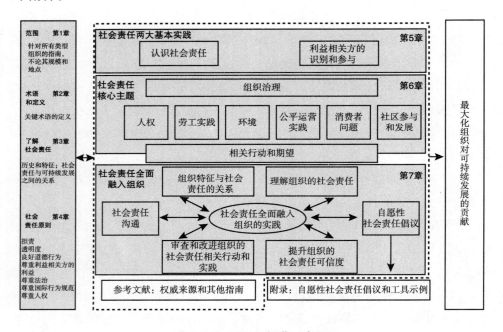

图 1　ISO 26000 概览示意图

资料来源：ISO 官方网站。

　　长期以来，人们对社会责任究竟应包含哪些内容有极不相同的认识。ISO 26000 将社会责任归纳为 7 个核心方面，即：组织治理、人权、劳工实践、环境、公平运营实践、消费者问题、社区参与和发展，这七大核心主题确定了组织履行社会责任的范围，广泛涵盖了道德、经济、健康、安全、价值链在社会责任方面的一系列问题。组织应根据七大核心主题，识别和处理所有与其决策和活动相关的或重要的社会责任问题。此外，为更清晰具体地界定范围，围绕着上述七个方面，ISO 26000 进一步概括出 36 个具体问题，如表 1 所示。

表1　社会责任核心主题和问题表

核心主题和问题	对应章节
核心主题:组织治理	6.2
核心主题:人权	6.3
问题1:尽责审查	6.3.3
问题2:人权风险状况	6.3.4
问题3:避免同谋	6.3.5
问题4:处理投诉	6.3.6
问题5:歧视和弱势群体	6.3.7
问题6:公民权利和政治权利	6.3.8
问题7:经济、社会和文化权利	6.3.9
问题8:工作中的基本原则和权利	6.3.10
核心主题:劳工实践	6.4
问题1:就业和雇用关系	6.4.3
问题2:工作条件和社会保护	6.4.4
问题3:社会对话	6.4.5
问题4:职业健康与安全	6.4.6
问题5:工作场所人力资源开发与培训	6.4.7
核心主题:环境	6.5
问题1:防止污染	6.5.3
问题2:资源可持续利用	6.5.4
问题3:减缓并适应气候变化	6.5.5
问题4:环境保护、生物多样性和自然栖息地恢复	6.5.6
核心主题:公平运营实践	6.6
问题1:反腐败和行贿	6.6.3
问题2:负责任的政治参与	6.6.4
问题3:公平竞争	6.6.5
问题4:在价值链中促进社会责任	6.6.6
问题5:尊重产权	6.6.7
核心主题:消费者问题	6.7
问题1:公平营销、真实公正的信息和公平的合同实践	6.7.3
问题2:保护消费者健康与安全	6.7.4
问题3:可持续消费	6.7.5
问题4:消费者服务、支持和投诉及争议处理	6.7.6
问题5:消费者信息与隐私保护	6.7.7
问题6:基本服务获取	6.7.8
问题7:教育和意识	6.7.9

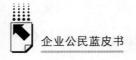

续表

核心主题和问题	对应章节
核心主题:社区参与和发展	6.8
问题1:社区参与	6.8.3
问题2:教育和文化	6.8.4
问题3:就业创造和技能开发	6.8.5
问题4:技术开发与获取	6.8.6
问题5:财富与收入创造	6.8.7
问题6:健康	6.8.8
问题7:社会投资	6.8.9

其中:

组织治理方面,ISO 26000 的定义是"组织为实现其目标而制定和实施决策的系统"。在商业运营的语境下对这一主题进行理解时,即针对企业,组织治理也可理解为公司治理。ISO 26000 认为在社会责任背景下,企业需要确保将担责原则、透明度原则、道德的行为原则、尊重利益相关方的利益原则、尊重法治原则、尊重国际行为规范原则、尊重人权等结合起来纳入决策与行动之中。企业在构建和评价治理系统时,不但要考虑社会责任原则,而且要考虑如何将社会责任两大基本实践,即认识社会责任和利益相关方参与,纳入到决策和实施过程。

人权方面,ISO 26000 指出了其基本内涵——"人权是所有人享有的基本权利。广义的人权分为两类:第一类是公民权利和政治权利,包括生存权、自由、法律面前人人平等和言论自由等权利;第二类是经济、社会和文化权利,包括劳动权、食物权、获得最高健康水平的权利、教育权和社会保障权等权利。"[①] ISO 26000 认为人权是所有人都拥有的基本权利,并认为组织也可以影响个人人权,因而也有义务、有责任尊重人权。该议题包括"尽责审查""人权风险状况""避免同谋""处理投诉""歧视和弱势群体""公民权利和政治权利""经济、社会和文化权利"和"工作中的基本原则和权利"8 个问题。

劳工实践方面,ISO 26000 认为劳工实践包括所有由组织执行或以该组织名义执行之劳动政策和做法,认为保障劳动者公平公正待遇的首要责任属于政府。在政府缺少立法的情况下,企业应当遵守《世界人权宣言》中所包含的原则;

---

① "Guidance on Social Responsibility", *ISO/FDIS 26000*:*2010*(*E*),p.23.

在立法充分的情况下，企业应当遵守法律。同时，企业对劳工实践应当承担同样的责任。ISO 26000 将企业的劳工实践分为就业和雇用关系、工作条件和社会保护、社会对话、职业健康与安全、工作场所人力资源开发与培训五个方面的议题。内容包括工人的招聘和晋升、纪律和投诉程序、工人的转移和再安置、终止雇用、培训和技能开发、健康、安全和工业卫生以及影响工作条件的任何政策和实践，特别是劳动时间和报酬。还包括承认工人组织及其代表性以及工人组织和雇主组织参加集体谈判、社会对话和三方协商，以解决与就业相关的社会问题。企业的劳工实践，不只限于企业与直接雇员的关系，也不只限于企业对其拥有或直接控制的工作场所承担的责任，还包括与企业自身开展、通过组织开展或代表企业开展的工作（含分包工作）有关的所有政策和做法。

保护环境方面，ISO 26000 认为无论组织身处何地，其决定和活动必然对自然环境产生影响。组织有责任采取综合性办法，消除其决定和活动可能带来的经济、社会和环境的影响。企业环境责任中的自然环境，包括空气、水、土地、自然资源、植物、动物、人和太空及他们之间的相互关系①。具体体现在 ISO 26000 中主要涉及四个方面：一、防止污染；二、资源可持续利用；三、减缓并适应气候变化；四、环境保护、生物多样性与自然栖息地恢复。该议题包括承担环境责任、采取预防性方法、采用有利环境的技术和实践、循环经济、防止污染、可持续消费、气候变化、保护和恢复自然环境等。

公平运营实践方面，ISO 26000 认为公平运营实践涉及组织同其他组织打交道时表现出来的道德行为。针对企业而言，则指同政府机构的关系，也包括企业与合作伙伴、供应商、承包商、顾客、竞争者及企业加入的协会之间的关系。该议题包括反腐败和行贿、负责任的政治参与、公平竞争、在价值链中促进社会责任以及尊重产权 5 个问题。

消费者方面，ISO 26000 认为组织向消费者提供产品和服务就同时负有社会责任。这里主要适用于出于私人目的而购买的人士（消费者）的问题。该议题包括公平营销、真实公正的信息和公平的合同实践、保护消费者健康与安全、消费者服务、支持和投诉及争议处理、消费者信息与隐私保护、基本服务获取、可持续消费、教育和意识 7 个问题。

---

① "Guidance on Social Responsibility"，*ISO/FDIS 26000：2010（E）*，p. 2.

社区参与和发展方面，ISO 26000 认为企业对社区发展的贡献有助于促进更高水平的社区福利。社区发展是社会、政治、经济和文化特点相互作用的结果，并取决于牵涉其中的社会力量的具体特征。社区的利益相关方之间可能存有不同甚至相互冲突的利益。促进社区福利是共同的目标，需要共担责任。历史和文化特征使得每个社区都是独一无二的，并会影响其未来发展的各种可能性。因此，组织应该与其经营所在的社区保持联系，以关注态度参与社区事务。包括社区参与、教育和文化等 7 个问题。

上述内容是在当前条件下，各方面对一个社会组织履行社会责任内容的归纳，既是对过去社会责任活动的经验总结，也是未来一个时期社会责任活动的方向。社会责任活动可以不限于这些内容，一个组织也未必将所有七项内容都同时当做自己履行社会责任的重点。

二　ISO 26000 对我国企业的影响

随着 ISO 26000 的出台，使得社会责任在全球的影响空前提升。ISO 26000 所倡导的社会责任是广义的理解，代表了全球各利益主体对社会责任内涵的一致性把握：在全球化发展中，全世界所有利益相关方都与此相关，只有各方都主动积极地担负责任并参与合作，共同寻求克服全球化负面影响的应对方案，才能解决当今世界面临的可持续发展问题。每个组织都应利用自身发展与自我完善的机会，为可持续发展做出自己的贡献。

社会责任的全球共识使市场竞争法则随之发生改变。为获取市场竞争优势，企业从经营理念、管理对象和管理目标等多方面发生改变，以应对外界对企业发展的新要求。不同于以提升产品（服务）质量、降低成本为中心的质量管理和以环境为企业管理中心的环境管理，ISO 26000 社会责任国际标准的发布，对企业的管理又提出了新的要求，特别是明确提出需要对更多的利益相关方负责。企业的管理对象由产品、环境扩展到更多的利益相关方，企业管理的目标不仅是产品质量提高、成本下降和环境保护，还要追求经济、社会和环境效益协调发展和多元目标的平衡实现，实现企业与社会的持续发展。

ISO 26000 的出台，对我国企业既带来机遇，也带来挑战，未来将产生正反两方面的影响：一方面，其正面影响是将促进我国企业加快可持续发展、集约化管理的步伐——ISO 26000 议题涵盖了企业生产经营的方方面面，尽责审查原则是对企业状况的一次全方位的详细"体检"，有助于发现风险和隐患，通过改进促进企业健康发展，增强市场竞争力。另一方面，由于我国所处的发展阶段和发展路径有别于西方发达国家，目前我国企业社会责任践行程度普遍偏低，以目前的企业实力，要想切实达到社会责任国际标准各项要求，往往缺乏足够的财力、智力资源。

（一）正面影响

1. 同我国现阶段的社会发展目标相一致，有利于系统开展社会责任工作

ISO 26000 与我国现阶段提出的科学发展观、建设和谐社会的目标是一致的，有利于加快我国企业社会责任建设进程，缓解国内社会矛盾，也利于减少贸易纠纷，提升我国的国际形象。作为目前最全面的企业社会责任标准，ISO 26000 列出了当前全球社会责任的七大重点领域，对每个领域的主要议题及企业应当采取的行动进行了具体说明。同时，该标准对企业将社会责任理念融入日常运营的关键环节及其工作要点进行了详细阐述，便于企业根据自身需要进行选择和运用，将会极大推动我国企业社会责任向纵深发展。有的企业用其来指导社会责任报告的编写，有的公司直接将标准转化为符合公司实际的社会责任指引，还有的公司与公司社会责任规划和计划相结合，在供应链或在其他领域加以探索性实施。诸如此类的实践，最大程度发挥这个全球社会责任标准的指导作用和价值，同时也为我国建立自己的企业社会责任标准提供了重要参考。

2. 有利于缩短与国际先进企业的差距

ISO 26000 是全球社会责任和可持续发展理念与实践经验的智慧结晶，对于愿意履行社会责任的企业有着明确的指导意义，能够促使全社会形成责任关怀的氛围并与国际接轨。

3. 明确了市场竞争力的提升方向

ISO 26000 议题涵盖了企业生产经营的方方面面，尽责审查原则是对企业状况的一次全方位的详细"体检"，有助于发现风险和隐患，通过改进促进企业健康发展，增强市场竞争力。ISO 26000 在带动利益相关方参与以及将社会责任融入生产经营等方面为企业在参与国内外竞争中提升核心竞争力提供指导。对于企业来说，"ISO 26000 社会责任指南"提供的范例将有助于它们按照当今社会的

期望、以对社会负责的方式运作，有助于以最低的社会代价和最小的环境影响去获得长远的经济效益。通过遵循 ISO 26000，企业能够改善其社会责任管理战略，从而提升品牌、产品形象。优化后的环境措施可以节省能源、水、材料等资源，节省企业生产成本并提高生产率。此外，对员工友好的公司政策将会吸引和留住更多高技能人才。一个企业如果能够自觉履行社会责任，将会拥有长久的生命力，在市场竞争中立于不败之地。

（二）负面影响

1. ISO 26000 涉及的 7 大核心议题都直击当前我国产业普遍存在的弊端，有可能使我国企业成为国际舆论谴责的目标

ISO 26000 内容涵盖环境、食品安全、劳工、透明等诸多内容，而这些也正是近年来涉华国际贸易争端的多发、高发点，或者是未来经贸争端的潜在冲突点，如低碳技术、清洁能源产品、碳关税等。尽管 ISO 26000 明确表示不以认证为目的，但很多国际利益集团可能会利用 ISO 26000 标准对我国产品设置贸易壁垒，以所谓的社会伦理道德干涉我国出口产品，将 ISO 26000 与贸易市场准入等问题挂钩，以供应链的形式将标准要求"打包整合"，要求进口产品的生产企业达到 ISO 26000 标准，从而形成贸易壁垒。为了获取订单，我国外贸企业将不得不高度重视 ISO 26000 的达标工作。

2. ISO 26000 关于利益相关方和影响范围的规定将进一步增加企业履行社会责任的负担

其一，可能使跨国公司通过供应链管理来转嫁社会责任成本；其二，增加了国内弱势企业的社会责任成本。考虑到目前我国出口企业以劳动密集型居多，企业往往缺乏足够的财力、智力资源同时达到社会责任国际标准各项要求，短期内会因达不到认证标准而使贸易受限，致使工厂倒闭。国际知名企业出于形象考虑多会严格遵守社会责任国际标准，我国相关下游企业将损失惨重。即便我国部分企业尽数达到了社会责任国际标准要求，那也意味着它们为满足这些要求或者引进了国外的技术或原材料，或者接受了某种形式的检验或检测，最终都是被动允许更多的国外供应商、认证咨询机构和检测机构参与利润分配，净利润较以前势必遭到压缩。

三　推进我国社会责任建设的对策措施

在未来，ISO 26000 中的一些议题以及之后产生的相关国际标准，将会对各种经济社会活动产生越来越直接的影响。"依法合规""合作共赢""低碳环保""以人为本"等在商业往来中屡见不鲜的词汇代表了企业对社会责任的尊重和认可，代表了社会所认可的成功企业的价值取向，已经成为国际贸易的新的操作规则。社会责任已成为一种传递价值取向的商业语言。在共同的价值体系下，这有助于中国企业参与国际规则的制定过程，从而增强在国际市场中的话语权，最大程度发挥这个全球社会责任标准的指导作用和价值。

"入世"已十年有余，面对 ISO 26000，我国有些企业已经展开了对其的创新运用。然而，相对于我国数量巨大的企业群体与非企业组织群体，能够对 ISO 26000 有所认识乃至主动运用的毕竟太少。我们不得不面对这样一个现实：在我国，目前绝大多数组织要么对 ISO 26000 处于较低的认知度，要么还处于旁观阶段，并未形成一个理性的认识，甚至尚未形成催生理性认知的氛围、机制和空间，更多的是将 ISO 26000 当成一种潮流和新的思想、新的想法，或者一种新的营销方式，无论是标准化机构、国家政策机构，还是社会力量，并未真正做好面对 ISO 26000 的准备。因此，我国政府与各类组织必须积极行动起来，创造一个良好的履责环境，提升对社会责任的履责水平。为此，应着力做好以下几点。

（一）加强对公众的宣传与教育，唤醒公众的社会责任意识

社会责任国际标准 ISO 26000 引用了多项国际公约作为支撑，涉及社会、政治、经济、文化、法律、宗教、伦理道德等多个方面。其核心理念，对于促进科学发展观的落实，促进经济发展方式的转变具有非常重要的推动作用；对于加快和谐社会的建设，保障和改善民生具有非常重要的促进作用；对于推进和谐世界的构建，促进世界共同繁荣与持久和平具有非常重要的保障作用。我国企业应充分重视对标准的理解和学习。这样既可以全面地对各类组织活动予以民众监督、进行社会稽查，也可以在全社会形成一种关注社会责任的氛围，鼓励大家选择负责任的行为、负责任的产品和负责任的企业。

（二）尽快研究制定我国的社会责任指南，加强违法监管的实操性规章体系建设

需要说明的是，企业社会责任的有关理论和思想从诞生起就充满了争议，原因在于其与不同国家的政治体制、文化传统、经济制度等有着千丝万缕的联系。ISO 26000 在给出组织社会责任的一般框架的同时，并没有说明不同国情、不同发展阶段的企业应当如何运用它。作为发展中国家，我国的传统文化、政治经济制度等与西方国家有着明显的不同，这些差异是我国研究、运用 ISO 26000 时必须认真加以考虑的。因而，如何科学合理地利用这个框架推进我国企业的社会责任实践，是需要认真研究的，其最终出路，一方面就在于制定以 ISO 26000 框架、原则、核心内容为基准的、具有中国特色的标准体系。另一方面，尽管 ISO 26000 声明不能用于认证，但是可依托于 ISO 26000 的相关条款，针对我国经济、社会、文化的特点和不同行业的发展情况，研究并制定符合我国国情的社会责任标准和认证体系，将社会责任标准量化，开展本国的认证程序，督促企业切实履行社会责任。最终为促进我国企业等组织推动社会责任工作健康、有序发展提供技术支持。

（三）鼓励政府和组织及时披露信息，提高地方政府的执行力

重要手段之一就是建立透明的信息发布制度，畅通信息披露渠道，使公众和相关的组织单位可以及时获得对称的信息，采取及时的应对措施。对于因及时发布信息减少或者挽救公私财产免受损坏的个人或组织，应当给予适当的奖励。

总之，ISO 26000 的优势在于，概念比较充实饱满，议题明确系统，责任对象更为广泛，实施程序切实可行，必将成为一个在全球范围内得到广泛应用的社会责任指南，并逐步为社会各界所认同，也会成为企业和所有社会组织衡量自身行为的工具及社会监督企业履责行为的工具。我国的企业和社会组织都应尽快熟悉和理解 ISO 26000，转变社会责任意识，自觉履行社会责任。

参考文献

［1］孙继荣：《ISO 26000——社会责任发展的里程碑和新起点（一）ISO 26000 产生的

背景及特点》,《WTO 经济导刊》2010 年第 10 期。

[2] 孙继荣:《ISO 26000——社会责任发展的里程碑和新起点（二）ISO 26000 的形成过程及核心内容》,《WTO 经济导刊》2010 年第 12 期。

[3] 阚京华:《社会责任及社会责任标准发展趋势——兼述 ISO 26000 社会责任指南》,《国际商务财会》2011 年第 6 期。

[4] 王碧森:《从 SA 8000 到 ISO 26000 看社会责任标准的变化》,《宁夏大学学报（人文社会科学版）》2011 年第 3 期。

[5] 殷格非:《中国企业社会责任的又一里程碑》,《WTO 经济刊》2007 年第 12 期。

[6] 孙高向、陶伶俐、黄光绍:《ISO 26000 对我国的影响及对策》,《信息技术与标准化》2011 年第 3 期。

The Brief Introduction of ISO 26000 and Its Influence to China

Abstract：ISO 26000 is the first international standard on social responsibility developed by international organization（ISO）. The Standard provides guidance on the underlying principles of social responsibility and on ways to integrate socially responsible behavior into the organization. ISO 26000 provides action direction and the implementation steps for all types of organizations which is the guideline to enterprises and s supervision tool for CSR initiatives. This report explains the nature of the ISO 26000, main themes and the influences to enterprise and the government of China, as well as provides countermeasures within ISO 26000 for organizations in China.

Key Words：Social Responsibility；Social Responsibility Standards；ISO 26000；Influence；Countermeasures and Suggestions

B.9
中国家族企业公民实践报告

杨宗岳 *

摘　要：本报告从近三年（2009～2012 年）国内排名在前五百位的家族企业以及中小型家族企业中，选择了在企业公民建设中已经取得了一定成果的实践案例，并对其进行了梳理和分析，旨在与公众分享中国家族企业公民建设成果和反思其中遇到的各种问题，以此来增强我国家族企业对企业公民建设的认知，促进社会各界对家族企业的了解，改变公众对家族企业的一些误识，在对待家族企业的生存、发展和传承上，社会各阶层能够形成良好的互动，共同促进家族企业可持续发展，以期为中国的进步继续贡献更大的力量。

关键词：家族企业　家族企业传承　企业公民实践　员工权益保护企业环境保护　商业伙伴关系　消费者权益保护

中国私营经济伴随着改革开放不断发展壮大，创造着举世瞩目的经济奇迹。依据 2012 年最新的数据，中国的私营企业数量已超过 900 万家。根据 2010 年全国私营企业抽样调查数据，在私营企业中，家族企业所占的平均比率为 85%；截至 2009 年底，我国 A 股上市公司中，家族企业的比重达到 37.3%[①]。由此可见，家族企业在当今社会发展中所发挥的巨大作用。但相比全球范围内的家族企业，我们仍任重道远！我国现阶段的家族企业对于"企业公民"概念的理解，也是参差不齐，特别是大量中小型、小微型家族企业，并没有意识到中国企业公

---

* 杨宗岳，男，河南人，北京大学民营经济研究院"中国家族企业传承模式课题组"副组长；德国德累斯顿工业大学理学硕士。研究方向：公共管理、民营经济、家族企业。

[①] 资料来源：中国民（私）营经济研究会家族企业研究课题组编著《中国家族企业发展报告》，中信出版社，2011，第 46 页。

民时代的来临，没有系统、规范"企业公民"的概念和价值，很少参与企业公民机制的建立，对"企业公民建设是企业增强竞争力的强大动力"这一理念认识不够深入。但这并不是说，我们的家族企业没有开展企业公民建设，相反，大多数真正的家族企业家们发自内心的具有社会责任感。这是由家族企业的根本属性所决定的，也是由其"私有性"所决定的。这个特性决定了家族企业比其他任何性质的企业更在意自身的价值，特别是目前我国家族企业正处于代际传承时代，家族企业家们更加意识到企业自身与社会各界关系的良好互动，是保证家族企业有效传承的重大因素。基于此，家族企业更愿意承担社会责任，也愿意承担更多的社会责任，只是因为目前中国还处于转型期，各种思潮、观点、政策互相交织和摇摆，导致家族企业还缺乏自我认知。由于改革开放前三十年的政治环境，家族企业一度给人一种落后、封闭、低效率的印象，这些都给家族企业履行社会责任造成了障碍。直到最近几年，我国经济学界、管理学界包括政府层面才逐渐认识到家族企业的独特竞争优势和对国民经济与社会发展所做出的巨大贡献。

时代的发展肯定了家族企业。时代也赋予了家族企业更遥远的重任，家族企业的可持续发展和有效传承已经成为当前我国家族企业亟待解决的问题。这说明，中国家族企业公民建设任重道远，但也同时表明了家族企业公民建设的宏大远景与生生不息！

报告中的企业公民实践案例均来自近三年（2009～2012年）国内排名在前五百位的家族企业以及开始探索企业公民建设的中小型家族企业[1]。

中国家族企业公民实践回顾（1978～2009年）

1978年，中国走上了改革开放的道路。在率先进行的农村改革中，乡镇企业"异军突起"，再一次拉开了家族企业发展的帷幕。到1988年年末，全国注册的私营企业达到40638家，雇工人数达到723782人，如果统计得再宽泛一些，私营企业实际数量当时应该在20万家以上。[2]

---

[1]　排名依据主要来自"3000中国家族财富榜""胡润百富榜"和"中国民营企业500强"。

[2]　黄孟复：《中国民营经济发展报告NO.5（2007～2008）》，社会科学文献出版社，2008，第38页。

由于这个时期是中国由计划经济体制向市场经济体制转轨的初始阶段，压抑太久的生产力喷薄而发，百业待兴。但此时相关的市场体系和法制体系都不健全，当时的家族企业只顾埋头挣钱，粗放经营，加之全民缺乏现代企业理念和管理常识，这一时期的大多数家族企业纯粹是以"钱"为中心，关于消费者权益保护、员工权益保障、环境保护、公益慈善行为的概念基本是一片空白。生产假冒伪劣产品的事情时有发生。在1985年的"晋江假药案"中，一些企业以冰糖、银耳冒充药品以扩大销路，严重侵害了消费者的权益，受到严肃查处；在当时的温州，冒牌手表、自行车、假药、小家电等随处可见，制售假冒产品的现象十分普遍。这些行为严重扰乱了市场经济秩序和侵害了消费者的权益。当时曾经响遍全国的"傻子瓜子"，就是以欺骗消费者而导致一蹶不振，最终销声匿迹。

1989年后，政府整顿经济秩序，有人对私营经济横加指责，认为"私营经济是资产阶级自由化的社会基础"等，有些地方甚至出现了将家族企业主视为"革命对象"进行训诫的倒行逆施。经过一段时间的整顿，确实打消了一批制假贩假、扰乱社会秩序、没有社会责任感的家族企业。与此同时，那些诚信经营的家族企业则走上了健康的发展轨道。也正是以诚信的经营理念为基础，才造就了一大批日后对企业公民建设做出实践的家族企业和有社会责任感的家族企业家。

1992年以后，中国家族企业进入了快速发展期，现代管理理念随着国门的打开，在中国的家族企业中逐渐落地生根，现代企业公民理念也开始在家族企业中萌发。这一时期，消费者权益保护组织开始出现、运转，消费者自我维权意识开始萌发；破坏环境现象增多，环境保护问题逐渐突出；企业员工法制意识有所增强，劳资矛盾开始不断出现；各种社会捐助和慈善公益活动逐渐浮出，家族企业开始参与小规模公益活动。从1992年到2002年，私营企业从14万户增加到243.5万户，个体工商户由1543万户发展到2378万户。① 家族企业的发展迎来"忽如一夜春风来，千树万树梨花开"的新阶段，一些优秀的家族企业在实践中体悟到了企业与社会之间的种种关联，开始觉察到企业的成功与社会的健康和福利之间密切相关。例如苏宁电器集团创始人张近东和哥哥张桂平在1990年以一家空调专卖店起家，开始了创业之路。第二年，张氏兄弟率

---

① 引自全国工商联党组书记、第一副主席全哲洙2008年5月11~12日在北京大学第四届中国民营企业投资与发展论坛上的讲话。

先向供应商渗透商业资本，摸索出"销售淡季经销商向生产商注资"这一逆向运作方式，与当时几家较大的空调供应商建立了全新的厂商购销模式，从而奠定了苏宁快速发展的根基。到 1996 年，苏宁电器的企业经营规模已经发展到 15 亿元。① 可以得见，苏宁电器的快速发展得益于企业创新有效地处理了与商业伙伴之间的关系。在这一阶段末期，一些实力雄厚的家族企业纷纷开始谋划企业上市，与此同时，不可避免地出现了一些欺骗、侵害小股东权益的案例，最终导致企业的衰亡，造假上市也成为中国家族企业死亡的主因之一。上海周正毅夫妇的农凯集团造假上市就是一个典型案例。2003 年 9 月，周正毅在上海因涉嫌造假上市和操纵股市等罪被正式逮捕，一代首富因为缺乏社会责任，就这样匆匆谢幕。②

自中共"十六大"以来，政府出台了一系列扶持非公有制经济的政策和法规。同时，随着国家开放力度的加大以及全球化浪潮的不断来袭，中国的家族企业无论是从数量和质量上，还是从发展规模和涉足深度上，都迎来了一次全面的革新。第二次全国经济普查数据显示，到 2008 年末，我国的私营企业为 359.6 万家，其中 85.4% 为家族企业。③ 在这一时期，已经涌现了一大批实力雄厚、管理规范、逐渐与国际接轨的大型家族企业，不少中小型家族企业在企业管理和企业家个人素养上也达到了一定的水准和高度，家族企业公民建设初具规模。

"清欠农民工工资"风暴的刮起源于一个极其普通的四川农妇——熊德明。2003 年 10 月，熊德明在诸般机缘巧合之下，得到机会面见并请求温家宝总理过问她丈夫被拖欠的工资，至此，农民工讨薪难的问题才开始为社会所广泛关注。但是，并非所有农民工都能具有熊德明那样的运气。"南阳民工郑州讨薪无果以头撞墙含怨而死""重庆民工湖北讨薪遭百人暴打""北京 24 名民工讨薪遭殴，目击者称地上全是血"……一时间，诸如此类的报道持续地冲击着公众的接受底线。据 2004 年底全国总工会的不完全统计，截至 2004 年 11 月中旬，全国范围内进城务工的农民工被拖欠的工资共计约 1000 亿元，而对这 1000 亿元进行追

---

① 徐泰玲、李立峰：《中国家族企业发展透视》，人民出版社，2009，第 169 页。

② 周锡冰：《中国家族企业大败局》，东方出版社，2009，第二版，第 188 页。

③ 中国民（私）营经济研究会家族企业研究课题组：《中国家族企业发展报告》，中信出版社，2011，第 45 页。

讨，则至少需要整个社会付出 3000 亿元的成本。① 就在此组数据出台前几个月，宁夏农民工王斌余因讨薪不成而连杀 4 人的恶性悲惨事件更是惊动了社会各界。人们认为，这些事件已经超出了简单的薪资追讨范畴，它不仅对农民工合法权益的保护工作进行了考问，更明确提出了现有的市场经济条件下企业应该承担社会责任的内涵和实质。

有部分学者习惯上将 2005 年定为中国企业公民建设的元年。在这一年里，关于企业社会责任的探讨性活动在国内如火如荼地开展起来。仅 2005 年第四季度，全国性的与企业社会责任和企业公民有关的活动就不下 5 个。一时间，社会各界对企业社会责任的热切关注，引发了广大家族企业家们的深思，一大批身怀良知的企业家们在各自的领域里开始呼吁企业要勇担社会责任，开始躬身实践企业公民建设。天津宝成集团就是在这一时期不断完善，提升了自身的企业公民建设。天津宝成集团由柴宝成先生创始于 1984 年，经过 20 年的发展，企业规模不断壮大，2007 年，企业产值突破 30 亿元。随着企业的壮大，宝成集团的管理者们愈加重视企业与雇员、客户、社区、商业伙伴和自然环境等所有利益相关者的关系。在柴宝成先生的关注之下，宝成集团在 2007 年建立了企业社会责任办公室，设专人负责企业公民建设，监督、协调企业的各项公民实践活动。多年来，宝成集团投入了极大的人力和财力，躬身实践企业公民建设，得到了社会各界的认可与称赞，企业创始人柴宝成先生也由此连任第九届、第十届全国政协委员，身体力行地为中国家族企业履行社会责任奔走呼吁。

从 1978 年到 2009 年，30 年的改革开放，30 年的积累，造就了第一批刚刚成熟的家族企业。与全球的家族企业相比，不管是从物质上还是自身的精神内涵上，我们的家族企业都还是一个刚刚摆脱稚气的孩童。但我们已经看到，占我国企业总数 70% 以上的家族企业对于国家进步的贡献，家族企业在解决就业、活跃市场、刺激投资、增加税收、扩大出口等方面起着不可替代的作用，一代代优秀的家族企业家们也以其非凡的人格魅力影响着一代代年轻人。这样的一个企业群体，势必更关注自身与社会的关系，我们确信，中国家族企业公民实践活动和企业公民建设，必将对国家的进步发挥不可替代的作用。

---

① 张正海：《构建和谐社会须研究解决农民工问题》，《学习时报》2004 年 3 月 25 日。

二 中国家族企业公民实践（2009～2011 年）

（一）家族企业员工权益保护实践

现代管理强调的是"以人为本"。人本管理首先体现在企业员工各项权益的保护制度上，这是法律赋予员工的应有权益，也是现代企业理应健全的管理体系。我国的家族企业起步于改革开放初期的家庭作坊，早期员工多是生于 20 世纪 50～60 年代的人，这一群体整体上容忍度较强，对个人权益概念比较模糊，加之受教育程度普遍滞后，对个人能力和职业生涯规划并不清晰。随着 70 后、80 后，包括 90 后员工成为企业员工主体之后，加上政府有关法律法规的不断完善，员工权益制度的健全和落实成为家族企业必须要面对的问题。

但是目前大量的中小型、小微型家族企业由于自身实力不够雄厚、职工流动性较大、工会力量薄弱等原因，职工合法权益受侵害的现象时有发生，劳动关系矛盾相对突出。近年来，中小型、小微型家族企业的劳动争议，无论是争议数量还是其增长幅度均居各类企业之首。该类企业劳动争议案件的激增受到了外部经营环境较差的影响，但最主要的原因还是在于该类企业一味追求低廉的用工成本，用低工资来换取更多的利润。这些家族企业往往存在着诸多问题，如内部组织机构不健全；人事管理制度不完整，没有专职的人事管理人员；财务、会计等兼任人事，职责分工不明晰；用工合同覆盖率较低，甚至有大量的非法用工；相关劳动法律、法规意识淡薄；等等。这类企业大多以中小企业为主，集中在劳动密集型行业，从企业发展的过程来讲尚处于资本的原始积累状态，承受和抵抗市场经营风险的能力较弱，一旦外部经营环境发生变化，就容易发生欠缴五险一金，甚至拖欠、克扣工资等违法行为。另据劳动仲裁部门的统计，在劳动争议处理结果中，劳动者胜诉和部分胜诉率高于 80%，从中不难看出中小型、小微型家族企业在用工中的确存在问题。

最近几年，由于劳动力数量的减少、原材料成本的上升、融资渠道狭窄、权力寻租影响市场营销等现象的出现，大量中小型家族企业发展环境受到制约，在员工权益保护层面，更加显得力不从心。从这个角度来看，保障员工的权益，不

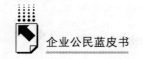

仅是企业单方面的行为，政府和社会也应该共同关注和营造有利于解决此矛盾的宏观环境。

1. 三一重工的员工权益保护实践

三一重工（梁稳根家族）背景①：三一集团有限公司始创于 1989 年，梁稳根是主要创始人。2007 年，三一集团实现销售收入 135 亿元，成为新中国成立以来湖南省首家销售收入过百亿元的民营企业。2011 年 7 月，三一重工以 215.84 亿美元的市值，入围 FT 全球 500 强。

三一重工对于所有入职员工，均依法与其签订劳动合同、支付薪酬福利、购买社会保险、加强职业培训。同时，提出"帮助员工成功"的独特的"三一文化理念"。帮助员工从能力、职业生涯和事业上获得成功；帮助员工从品格、胸怀、理念上获得成功；帮助员工在经济和家庭方面获得成功。三一重工主要从以下两方面体现员工权益的保障。

一方面，建立最能发挥员工自身优势的职业生涯体系，加强职业培训。公司提供了两大序列（管理和专业）、三个方向（管理纵向、专业纵向、专业横向）、十大系列（研发技术、质量、财务、IT、人力资源、商务、营销、服务、生产、综合）的职业发展通道。实行员工轮岗制度，让员工在不同岗位上得到专业技能的全面提升。此外，还有考虑个人发展的转岗制、重要岗位空缺竞争上岗制、内部任职资格评定以及对优秀的管理人员提供职务轮换和副职挂职的机会等丰富多元化的成长通道。公司拥有环境优美、功能齐全、现代化的培训中心，每年投入数千万元培训费用。公司还制定了优秀员工培养机制，常年选送优秀员工赴国内外学习和培训。近几年来，累计送读 MBA、EMBA、工程硕士数百人。

另一方面，三一重工执行具有充分竞争力的薪酬福利，创造高度便捷和员工满意的生活环境。根据员工绩效表现与公司业绩，为员工提供年度绩效奖金。绩效奖金直接体现员工绩效和贡献，体现薪酬激励的绩效导向。公司对表现优秀的员工，每年提供两次调薪的机会，最高调薪幅度达 30%。对于在年度内表现优秀的员工和工作团队，公司予以各项专项奖励。公司历时两年，建成了设施齐全的员工餐饮中心和温馨舒适的新员工小区。公司为员工举办了羽毛

---

① 《3000 中国家族财富榜》，《理财周报》2011 年 7 月 25 日。

球、篮球、才艺、象棋、田径比赛，每周开展看电影、英语角等活动，丰富员工文娱生活。

2. 富士康集团的员工权益现状

富士康集团（郭台铭家族）背景："富士康"在台湾被称为鸿海集团，是专业生产 6C 产品及半导体设备的高新科技集团，拥有 120 余万员工及全球顶尖 IT 客户群，连续 9 年雄居大陆出口 200 强榜首。

富士康集团近年来发生的多起跳楼事件，引起社会各界乃至全球的关注。

相关媒体报道称，富士康的薪酬制度含有东方特色家族企业的红包制，工人之间一般不得互相询问收入多少。这带来了工人在收入分配领域当中相互之间的压力感和不信任。另外，富士康的员工管理制度非常严厉。高度紧张的状态让很多员工和他们的班组长之间只有工作关系，而没有其他感情交流。这使得劳动者在劳动过程当中失去了人文关怀，失去了社会人与人之间的情感联系。据媒体披露，富士康的一些宿舍里面十几个人居然相互之间连姓名都不知道，彼此很少打交道，这必然让劳动者的孤独感、失落感和无助感倍增。在这种环境下，职工怎么能不出现心理问题呢？

2012 年 2 月，FLA① 总裁奥莱特·范·希尔登率领的一个由劳动力权益专家组成的审计小组也抵达深圳，开始对富士康深圳观澜、龙华工厂以及富士康成都工厂展开工人权益调查。

在审计结束后公布的 FLA 报告显示，FLA 团队对上述三家富士康中国大陆工厂的 3.55 万名员工的工作和生活条件进行了调查。在这份 13 页的审计报告中，FLA 列出了 50 个与其行为准则及中国劳工法相关的问题，其中包括富士康在卫生和安全、工人代表以及工资和工作时长等方面的违规行为。

富士康随后发表声明称，"员工是我们最具价值的资产，我们全心全意地致力于确保他们拥有安全、满意和健康的工作环境"。富士康承诺，将使工厂完全符合中国法律要求和 FLA 的标准，将把工人的工作时间（包括加班时间）限制在每周 49 小时的法律规定范围内。此外，富士康还同意制定补偿方案，避免工

---

① FLA 是美国公平劳动协会（Fair Labour Association）的英文简称。美国公平劳动协会于 1999 年成立，是一家非营利性的非政府组织，它配合国际劳工组织、各国政府及其劳资关系协调机构，敦促会员公司和经销商在其供应链工厂中遵守劳工标准和企业行为准则。

人因加班减少而降低收入。为了保证在减少工人工作时间的同时维持产量，富士康承诺大幅扩招工人并新建宿舍和食堂。

面对现状，我们认为当从以下几方面来进一步保障家族企业员工的权益。

首先，政府要加大对企业的监管力度和职工权益保障的宣传力度以及执法力度。让员工在权益遭到侵犯的时候，能够投诉有门、解决有力。目前，在大中城市中，政府的社会保障部门在这方面的工作开展得比较到位，但是在大多数中小城市、乡镇地区，效率依然低下。

其次，就是增强家族企业自身保障员工权益的主动性。要让家族企业掌门人领会保障人力资源对企业自身发展的重要性，也要增加对家族企业管理者道德素养提升的投入。这需要政府、教育界、舆论界以及相关社会团体、组织来共同关注和付诸实施。

再次，要推动民间职工权益保障团体的设立和运转，不能把体制内的工会组织当做唯一有效保障职工权益的自治组织。面对家族企业主和公权力部门，在一般情况下，职工属于弱势群体，倘若不给予职工真正的自治权利，这一问题很难得到更有效的解决。

最后，政府需要付出努力和推出各项措施促进企业有能力对员工的权益进行保障。家族企业大多数属于中小型、小微型企业，企业融资需求与我国目前的资本市场之间的矛盾，已成为家族企业发展的主要矛盾。将民间资本潜力合理、有效地释放出来，已成为十分迫切的现实问题。一方面要打破国有银行的垄断地位，另一方面要充分发挥民间金融能量，优化融资渠道。此外，还应该进一步减免各种税收，特别是对于小微型家族企业，能免则免，让大量中小型、小微型家族企业从根本上先解决自身的"温饱问题"，才能够更好地保障员工的权益。

（二）家族企业环境保护实践

我国家族企业的环保意识较弱，过分强调政府部门的监管，而忽视企业自觉的环境管理。大量中小型、小微型家族企业因其影响力有限，企业个体对环境的破坏行为并不太引起社会的广泛关注，结果导致家族企业自我环境管理缺乏内在动力，由于家族企业在总量上的绝对庞大，因而其对环境的影响力是巨大的。

1. 复星医药的环境保护实践

复星医药（郭广昌家族）背景①：复星集团创建于 1992 年，是中国最大的民营企业集团之一，目前拥有医药、房地产、钢铁及零售四大主导产业，以及矿业和金融等战略投资。

近几年来，复星医药集团及其成员企业不断加大环保投入，增强环保工作执行力度。

复星医药推进各生产企业向清洁生产过渡，不断革新技术、改进设计，力求"节能、降耗、减污、增效"，实现经济、社会和环境效益的统一。复星医药积极推进清洁生产审核工作，2010 年下半年，复星医药集团全面部署清洁生产工作，明确要求下属的全部药品生产企业在 2011 年上半年通过清洁生产审核。

复星医药从集团总部到各生产企业都积极提倡节约利用水资源。在生产过程中，各生产企业严格限制大面积冲洗，避免水资源的浪费及末端水处理的压力，循环使用冷却水、锅炉水，利用两水闭路循环综合利用水资源，同时，还充分利用反渗透膜、树脂吸附、双效蒸发提高浓缩效率，以使水资源可循环利用，做到100% 达标排放。

复星医药要求制药成员企业的废水进行处理后，必须经检测符合排放标准才可以进入管网系统，废气经处理后达标排放，而其他废弃物需由环保专业企业进行回收处理。各企业需定期向集团总部报送环保情况报表。集团总部对各企业的环保情况进行汇总，并对企业的环保工作进行检查和督导。

在实验中的动物保护方面，复星医药及成员企业在致力于提高质量标准的同时，尽量减少实验动物的使用量，与自然环境协调发展。对实验后的动物尸体，企业选择有资质的供应商进行焚烧处理。

2. 血铅污染事件中的小微型家族企业

从 2011 年至今，我国发生的多起血铅事件引起了全社会的关注。血铅中毒严重损坏人体机能，对少年儿童的影响更甚。据广东省的调查结果显示，截至 2011 年 7 月底，广东省实际排查铅酸蓄电池企业 191 家，其中 27 家企业取缔关闭或搬迁转产，134 家企业处于停产整治或停产状态，3 家企业在建，27 家企业

---

① 《3000 中国家族财富榜》，《理财周报》2011 年 7 月 25 日。

在生产，关停的企业达到 84.3%。在这些污染企业中，小微型家族企业占绝大多数。① 2011 年 1～8 月，全国发生 11 起重金属污染事件，其中 9 起为血铅事件。通过这一组数据，可以窥见大多数中小型、小微型家族企业的环境保护责任感之严重缺乏。

目前，国内铅酸蓄电池生产企业水平相差很大，有的采用世界上最先进的生产线，有的仍然是手工作坊式的落后工艺。在污染事件后的排查中发现，大型的外资企业、合资企业问题较少，问题多集中在小微型家族企业中。

在中央政府下令根治电池行业存在的重金属污染问题后，大部分电池厂已被关闭。对此，很多环保部门也表示，要按照"尊重历史，立足现实"的处理原则区别对待，积极帮助指导一些停产整治的企业寻求解决问题方案。转型升级已经成为铅酸蓄电池企业的必然选择。

众多小微型家族企业出现破坏环境的行为，有其多方面的原因，从深层次处归结，主要有以下几个方面。

首先，由于绝大多数小微型家族企业集中在低端技术产业领域，很难涉足房地产、矿产、石油、金融、铁路、电力、高科技等高利润行业，在这种社会资源分配不公的情形下，很多小微型家族企业主在高利润的诱惑下，不惜以破坏环境来积累财富。

其次，不少小微型家族企业主个人素质较低，并无社会责任意识，其商业观点属于纯粹的"丛林法则"，一切以利益为目的，为达目的，不择手段。

再次，大量小微型家族企业面临产业升级的压力。企业升级必然面临再投资的问题，但是由于融资渠道的狭窄，大量小微型家族企业对自身升级准备不足，没有信心。

最后，环保部门执法不严是主要原因。通过大量的企业污染事件可以看出，污染企业和环保部门之间存在普遍的权钱交易现象，致使无法根除污染源。除非出现重大污染事件或者在上级政府部门的重压之下，才能解决问题。

针对上述原因，我们认为：首先，要打破各级垄断组织，切实体现市场经济的自由性、平等性，引导私人财富能够投资到更多的经济领域。这取决于执政党的改革魄力和勇气。其次，要加强对家族企业主的素质教育投入，各级工商联组

---

① 熊佳焰：《粤 27 电池企业将被取缔转产》，《信息时报》2011 年 8 月 6 日，第 A12 版。

织和商会组织应在此方面发挥更大的作用。再次，依旧是要尽快放开民间资本市场，并对产业升级企业提供大力度的减免税收等措施，为大量小微型家族企业提供资本动力，加快和坚定它们产业升级的步伐和信心。最后，要大力促进民间环保组织的萌发和运转，民间环保力量才最有可能为受污染的民众代言并为之奔走呼吁。这需要进一步放宽民间社团组织的审批门槛。

（三）家族企业慈善公益实践

在一个高度发达的市场环境下，家族企业的利益相关者对企业行为的要求会越来越多，除了股东、客户这些直接的相关者外，还有组织所在的社区、泛家族成员等，这都对家族企业领导人的行为提出了一些约束和要求，家族企业领导人必须回应这些要求，更多地关注和家族企业有直接或间接关系的利益相关者，这样才能保证企业的发展。特别是对于家族企业，因其私有特性，企业的声誉和对社会的责任是影响家族企业可持续发展的重要因素。

但对于中国内地的大多数家族企业来说，由于我们的市场经济时间比较短，大部分家族企业自身财富积累还需要一段时间。社会在各种相关体制上对它们参与公益的激励还不够。在税收、道德、企业发展公平性，以及对家族企业财产保护方面，这些相关制度如果能够更好地加以完善，将会有更多的家族企业参与到社会公益慈善活动中。目前，相关部门已经在制定政策，有一些已经出台，今后几年，这种制度应该会得到进一步的完善。从社会道德层面看，参与公益慈善已经得到了越来越多的肯定。也有越来越多的家族企业领导人，投入大量的精力来参与和倡导慈善活动。2010 年 6 月，由福耀集团曹德旺家族发起的"河仁慈善基金会"在中国民政部登记注册成立，这是中国目前资产规模最大的公益慈善基金会。2011 年 4 月，曹德旺及其家人将所持有的 3 亿股福耀玻璃股票捐赠给河仁慈善基金会，按照过户当日的收盘价计算，这笔捐赠的股票市值可达 35.5 亿元，开辟了中国慈善基金会用股权代替现金的注入新途径。曹德旺此举的意义不仅在于他开创了中国基金会资金管理规则、运作模式和注入方式的先河，更在于用实际行动推动中国慈善事业向更合理、更健康的方向发展。在两年的筹备阶段，曹德旺精诚所至，金石为开，不仅推动了证监会、国税总局、民政部、财政部等政府部门之间的合作，而且探索出了现代慈善的制度创新。在曹德旺的努力下，河仁慈善基金会开创了多项先河：以企业持有的股份完成对外捐赠，以股权

为基金会的原始出资，股权移交触及的上市公司经营变动，等等。以曹德旺为代表的一批家族企业家们，以其强烈的伦理精神和创造力、活动力，正以一个社会事业家的形象出现在公众的视野里，引领着中国慈善的进步，勇于推动着社会的进步和变迁。

1. 滨江集团的慈善公益实践

滨江集团（戚金兴家族）背景①：20 世纪 80 年代初，还不到 20 岁的戚金兴选择了建筑业开始了他的创业之路。几年下来，他已成长为一名深受同事信赖的公司管理人员。1992 年 6 月，戚金兴被推举到总经理的位置上。随后的几年，滨江集团迎来了快速发展的时期。目前，戚金兴和其子戚加奇持有滨江集团46.85% 的股份，居 2011 年中国家族企业财富榜第 89 位。

滨江集团最近几年积极开展社会公益活动。2009 年，公司向大同镇捐款，向杭州市春风行动捐款；2010 年，公司向第八届全国残运会捐款，向杭州市江干区慈善总会捐款；2011 年，公司向杭州市江干区人民教育基金（教育质量奖）捐款，向杭州市江干区凯旋街道"三助"结对活动捐款。

滨江集团除了通过自身提供公益捐助回馈社会外，还通过主办慈善公益活动，使更多的人参与到慈善事业中，让爱心的种子在更广的范围传播。2010 年10 月，公司成功主办（公司子公司杭州滨江物业管理有限公司和搜房网协办）了"同在蓝天下，滨江集团叶家小学爱心之旅"的爱心结对帮困活动，该公益活动得到了公司所开发小区广大业主和社会人士的积极响应。通过本次爱心之旅，共有 30 个爱心家庭与叶家小学的学生结成帮扶对子，将资助 30 位学生至小学毕业。此外，爱心人士还捐赠了百余册儿童读物和体育用品，业主及员工也捐赠了近 6000 元的款项，公司用收到的捐款统一购买了崭新的书包和文具捐赠给叶家小学的学生。

2. 家族企业家的高调慈善

在 2011 年有几件引人瞩目的慈善事件，其中有两个家族企业家成为人们关注的焦点。一个是有"中国首善"之称的陈光标，一个是"卢美美事件"中的卢俊卿父女。

---

① 于兵兵：《专访杭州滨江房产集团股份有限公司董事长戚金兴：宏观调控期开发商要做北极熊》，《上海证券报》2008 年 6 月 12 日，第 2 版。

陈光标被媒体称为"中国首善"。对于陈光标现场分发现金、受助者持钱合影、办个人演唱会募捐、频频在媒体出镜等高调慈善行为，社会各界也是众说纷纭。一些人赞同他的高调行为，至少是不反对，更有权威人士说陈光标的高调慈善加速了中国慈善事业的进程，至少提前了 10 年。而另有一些慈善人士、学者以及部分媒体人士则持否定态度，将陈光标的高调行为冠以"暴力慈善"的标签，有人认为陈光标的高调慈善为的是吸引人们注意，慈善不过是其表演的"道具"；有人说陈光标的高调慈善不重结果，被捐赠者并没有享受到相应的好处；也有人说陈光标的高调慈善不顾及受捐者的个人感受，对他们的尊严是一种压迫。

"卢美美事件"起因于中非希望工程。2011 年 8 月，有媒体报道了北京多所农民工子弟学校遭拆迁，涉及近 3 万名学生去向的消息，引发公众的极大关注。恰在此时，中非希望工程进入公众视野，有网友把该工程的相关信息转发到网上。据媒体报道，该工程将在 10 年内为非洲捐建 1000 所希望小学，耗资约为 20 亿元。

在互联网时代，探寻真相总是应者云集。很快，有网友发现了以中非希望工程执行主席兼秘书长实名认证的新浪微博。微博中晒的多张照片可以印证，该微博主人正是中非希望工程项目官网上展示的工程执行主席兼秘书长卢星宇。24 岁的卢星宇毕业于美国加州州立大学，乃世界杰出华商协会执行主席卢俊卿之女，她曾提出，要把"富二代"变成"仁二代"，而中非希望工程即所谓"仁二代"工程。网友随后搜索又发现，世界杰出华商协会和中国青少年发展基金会是中非希望工程的发起单位，卢俊卿同时担任中非希望工程主席，随着网友和媒体的不断探寻发现，世界杰出华商协会其实就是一个家族企业。

陈光标的高调慈善和"卢美美事件"让国人对家族企业的慈善行为陷入了深深的疑虑和思考之中。面对公益慈善，家族企业家们该何去何从？

在实际的调研中，很多家族企业家对慈善公益事业有着各自不同的看法，大概有以下几种观点：一部分家族企业家认为努力发展企业就是最大的慈善。因为企业不断发展可以解决更多人的就业，这本身已经包含公益的精神。一部分企业家认为企业的很多捐助都属于政府指派任务，并不是企业自发而为。这些企业家认为从事公益慈善事业最好是从身边做起，而政府主导下的慈善行为，难免有作秀之意，有的是政府在作秀，有的是企业自身在作秀。也有少部分家族企业家对

社会公益事业不感兴趣，他们认为在权力寻租之下，家族企业已经属于弱势群体，所以对此具有排斥心态。还有一部分家族企业家愿意力所能及、不求回报地从事公益慈善事业，我们发现，这一类型的企业家往往具有一定的宗教情结和强烈的伦理精神。

家族企业家们是市场经济下先富起来的群体，对于社会的道义，他们有责任担负，没有社会资源，也不可能成就家族企业。我们觉得当从以下几方面完善现有制度。

首先，大力引导家族企业就地开展慈善公益事业。在企业家家乡、企业所在地开展公益事业，能使企业家切身感受自我价值的实现。

其次，政府和官方慈善组织不应该在公益活动中充当主导，只需要搭建平台即可，在整个过程中要坚持公开、透明和及时反馈。

再次，民间慈善组织可以成为企业家与弱势群体之间的沟通平台，可以由慈善组织提供信息，由企业家直接对受助方进行帮助，整个过程由企业主导。慈善组织只是提供信息和进行慈善宣传。

最后，执政党要进一步加大保护私有财产的力度。只要在法律上明确保护私有产权，并给予实质性的保护措施，就能够让家族企业所有者们感受到安全感和信心，他们才有感情、有责任对这个社会给予更多的回报，而不是忙着纷纷向国外转移财产。要求一个连安全感都没有的群体去从事公益慈善，这是很难行得通的做法。

（四）家族企业商业伙伴关系实践

商业伙伴关系强调了成员间直接的、长期的合作，强调共有的计划和共同解决问题的努力，强调相互之间的信任与合作。家族企业往往没有垄断优势，也普遍没有强大的资本优势，要想保证企业的有序运转，就要求每一个成员在获益的同时必须对业务联盟有所贡献，提供为他人和供应链提高生产力的能力。这种关系的处理，对于相对势单力薄的家族企业来说，尤其重要。

1. 荣盛发展的商业伙伴关系实践

荣盛发展（耿建明家族）背景①：荣盛房地产发展股份有限公司成立于1996

---

① 荣盛房地产发展股份有限公司网站，http：//www.risesun.cn。

年，注册资金约 18.6368 亿元，一直致力于中等规模城市房地产开发。经过 10 余年的发展，公司现已成为集建筑设计、商品住宅开发、物业经营及酒店管理为一体，具有国家一级开发资质、甲级设计资质的大型综合体。

近年来，荣盛发展为给客户创造一个安全、舒适的生活空间，对原材料品质的要求相应提升，对量与质的双重关注，给公司的采购工作提出了更高的要求。在相互信任、平等协商的基础上，2011 年公司与多家单位签订合作协议，形成互利共赢的良好合作关系。

公司采购部于 2011 年 4 月组织电梯及钢制入户门的集中采购，涉及 2011 年度在建项目所需电梯 1267 台、钢制入户门 38320 樘。根据科学测评结果，综合考虑项目定位，确定了 7 个厂家作为公司的合作单位。

在招标、投标环节，公司秉承"公开、公平、公正"的原则，为供应商提供公平的竞争环境，通过科学论证、实地考察等多种方式选取最优商家合作。为供应商提供畅通的沟通渠道，确保合作过程中出现的问题能够得到及时有效的解决，同时赢得供应商的理解与信任，为发展长期良好的合作关系打下基础。

针对招标及履约环节进行供应商满意度调查，开辟与供应商沟通的又一渠道，最大限度地维护供应商利益。公司根据评价结果确定供应商的等级，对于优秀供应商将在承接量及合同价款上享有优惠待遇，对于评价不合格供应商将给予淘汰，以确保为客户建造最优秀的产品。

2. 天马控股集团的商业伙伴关系

天马控股集团（马兴法家族）背景：从 1987 年的 50 万元到 2009 年的超过 168 亿元，马兴法带领天马股份共实现了 3 万多倍的财富增长。20 余年间，马兴法将一家村办小工厂，办成了一家国内轴承行业龙头企业、中国机械工业百强企业。

天马股份秉承"诚、信、义"的精神，以树立企业品牌形象为支撑，通过服务内容的拓展和延伸，增加品牌的内涵和外延，致力于实现与客户及供应商的共赢。一方面，公司积极地向上延展自己的产业链条，与供应商建立共生共荣的战略合作伙伴关系；另一方面，密切关注下游行业的市场动态，及时了解下游产业目前及未来面临的困难，通过充分沟通，与客户达成彼此谅解，签订具有市场弹性的合同条款，实现双赢。

首先，公司将诚实守信作为企业发展之基，与供应商和客户建立共生共荣的战略合作伙伴关系，充分尊重并保护供应商和客户的合法权益，从不侵犯供应商及客户的商标权、专利权等知识产权，严格保护供应商及客户的秘密信息和专有信息，与之保持长期良好的合作关系。

其次，公司推行公开招标和阳光采购，杜绝暗箱操作、商业贿赂和不正当交易。公司严格遵守并履行合同约定，友好协商解决纷争，以保证供应商的合理合法权益。在加强与供应商的业务合作的同时，积极开展技术经验交流，协助供应商解决技术难题、提高产品品质，帮助供应商成长。

最后，公司坚持与合作伙伴共享技术、人才、资金、信息、管理等资源，定期召开供需双方会议；帮助合作伙伴改进作业中的浪费，分享节约利润；邀请合作伙伴参与公司的新产品、新工序的开发研究过程，帮助合作伙伴改善生产过程，为他们提供原材料信息；开展联合改进活动，激发、鼓励和承认合作伙伴的改进极其成果，坚持实行共赢共利共享发展成果的战略伙伴关系。

（五）家族企业消费者权益保护实践

每一个人都是消费者。当前假冒伪劣产品充斥于市、服务质量不高的原因虽然是多方面的，但是缺乏对消费者权利的强有力地保护，以及缺乏对损害消费者权利的行为进行严厉打击和惩罚也是一个重要因素。如果政府能够切实保护消费者权利，那么，那些靠制造假冒伪劣产品、靠欺骗消费者赚钱的企业和个人就无法生存下去。大多数企业的合法权益也可以得到更有效地保护，从而在全社会形成一种靠正当经营、正当竞争来提高经济效益的良好商业道德氛围。这样就有利于促使企业加强管理，不断提高产品质量和服务质量，提高经济效益，推动社会进步和整个社会的公平正义。

1. 瑞光电气的消费者权益保护实践

瑞光电气集团背景：南阳瑞光电气集团由董事长杨建新创始于1986年，企业主要生产高低压电力变压器系列产品，企业年产值1.5亿元，瑞光电气集团属于典型的中小型家族企业。

瑞光电气虽然企业规模有限，但其产品质量和用户口碑均位居同行业前列。这得益于公司创始人一直奉行的"质量第一，用户至上"的理念。20多年来，即便是在行业内充斥以旧充新、以次充好、偷工减料的时期里，瑞光电气本着对消费者负责任的态度，依然严格自律，坚守行业底线。

瑞光电气在质量管理和与消费者沟通方面，运行着一套完整、有效的机制。

首先，严格落实 ISO 质量管理体系的要求，在集团设立有质检部和 ISO 质量管理落实小组，并配备有 9 名专职、专业的质检人员，坚决避免质检工作和 ISO 质量管理工作走过场。

其次，建立"质量管理工作董事会"负责制，确立质量管理为第一管理要务，每周一上午召开质量管理工作会议，董事会全体人员和各车间班组负责人全部参加。

再次，建立客户回访机制。从 1986 年开始，每一位瑞光电气的客户资料，基本上都得到了保存，集团每年会对客户进行电话或者实地回访，直到消费者不再使用产品为止。

最后，建立产品质量承诺协议，在与消费者交易时，当场签订产品质量协议，保证产品的技术参数标准和原材料品质。

由于以上对消费者负责任的态度，瑞光电气的系列产品赢得了社会各界的认可。26 年来，偏安豫西南的小厂能屹立至今，并呈现着勃勃生机，这与企业"质量第一，用户至上"的理念是密不可分的。企业的产品就是企业的人品，就是企业家的人品，在这个制造型家族企业里再一次得到了生动的诠释。

2. 侵害消费者权益的家族企业造假行为

案例回放①：2011 年 8 月 24 日，广东省潮州市警方展开抓捕行动，成功摧毁了一个家族式造假团伙，共捣毁制假烟窝点 8 个。据介绍，仅搬假烟、机械、原料，警方就动用多辆大型汽车运了 3 天，初步估计涉案价值超 5000 万元。

此次行动在潮州引发"大地震"：除了涉案价值巨大外，造假集团幕后老板张尚伟的身份更是让人大吃一惊———此人竟是饶平县、潮州市两级人大代表。张尚伟 1972 年生于饶平，身兼"香港华海国际有限公司董事长""饶平县鸿宇商贸有限公司董事长""广东海富药业有限公司董事长""广东国际华商会理事"等职务。同时拥有一系列政治头衔，如"饶平县政协常委""潮州市人大代表"等。2008 年，张尚伟还被授予"中国当代渔业企业领军人物"称号。

很多造假售假的小微型企业往往都是家族成员参与和管理。在历年中央电视

---

① 《幕后老板竟是两级人大代表》，《汕头特区晚报》2010 年 10 月 28 日，第 10 版。

台的"3·15 打假行动"中，我们看到的那些触目惊心的案例，大多都是小微型家族企业参与和主导，这些严重侵害消费者权益的行为往往都存在多年，如果不是主流电视媒体的曝光，可能还会继续存在下去。最近这些年大量的食品、药品、日用品安全隐患问题，似乎让国人失去了健康安全感，人们谈此即色变，令人无比痛心。但是问题却层出不穷，而且很多还死灰复燃。要解决这些问题，除了依靠质监部门、消协和新闻媒体外，还能有其他的办法和途径吗？我们认为解决这一问题最有效的方法还是要力推民间消费者权益保护组织的登台和运行。只有让消费者寻找到真正属于自己的维权团体，并不受任何公权力的染指，才能更有效地解决这一问题。我们期待着这方面的突破。

（六）总结与讨论

我国正处于变革期，私有经济的发展曲曲折折。对于在私有经济下成长起来的家族企业来说，其管理技术还很不完善，包括对自身的认知和对未来的发展还存在不少的障碍和困惑，大量商业投机行为也扰乱了家族企业的良性发展，加之固有落后文化习俗的影响，家族企业的公民建设还十分脆弱，道路依然漫长。通过对近几年家族企业公民实践的研究，我们发现存在以下几个状况。

家族企业公民实践案例增多，但企业公民建设机制不够规范。绝大多数家族企业在一定范围内，都在进行公民实践，特别是在员工权益保护、公益慈善方面都有长足的进展，但是大多数企业并没有系统、规范地搭建企业公民建设机制，包括很多上市型家族企业，也没有进行企业社会责任报告的编制和发布工作，系统编制和发布企业社会责任报告的家族企业在上市公司中只占到 20% 左右，这其中也普遍存在信息披露的广度和深度不够深入等问题，而大量中小型、小微型家族企业对此的认识则更加模糊。

上市型家族企业社会责任报告的编制质量和实践还有待提升。通过对已发布企业社会责任报告的家族企业研究发现，只有个别企业能够坚持每年发布报告，且多数报告整体的质量并不可观，甚至存在草草了事的现象。在消费者权益保护、环境保护方面，不少企业言行并不一致，实践力度不够。

中小型、小微型家族企业对企业公民建设重视不够。绝大多数中小型、小微型家族企业对企业公民建设这一概念从理论上没有深入的认识，虽然也在践行企业公民理念，但没有科学、规范的认识，或者认识不够深入，没有彻底领会这一机制对家族企业和家族自身的长远意义。正因为如此,有不少中小型、小微型家族企业认为编制这样的报告会增加企业的支出,其实主要原因还是对这一概念从理论上到实践中的认识不够。

总之,家族企业公民建设需要优秀家族企业的示范带动,需要政府政策的有力引导,需要社会力量特别是管理学界、理论界的积极推动,更需要家族企业自身意识的不断提升。我们充分相信,在国际企业、国有企业和优秀家族企业的引领和示范下,中国家族企业公民建设的步伐将不断加快,未来发布企业社会责任报告的数量和实践案例将会持续大幅度增加,质量会显著提升,报告成为国际通行商业语言的趋势将更加明显,越来越多的家族企业将会认识到发布社会责任报告的重要性,逐步认识到报告作为全球化中通行商业语言的巨大价值,将报告作为企业与利益相关方沟通的重要平台,以及提升企业管理水平和竞争实力的重要工具。中国的家族企业领袖们,特别是新生代企业家们也必将认识到,有效地处理家族企业和家族自身与社会各群体之间的关系,是影响家族企业有效传承和打造百年基业的必然选择。个别群体可以忽视家族企业,但真正的家族企业领袖们不会忘记自己家族的光荣使命和社会责任。假以时日,在更加公平的未来中国,家族企业必将是市场经济中最主要、最活跃的力量!中国的家族企业领袖们和商业贵族群体也必将塑造一个全新的时代!而这一切,都必须建立在一个强大的家族企业公民实践基础之上。我们期待着这一时代的来临。

参考文献

[1] 毕艳杰:《家族企业治理模式转变研究》,西南财经大学出版社,2010。
[2] 陈志武:《陈志武说中国经济》,山西经济出版社,2010。
[3] 高丙中、袁瑞军:《中国公民社会发展蓝皮书》,北京大学出版社,2008。
[4] 全国工商联研究室:《2011 年全国工商联系统优秀调研成果汇编》,2011。
[5] 司马英华:《风雨孙大午》,中国发展出版社,2007。
[6] 余向前:《家族企业治理、传承及持续成长》,浙江大学出版社,2010。
[7] 曾向东:《中国家族企业发展研究》,东南大学出版社,2009。
[8] 中国民(私)营经济研究会家族企业研究课题组:《中国家族企业发展报告》,中信出版社,2011。
[9] 周锡冰:《中国家族企业大败局》,东方出版社,2009。

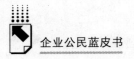
Practice Report on Family Business Citizenship

Abstract: The report selects and analyzes business practice cases from national top five hundred family enterprises as well as small and medium −sized family business who have made some achievements in the development of corporate citizenship for the last three years (2009 −2012), and conducts some sorting and analysis. The report aims to share achievements of the Chinese family business and turn over to think of various problems encountered, to enhance the awareness of the construction of corporation for the family business in China, promote understanding of the family business by all fields of the society, and change public misunderstanding to some family business. All levels of society can do well in interaction towards the survival, development and heritage of the family business, and jointly promote the sustainable development of the family business for contribute more to China's development.

Key Words: Family Business; Family Business Heritage; the Practice of Corporation; the Protection of the Rights and Interests of Employees; Corporation Environmental Protection; Business Partnerships; Consumer Rights Protection

B.10
上海世博会企业公民实践报告

孟育建 *

摘　要： 上海世博会取得了巨大成果，国际参展方数量创造了世博会的历史纪录，企业参展和参与同时也创造了世博会的历史纪录。世博会是人类社会发展和进步的产物，是世界经济、科技和文化的盛会，是展示人类文明、推动经济发展、扩大国际交流、进行科学创新、共谋长远发展的重要舞台。企业参与上海世博会从一个侧面折射出了企业的社会责任。

关键词： 世博会　企业馆　合作伙伴　科技

2010 年上海世博会和 2008 年北京奥运会一样，是中国 21 世纪头十年的两大国际盛会。190 个国家、56 个国际组织、50 多家中外企业组建了 18 个企业馆、50 家中外赞助企业、80 多个城市的最佳实践区案例，国内 31 个省区市和港澳台地区参展。国际参展方数量已创造世博会的历史纪录，企业参展和参与同时也创造了世博会的历史纪录。世博会是人类社会发展和进步的产物，是世界经济、科技和文化的盛会，是展示人类文明、推动经济发展、扩大国际交流、进行科学创新、共谋长远发展的重要舞台。企业参与上海世博会从一个侧面折射出了企业的社会责任。

一　共设立 18 个企业馆

企业参展和参与是上海世博会的重要内容和精彩亮点。2010 年上海世博会

---

* 孟育建，男，山西人，中国社会科学院中国社会科学网编务会副主任、首席编辑，世博会研究人员，中国 2010 年上海世博会组委会联络小组办公室高级主管。研究方向为世博会、媒体传播。

共有50多家企业设立思科馆、太空家园馆、韩国企业联合馆、民营企业联合馆、日本产业馆、远大空调馆、中国船舶馆、震旦企业馆、可口可乐馆、信息通信馆、上海企业联合馆、石油馆、中国航空馆、中国铁路馆、中国人保企业馆、国家电网馆、万科馆、上汽—通用汽车馆共18个企业馆进行展示。每个企业馆的面积从3000平方米到6000平方米不等，整个企业馆面积在5万平方米左右。2009年四季度以前企业馆完成建设工作进行布展，2010年4月试运行，配合2010年5月1日的正式开园。

（一）中央企业参与情况

中央企业参与上海世博会举办工作的总体情况是：12家中央企业筹建了太空家园馆（中国航天科技集团、中国航天科工集团、中国电子科技集团）、中国船舶馆（中船集团）、信息通信馆（中国移动、中国电信）、石油馆（中国石油、中国石化、中国海油）、中国航空馆（中国航空工业第一集团公司、中国航空工业第二集团公司、中国东方航空集团公司）、国家电网馆（国家电网）6个企业馆，占上海世博会企业馆总数的1/3；6家中央企业签约加盟上海世博会全球合作伙伴，占上海世博会全球合作伙伴总数的13%；2家中央企业签约成为上海世博会赞助商。上述中央企业参与上海世博会所投入的资金和专项物资合计超过44亿元。此外，国家电网、中国电信、中国移动等企业也全力以赴做好上海世博会电力和通信保障工作。各建馆中央企业把做好上海世博会建馆工作作为一项重要政治任务，高度重视，精心组织，团结协作，扎实推进，建馆工作有序进行。2009年11月底，中央企业馆全部封顶，转入内部装修和布展阶段。2010年3月完成展馆布置和调试，4月开始试运营，5月正式运营。

各中央企业按照国资委关于中央企业馆必须"做成精品、做出特色、做出亮点"的要求，精心设计，努力打造独具匠心、令人难忘的企业馆。6个中央企业馆各具特色，各有亮点。其中，航天科技、航天科工、中电科技集团承建的太空家园馆，以"和谐城市，人与太空"为主题，既有追古溯今的航天之梦和探月之旅，又有充满丰富想象的未来城市。中航工业、东航集团承建的中国航空馆，以"飞行连接城市，航空融合世界"为主题，通过独特的地乘展演系统和现代化的4D影像技术，带给参观者完美的云中飞翔体验。中船集团承建的中国船舶馆，以"船舶，让城市更美好""江南，让上海更绚丽"为主题，通过多媒体高新技术，将虚拟与现实、现代与未来紧密结合起来，表现了"航行中城市"的远航历程。中国石油、中国石化、中国海油承建的石油馆，以"石油，延伸城市梦想"为主题，其整体建筑仿佛为一个巨大的"能量块"，在夜幕下犹如一座晶莹剔透、如梦如幻的"油立方"，闪耀在浦江西岸。国家电网馆以"创新，点亮梦想"为主题，主展区"魔盒"为观众提供720度六面体浸润式悬浮体验，带领参观者感受自然能源转化成人类可用能源的过程。中国移动、中国电信承建的信息通信馆，以"信息生活，尽情城市梦想"为主题，描绘了未来信息通信构筑的美好生活，其展馆采用世界首创的"魔方剧院""三位一体"的展演方式，营造沉浸式的体验环境。

中央企业馆十分注重环保、工程质量和人性化设计。太空家园馆、中国船舶馆和信息通信馆均采用了新的环保设施。国家电网馆在设计和建造中，采用的建筑材料可循环利用。石油馆始终强调质量第一和安全第一，施工建设期间荣获上海市结构"金钢奖""世博文明工地"称号。中国航空馆为残疾人设置了专用通道与参观路线，体现了人文世博的理念。

（二）民营企业参与情况

上海世博会民营企业馆主要有万科馆（万科集团）、远大空调馆（远大空调）、民营企业联合馆（16家民营企业联合体）。

万科馆的名字是"2049"，寓意新中国成立100周年，同时还有更深的含义。实现碳排放量降低40%~45%，"2049"含义是面对未来，它是一个人的未来，也是一个城市、一个国家甚至整个地球的未来。万科馆诠释人与自然的关系，运用大量环保材料，启动自愿减排项目。作为国内最著名的城市建设者，万科馆的造型像7个巨大的麦垛。在广大农村每年焚烧秸秆造成严重污染，万科馆的尝试对利用秸秆贡献了新的可能。万科馆内的一些技术，如自然通风、自然采光、雨水回收处理、地热采暖技术，已经在包括万科集团总部在内的企业各种项目中得到了广泛应用。

万科馆的主题——"尊重的可能"，通过5个小故事从不同角度来讲述。在第一展厅，绿色琉璃装点成森林，滇金丝猴的巨幅影像穿梭其间，让游客们了解摄影师奚志农是如何用手中的镜头为挽救这些美丽的雪山精灵作出贡献的。第二展厅中央的"生命之树"，由LED环幕和全息膜构成。环幕展示记录人类如何破坏自然的沙画作品，进而讲述退耕还林政策如何在黄沙中催生绿色奇迹。在第三展厅"莫比斯环厅"中，莫比斯环的神奇造型助游客了解中国台湾的台北市，如何利用政府、市民和 NGO 的合力，实现"垃圾分类不落地"，变废为宝。在第四展厅，观众们乘坐"热气球"，钻进结构精妙，具有恒温、抗涝等功能的蚁穴，领略白蚁神奇的建筑技艺，引发人们对效法自然的仿生学的思考。最后一个展厅，是万科馆的主题厅——"尊重·可能厅"。穹顶的巨幅球幕和四周的环幕营造出一个独立空间，包围梯田式的坐席，让观众能身临其境地走进主题影片，了解众多环保志士和组织所作的努力，以及在中国的行动。万科在世博会表现的"尊重"不仅仅针对自然环境。在真实的城市生态中，因为房价居高不下而催生的"房奴"一族和居住困难群体，他们的未来，也关系到城市生活的未来。万科表示，在市场上行过程中，他们不去拿地王，不在土地价格上推波助澜，不做价格的领跑者。

远大空调馆的主题是"方向"，展馆带领参观者体验先进的节能技术，感受未来绿色生活的发展"方向"。远大空调馆不仅创造了世博会场馆快速建设的纪录，也成为对未来可持续建筑的一次探索和尝试。这座建筑的结构、墙体、门窗、电气、空调、照明、给排水等工程都是在工厂里制造完成的，只需在现场进行"组装"。远大空调馆的这座建筑已通过 9 度抗震测试，能耗仅相当于常规建筑的 20%，产生的建筑垃圾只有常规建筑的 1%。

民营企业联合馆位于上海世博会浦西园区，外观如同"细胞"，采用"智能膜"结构，夜间借助 LED 照明可呈现流光溢彩的图像。"细胞"是孕育生命的基础，本身也寓意中国创业者的奋斗精神。

民营企业联合馆的 16 家参展企业，由中国最大的综合类民营企业复星集团牵头。参展的有阿里巴巴、蒙牛、大连万达、苏宁电器、华谊兄弟、美特斯·邦威、易居中国、红星美凯龙等行业领军企业。值得一提的是"民企速度"。从世界 500 强某企业退出参展，到上海世博局确定民营企业联合馆作为独立馆参展，仅仅只有两个月的时间。而其他企业馆，从申报到确定至少需要 1 年的时间。民营企业联合馆选择入驻企业的标准有两条：第一，所在行业是民营企业比较活跃的行业；第二，该民营企业是所在行业的领军企业。其他各参展民营企业虽然可能不是最大最强的企业，但一定是最有活力的企业。世博会是一场"经济奥林匹克"盛会，借助世博会巨大的影响力，企业可进一步提高其在国内的行业地位和品牌知名度，树立良好的国际形象，为打造国际自主品牌奠定坚实的基础。对于处于升级转型期的企业，更需要世博会这样的超级平台。

民营企业是中国经济活力的一种象征，作为上海世博会 18 个企业馆之一，民营企业联合馆不仅呈现了中国民营企业"第一阵容"，还举办了一系列专题活动、论坛。中华太极文化元素成为民营企业联合馆的独特亮点，民营企业联合馆以"太极"比喻中国民营企业家充满活力、生生不息的形象。

（三）企业馆资金投入情况

目前，已有多家企业公布投入资金，中国船舶集团建造的中国船舶馆，以超过 2 亿元的建筑总投入，成为本次世博会企业馆投入最高的馆。这个数字几乎是所有外企场馆建设的总和，是民企场馆建设的 4 倍。资金投入上亿元的企业馆还包括总投入 1.54 亿元的上汽—通用汽车馆和投入 1.01 亿元的中国航空馆。其他数家企业的建设费用投入分别为：国家电网馆 0.77 亿元、上海企业联合馆 0.62 亿元、石油馆 0.40 亿元、韩国企业联合馆 0.40 亿元、民营企业联合馆 0.28 亿元、万科馆 0.25 亿元、思科馆 0.20 亿元、可口可乐馆 0.31 亿元、日本产业馆 0.44 亿元、信息通信馆 0.65 亿元。

12 家中央企业参与上海世博会所投入的资金和专项物资合计超过 44 亿元。目前可以查到的国企建馆投入就已经达到了近 6 亿元，这个数字是外企建馆（总计近 2 亿元）投入的 3 倍，是民企建馆（总计近 0.5 亿元）投入的 12 倍。

中国人保企业馆、太空家园馆（中国航天科技集团、中国航天科工集团、中国电子科技集团合建）、中国铁路馆（铁道部建设）三个馆的建设费用未纳入上述 6 亿元的统计中。如果全部累加的话，最终数字很有可能超过 8 亿元。太空家园馆在央企馆中造价最低。已经统计在案的 13 家企业馆的建筑投入总额达 8 亿元，这还不包含部分场馆的装修费用。

二　赞助企业数量达 58 家

作为经济全球化和全球城市化时代的世界博览会，上海世博会十分重视企业的参与，并为中外企业的参与设计了专门的平台《中国 2010 年上海世博会市场开发总体计划》，以保证不同规模和领域的企业及时把握机遇，通过公开、公平、公正的方式找到符合自身需求的参与途径。同时，作为第一次在中国举办的世博会，上海世博会在未来五年和今后更长时间里的影响力和社会贡献，也为所有参与市场开发的企业提供树立和强化品牌、赢取市场份额、展示企业实力和优势的难得历史机遇。

上海世博会的工程建设和运营费用投入巨大。上海世博会通过自身品牌、办博需求、世博会内容等资源的市场化运作获取收入，实现运营费用的收支平衡。《中国 2010 年上海世博会市场开发总体计划》将上述市场化运作分解为赞助、特许、活动商业化、园区商业场地租赁、门票等具体项目。

上海世博会的市场开发工作是世博会筹办工作中的一项重要内容，是调动企业和民众直接参与世博会的主要渠道之一。《中国 2010 年上海世博会市场开发总体计划》以《中国 2010 年上海世博会行动纲要》《中国 2010 年上海世博会注册报告》为依据，在参考往届世博会以及奥运会等其他国际大型活动的商业化运作经验的基础上，针对上海世博会的基础、时机、规模、目标等实际情况研究制定，是保证市场开发工作任务顺利完成的指导性文件。

开展市场开发工作，立足把实现世博会对经济发展的推动和促进作用以及为成功举办世博会提供资金保障两项任务有机地结合起来，整合并放大在上海世博会筹备和举办过程中所形成的品牌、内容、场地、参展者和游客需求等独有资源，通过品牌赞助、特许经营、活动与项目经营、门票销售和园区内场地经营等项目的开展，开创政府、企业、民众共同办博、共求发展、共展风貌、共享成果的良好局面。

2006 年 3 月 14 日下午 3 时，"世博号"飞机从首都国际机场起飞，向 2010 年世博会的举办城市——上海进发，宣告了上海世博会的招商工作全面启动。在"世博号"起飞前，上海世博局与中国东方航空股份有限公司正式签署了中国 2010 年上海世博会（航空客运）合作伙伴协议，东方航空成为上海世博会首家全球合作伙伴。

自 2006 年上海世博会品牌赞助启动以来，上海世博会已经完成品牌赞助企业签约共 58 家，其中全球合作伙伴为东方航空、中国移动、中国电信、交通银行、上汽—通用、西门子、中国人保、国家电网、可口可乐、宝钢集团、上实集团、中石油、远大空调，共 13 家；高级赞助商为均瑶、新世傲、腾讯、华虹、久事、申能、宇达电通、伊利、IBM、思科、贵州茅台、联想、中粮、绿地集团，共 14 家；项目赞助商为水晶石、锦江德尔、中外运、海程邦达、泛联、中国印钞、元培翻译、中译公司、兆峰陶瓷、资生堂、欧莱雅、上海城投、高德软件、元祖、克莉丝汀、冠生园、金枫酒业、和黄白猫、月星家具、上海商投、新日电动车、新奥特、欧琳厨具、捷讯科技、齐乐手机、冠华洁纸业、东沃文化传媒、纳爱斯集团等，共 31 家。合同总金额约 70 亿元，其中现金赞助 47 亿元，现金等价物 23 亿元。世博会运营资金预算 106 亿元，主要通过门票销售和市场开发筹措，其中门票收入预计 60 亿元，市场开发包括赞助、特许权、场馆出租等，要筹集 40 多亿元。

2010 年 5 月 28 日，上海世博园区企业馆广场上举行了一场特殊的升旗仪式——上海世博会赞助企业升旗仪式，13 家全球合作伙伴、14 家高级赞助商集体亮相，27 面带有企业 LOGO 的旗帜和世博会会旗同时升起。

最早参与世博会的中国民营企业是远大空调。2008 年初，继东方航空、中国移动、中国电信、交通银行、上汽—通用、可口可乐、国家电网、中国人保、宝钢、上海实业、中国石油之后，远大空调终于成为上海世博会现有全球合作伙伴中唯一一家国内民营企业。远大空调除了在上海世博会园区内独立建造远大空调馆外，还是世博会场馆空调和空气净化产品的指定供应商。之后，民营企业开始陆续在世博会上发力。地产龙头万科，成为世博会独立企业馆中又一家民营企业。接下来，两家来自长三角的民营企业——上海均瑶（集团）有限公司和上海新世傲股份有限公司，成为 2010 年世博会标志特许产品生产高级赞助商。浙江中小民营企业表现也很活跃。宁波上市民营企业宏润建设中标了世博会园区浦东部分道路及市政配套设施工程，中标价高达 2.07 亿元；兆峰陶瓷成为世博会卫浴产品赞助商，为包括中国馆在内的展馆提供卫浴设备；杭州的中南钢构已经成为 2 个独立馆的主体钢构供应商。民营企业成为世博会不可或缺的部分。中国最优秀的民营企业联合布局世博会，是海外扩张、进行品牌"国际化"的征程。尤其是在全球经济正在复苏的 2010 年，家门口的上海世博会，无疑是一个绝好的契机。想分享世博会蛋糕的不仅仅是大型民营企业，还有中小民营企业。以世博会的特许产品生产商新世傲集团（联合体）为例，其下属的贝发集团作为世博会纪念笔的制造商，该公司预计世博会结束后，公司外销比例将从目前的10% 提升至 30%。中西部民营企业山西文水振兴化肥有限公司也参与了制作中国馆模型礼品的生产。港澳台的中小企业也积极共享世博商机。近三年来，中国

民营企业对于上海世博会的热情有增无减。尤其是在全球经济尚未恢复的现在，使得更多的民营企业关注并参与这一全球性盛会。

但是，与全球合作伙伴和高级赞助商不同的是，项目赞助商并没有行业排他性，因此在项目赞助商名单里，既可以看到法国的欧莱雅，也可以看到日本的资生堂，生产洗涤用品的项目赞助商有纳爱斯与和黄白猫。

一些没有进入赞助商名单的企业，通过赞助本国、本省展馆的建设，也参与了上海世博会。例如，百事可乐、海尔美国等企业赞助了美国馆。而另一些企业的赞助被退回。例如，上海世博会退回了2亿元人民币的烟草企业赞助。

一些著名的餐饮企业则参与了"中华美食一条街"等活动。一些文化创意公司则参与了各展馆的展示设计工作，一些文化演出公司参与了上海世博会的文化演艺活动。

三 科技世博打开未来生活新景象

世博会不仅是对新技术、新工艺、新产品的展示，而且是对这些新技术、新工艺、新产品的应用和推广。上海世博会从筹备一开始即确立了"科技世博、生态世博"的理念，并贯彻在规划、建设、运营、展示的每个阶段和每个环节。上海世博会"科技世博、生态世博"的看点至少有这么几个。

一是太阳能技术的开发利用。世博园区大面积地使用太阳能。主题馆、中国馆、南市电厂等主要场馆及部分设施都安装了太阳能设施。二是新型环保交通工具的应用。世博园区内公共交通实现"零排放"，为游客提供环保清洁的交通服务，展示各种新型科技交通工具。三是节能设备的推广应用。城市最佳实践区中照明主体采用半导体照明。四是资源循环技术的应用。利用世博园区滨江布局的优势，使用黄浦江水作为冷源的热泵和地下浅层地热资源作为地源热泵。利用物理和生物技术对黄浦江水进行净化，以及对雨水进行收集净化后，用于园区绿化浇灌，节省水资源。五是节能生态建筑。世博园区内的场馆设施，在设计上，充分利用自然风场、地下空间地道风、自动遮阳系统、自然透光、屋顶绿化、墙面绿化等，减少建筑能源消耗；在建筑材料上，选择能源资源消耗小和环境效益显著的绿色建材。六是固体废弃物无害化、减量化、资源化处理技术的应用。世博园区内产生的全部垃圾都进行分类处理。浦东"一轴四馆"永久建筑区域，规划建设垃圾管道气力输送系统。此外，世博园区内使用的各种生活器具、用品，均采用可再生或可降解材料，降低了环境污染。

这些科技成果，展示了我国的科技创新，预示了"科技世博、生态世博"的发展理念正转化为全社会的思维和行动趋向。

想当初，埃菲尔铁塔出现在世博会上，最后实际上促进了全球高层建筑的发展；贝尔发明的电话机在世博会上展示，实际上改变了人类的沟通模式；莱特兄弟发明的飞机在世博会上亮相，其实为人类飞天的梦想打下了最初的基础。如今我们司空见惯的百货商店、主题公园、游乐场、度假村、俱乐部……这些概念和生活方式，也都发源于世博会。2010年上海世博会，为我们打开了一幅幅科技生活的新景象；2010年上海世博会，推动科技创新，探索未来世界，承担社会责任。成功世博、精彩世博、难忘世博，参与上海世博会的企业和企业家功不可没。

参考文献

［1］《企业参展总览与央企馆精彩出展——游上海世博看中国企业馆》（上、下），《展览通讯》2010年第3～4期。

［2］国资委外事局：《黄淑和在上海世博会中央企业联合签约仪式上的致辞》，2010年3月4日，http：//www.sasac.gov.cn。

［3］李红丽、张曦：《上海世博会民营企业联合馆第二批参展企业名单"出炉"》，《化妆品报》2009年10月22日。

［4］刘晓妍：《王石阐释万科馆主题：五个故事要对地球尊重》，《浙商》2009年第8期。

［5］上海世博会事务局：《中国2010年上海世博会市场开发总体计划》，2010。

［6］上海世博会组委会：《中国2010年上海世博会注册报告》，2010。

［7］陶斯然：《参展企业总市值超10万亿 场馆建设国企"独大"》，《每日经济新闻》2010年4月9日。

［8］陶斯然：《世博会账单：总投入近220亿 世博轴28亿造价称冠》，《每日经济新闻》2010年4月9日。

［9］王慧、申里：《世博赞助商：高投入能否得到高回报?》，中国新闻网，2010年5月12日，http：//www.dayoo.com/roll/201005/12/10000307_101934389.htm。

［10］新华社：《上海世博会远大馆：未来可持续建筑发展方向》，腾讯世博，2010年

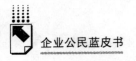

3 月 10 日，http：//2010. qq. com。

[11] 裔蕊华：《上海世博会中央企业馆试运行启动仪式举行》，世博网，2010 年 4 月
15 日，http：//www. expo2010. cn/a/20100415/000051_ 1. htm。

[12] 中国贸促会：《2010 年上海世博会调研材料汇编》，2011。

Practice Report on Corporate Citizenship in Shanghai Expo 2010

Abstract：Shanghai Expo 2010 is the first registered World Expo held in a developing country under the background of financial crisis. Themed " Better City, Better Life ", in the 184 days from May 1 to Oct 31, 2010, Shanghai Expo demonstrated colorful and abundant achievements of the mankind, gathered innovation in science and technology, spread advanced concepts in urban development and discussed harmonious interactions between urban and rural areas, renewed multiple records of the World Expo and created a glorious chapter in the Expo history. Participation the Shanghai World Expo reflects the social responsibility of enterprises.

Key Words：Expo Enterprises；Pavilions；Technology Global Partner

B.11
政府在企业公民建设中的作用研究报告

许 评*

摘 要：企业公民建设需要社会多方共同努力，尤其在建设初期，与社会组织、民众、新闻媒体等力量相比，政府占据着举足轻重的地位，是能够起到推动企业公民建设作用的重要角色。本文从市场缺陷的角度，结合现实分析了政府参与企业公民建设的必要性，研究了政府在企业公民建设中的角色定位和职能，将其归纳为规制、促进、示范与宣传四个作用。重点报告了2009年度至2011年度上半年政府在这些方面为企业公民建设所作出的举措和取得的成绩。针对需要继续完善的地方，为政府在企业公民建设中最大限度地发挥作用提出了建设性意见。

关键词：政府职能 企业公民 社会责任

全球经济一体化使人们逐渐意识到，企业在谋取经济利润的同时，也扮演着特定的社会角色。企业不仅与企业所有者、经营管理者、员工相关，也与消费者、金融机构、政府部门、企业协会等息息相关，是多方利益相关者的契约综合体。"企业公民"概念的提出，很好地诠释了这一理念。之所以强调"公民"的理念，是因为企业是社会的公民，在开展业务为社会提供产品和服务的同时，也承担着对社会的相应责任，只有落实好这些责任，企业才能建立和维持良好的声誉，才可能持续和健康发展。企业公民注重良好的公司治理和道德标准，强调经济与人、社会的全面协调发展，不再仅仅关注企业的财务指标、将利润视为唯一目标，而是更重视人的健康、社会的和谐和生态环境的改善。这一理念既符合眼

---

* 许评，女，湖北人，北京工商大学经济学院财政系管理学博士、副教授。主要研究方向为财税理论与政策，重点涉及税收理论与管理、行为财政学。

下所倡导的以人为本的科学发展观，也反映了积极构建和谐社会的思想。

但是，企业公民建设、社会责任落实可能会与企业的短期赢利目标相冲突，如企业捐赠行为会减少企业利润。因此，企业公民建设往往被企业所顾虑甚至排斥，企业缺乏内在动力。事实上，在企业公民建设较好的国家，企业公民建设并不完全依赖于企业自身的觉悟，而是在民众、社会组织、新闻媒体、政府等多方面力量的推动下发展起来的。当前我国企业公民处于初步发展阶段，民众基础、社会组织、新闻媒体的作用尚不足以推动企业公民快速发展，政府扮演着举足轻重的角色，对企业公民建设就显得尤为重要。因此，研究政府与企业公民建设的关系，寻求政府强化企业公民建设的合理途径，具有重要的现实意义。

一 政府参与企业公民建设的必要性

市场经济强调用价格（市场）这只"看不见的手"来调节社会资源和引导生产决策。企业作为市场的主体，在赢利目标的驱使下，通过追求利润最大化，在实现企业自身和社会经济发展的同时，也实现了资源配置最优。但是，现实的经济不可能满足完全竞争市场的假设条件，市场经济自身也存在缺陷，企业如果单纯以利润最大化为目标来经营，必然导致各类有害的社会现象发生。

首先，企业可能违反法律法规，腐败贿赂。对于一个企业来说，最基本的要求就是合法经营。各类经营活动应该遵守国家法律法规，符合行业标准规范，满足道德行为规范，信守商业原则。但是，为了实现最大的利益，不排除企业铤而走险的可能。仅就商业贿赂而言，2009 年全国各级法院受理的商业贿赂案件多达 10805 件[1]。2010 年 1 ~ 11 月全国司法机关和行政执法部门共依法查办商业贿赂案件 1 万余件，涉案金额 42 亿余元[2]。

其次，企业可能无法保障员工的安全和合法权益。人是社会的最重要组成要素，无论在何种情况下，人的安全、健康、合法权益都应被置于最重要的地位。企业应该为员工营造安全的生产环境，创造公平的就业机会，提供合理的薪酬福利，保证员工自身权益不受侵害。但要提供这些条件，无疑会增大企业的运营成

---

[1] 最高人民法院网站，http：//www. court. gov. cn/xwzx/yw/201003/t20100305_ 2368. htm。

[2] 中国新闻网，http：//www. chinanews. com/fz/2011/01 - 03/2762567. shtml。

本。在没有政府干预或政府作用不到位的情况下，企业忽视员工的利益，甚至草菅人命都是有可能发生的。2009 年中令人触目惊心的"开胸验肺"事件就是佐证。

再次，企业可能破坏生态环境。企业在生产过程中可能会污染环境，如排放污水、废气等。如果没有外力的干预，企业在从事带来污染的经营时，给自己带来了利益，却不必承担这种负面影响的环境成本。因此，对于这类具有负外溢性的行为，企业本身是没有动力去避免的，更谈不上主动保护环境和治理污染。为此，督促企业避免或减少其生产活动带来的环境污染，唯有政府运用其行政权力，责令企业或优先选用清洁能源，或进行污染处理，或改善生产工艺。只有这样，才能保护人类的共同生态环境不受破坏。

最后，企业可能不愿承担对社会和经济福利的建设责任。社会贫富差距的存在，使得贫困群体需要更多的资源。单纯依靠政府的转移性支付，并不足以解决问题，这就使得引导社会成员共同参与成为必需。诸如资助贫困地区的生活、教育、医疗等这类慈善行动，给企业带来的是直接的成本支出，如果政府不加以鼓励和支持，追求眼前利益最大的企业可能不愿参与此类行动，拒绝承担起共建和谐社会的责任。

要改变以上情况，企业需要向企业公民的角色转变。但是，企业的本性就是追逐利润，不是所有企业都能认识到企业公民建设对其长远发展的重要性。企业公民建设为企业发展带来的收益也并不是立竿见影的。进行企业公民建设的企业短期内可能不但没有收益，反而会增加成本。因此，企业缺乏进行企业公民建设的积极性和内在动力，这促使拥有重大影响力的政府在其中发挥作用。

二 政府在企业公民建设中的职能定位

政府是统治阶级直接掌握和行使国家权力的工具，拥有社会公众所赋予的各类重要社会资源，具有令人震慑的强制力和权威性。政府可以通过征税、立法、行政处罚、财政补贴等多种手段发挥其在企业公民建设中的作用。政府能通过法律法规条文等形式，限制企业的某些行为，使企业承担起基本的社会责任。政府也能通过税收优惠、财政补贴等形式，引导企业的某些决策，鼓励企业自觉进行企业公民建设。

具体来说，政府在企业公民建设中应该发挥以下几个方面的作用。

（一）规制作用

规制作为一种公共政策，是政府对经济活动的管理和制约，包括对商业行为的经济性规制、社会性规制和对自然垄断行业的反垄断规制。政府可以综合运用这些手段对企业公民建设进行监管与约束，这相当于政府用"推动"的方式，逼迫企业被动进行基本的企业公民建设。在企业公民建设初期，企业自觉性不够的情况下，政府的规制作用无疑是最具有效果的。

各级政府可以制定相关法律、行政法规、地方性法规、部门或地方政府规章等，对不承担法定企业公民责任的企业实施相应的惩罚。事实上，目前我国与企业公民责任有关的法律法规并不在少数，仅法律层面就有《中华人民共和国公司法》《中华人民共和国劳动合同法》《中华人民共和国安全生产法》《中华人民共和国消费者权益保护法》《中华人民共和国食品安全法》《中华人民共和国可再生能源法》等；行政法规层面也有《防治船舶污染海洋环境管理条例》《乳品质量安全监督管理条例》等。但是，尽管数量较多，由于基于不同的立法目的，这些法律法规在企业公民建设方面并没有形成完整的体系，有些方面有重复交叉处，而某些方面则存在"盲区"。

为最大限度地发挥政府的"推动"作用，应进一步完善有关企业公民建设的法律法规，如环境保护、消费者保护、社区服务等。同时，修订现有法律法规中不符合现实发展的部分，使其更加具有可操作性。此外，还应重视法律法规之间的配套协调性，程序法与实体法并重，并加大对法律法规的执行力度。总之，要通过法制及其相关配套措施的建设，增大企业违法经营的风险，增强企业的责任意识，迫使企业通过被动的"遵纪守法"，完成企业公民的基本责任和义务。

（二）促进作用

除了"推动"企业被迫进行企业公民建设外，政府也可以通过"拉动"的方式，积极运用多种手段，激发企业的主动性，促进企业公民建设。在这方面，税收优惠、融资支持、资信评级、政府采购、财政补贴等都是有效的工具。

例如，2008 年 1 月 1 日起实行的《中华人民共和国企业所得税法》对于企业发生的公益性捐赠支出在年度利润总额 12% 以内的部分，准予在计算应纳税所得额时扣除。2010 年 7 月出台的《关于支持玉树地震灾后恢复重建有关税收政策问题的通知》中规定，自 2010 年 4 月 14 日至 2012 年 12 月 31 日，对企业、个人通过公益性社会团体、县级以上人民政府及其部门向受灾地区的捐赠，允许在当年企业所得税前和当年个人所得税前全额扣除。通过对企业的慈善活动给予税收优惠，减轻企业的税收负担，体现了政府对企业参与慈善捐赠的激励和支持。再如，2008 年财政部和国家税务总局联合发布的《关于资源综合利用及其他产品增值税政策的通知》，对企业从事污水、废气、垃圾等资源综合利用给予免税、即征即退、先征后退等税收优惠，鼓励企业重视资源利用和环境保护。

除了税收这一调控工具外，政府也可考虑将企业公民纳入企业资信评级体系中，对优秀的企业公民给予信贷、政府采购优先、财政补贴等方面的鼓励政策。通过这些形式，使自愿承担企业公民责任的企业获得切实的好处，从而调动企业的积极性和主动性，激励企业加快企业公民建设。

（三）示范作用

政府作为市场中举足轻重的一个组织，其本身也会参与市场运行，购买、消费产品和服务，影响市场的总需求。但与普通消费者不同的是，政府的消费举动会对社会产生较大的影响。如果政府有失误，负面影响将成倍扩散；而如果政府能起到示范作用，正面效应也是不可小觑的。因此，政府应以身作则，在各个方面承担责任，为企业树立榜样，起到模范和表率作用。

例如，2005 年 1 月 19 日起实施的《公务员录用体检通用标准》取消了对报考人员身高、体重等相貌方面的限制，对残疾没有作出限制性规定，并且明确取消了对乙肝病毒携带者的歧视。政府对公务员录用中的无歧视对待，体现了对劳动者就业权益的保护，为企业公平就业起到一定的示范作用。再如，政府从 2008 年 1 月 1 日起全面实施绿色采购制度，优先采购对环境友好的环境标志产品，起到了资源节约和环境保护方面的表率作用，也增大了对环保产品的市场需求，鼓励了企业生产环保产品。

事实上，政府和企业是相互作用的，政府的一举一动都会直接牵扯企业的神经，如果政府能够起到良好的表率作用，或通过财政支出起到示范作用，企业自然会跟进，在企业公民建设道路上越走越远。当然，基于政府的示范效应，对于政府和公务员的不当行为则要予以更严格的监督，对造成不良社会影响或未履行社会责任者要严肃处理，追究其法律责任。

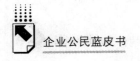

（四）宣传作用

企业公民建设是一件具有长远收益的事情，成为企业公民能提高企业竞争力，保持企业的活力和可持续发展。但是并不是所有的企业都能充分意识到这一点。因此，政府应利用其强大的社会影响力，从企业自身发展和国家战略的角度，以各种形式对企业公民建设进行宣传，使企业认识到企业公民建设对自身的重要性和对社会的意义。例如，2008 年，国务院国资委发布了《关于中央企业履行社会责任的指导意见》（以下简称《指导意见》），正式要求中央企业发布企业社会责任报告，在社会上引起了广泛的关注。其实部分中央企业，如国家电网早在 2006 年就发布了企业社会责任报告，但国资委的《指导意见》使更多的目光集中到企业社会责任上，这就体现了与一般社会组织相比政府不可替代的宣传优势。

基于此，政府应利用自身优势，建立制订国家层面的企业公民建设计划，让社会各方面利益相关者都能够参与到这个计划的实施过程中来。一方面，政府要不断倡导企业公民意识与大力弘扬优秀民族文化的统一，以中国优秀传统文化为依托，促进企业公民文化的形成；另一方面，可将倡导企业公民与落实科学发展观、构建和谐社会、实现可持续发展的宣传统一起来，从而赋予企业公民鲜明的时代意义。政府应大力宣传与加强公民和企业关心慈善事业、关爱社会弱势群体的意识，推崇具有良好商业道德的行为，构筑一个符合我国文化传统和国情的企业社会责任价值体系。政府还应组织各种推进企业公民建设的活动，支持有关企业公民建设的各种研讨会，建立企业社会责任政府网站，及时发布相关信息，介绍国内外企业履行社会责任的典型经验，促进企业自觉履行社会责任。

三 企业公民建设中的政府举措

在企业公民建设上，与之相关的政府举措为数众多。从对企业公民建设的"推动"作用来看，我国政府已经陆续出台了诸多法律法规，从人权保障、劳动用工、就业促进、安全生产、环境和资源保护、消费者权益保护、反腐败与反商业贿赂、公益捐款等多个方面对企业的生产经营行为作出了法律层面的约束（见表 1）。这提高了企业不履行社会责任的违法成本，促使企业社会责任法律化，有力地保证了企业公民建设的进程。

表1　与企业公民建设相关的核心法律

法律名称	作用领域	生效日期	修订日期
宪法	综合（人权保护为主）	1982 年 12 月 4 日	2004 年 3 月 14 日
标准化法	综合	1989 年 4 月 1 日	正在修订中
公司法	综合	1994 年 7 月 1 日	2006 年 1 月 1 日
残疾人保障法	人权保障、社会保障	1991 年 5 月 31 日	2008 年 7 月 1 日
未成年人保护法	人权保障	1992 年 9 月 4 日	2007 年 6 月 1 日
妇女权益保障法	人权保障	1992 年 10 月 1 日	2005 年 8 月 28 日
劳动法	劳动用工、就业促进	1995 年 1 月 1 日	
就业促进法	劳动用工、就业促进	2008 年 1 月 1 日	
劳动合同法	劳动用工	2008 年 1 月 1 日	
工会法	劳动用工	1992 年 4 月 3 日	2001 年 10 月 27 日
职业病防治法	劳动用工	2002 年 5 月 1 日	
安全生产法	安全生产、劳动用工	2002 年 11 月 1 日	
矿山安全法	安全生产、劳动用工	1993 年 5 月 1 日	正在修订中
清洁生产促进法	安全生产、环境保护	2003 年 1 月 1 日	
社会保险法	工伤、失业保险	2010 年 10 月 28 日	
环境保护法	环境保护	1989 年 12 月 26 日	正在修订中
海洋环境保护法	环境保护	1983 年 3 月 1 日	2000 年 4 月 1 日
环境影响评价法	环境保护	2003 年 9 月 1 日	
固体废物污染环境防治法	环境保护	1996 年 4 月 1 日	2005 年 4 月 1 日
水污染防治法	环境保护	1984 年 11 月 1 日	2008 年 6 月 1 日
大气污染防治法	环境保护	1988 年 6 月 1 日	2000 年 9 月 1 日
节约能源法	环境、资源保护	1998 年 1 月 1 日	2008 年 4 月 1 日
矿产资源法	环境、资源保护	1986 年 10 月 1 日	1997 年 1 月 1 日（再次修订中）
可再生资源法	环境、资源保护	2006 年 1 月 1 日	2009 年 12 月 26 日
循环经济促进法	环境、资源保护	2009 年 1 月 1 日	
消费者权益保护法	消费者权益保护	1994 年 1 月 1 日	
物权法	消费者权益保护	2007 年 10 月 1 日	
产品质量法	消费者权益保护	1993 年 9 月 1 日	2000 年 7 月 8 日
食品安全法	消费者权益保护、社会保障	2009 年 6 月 1 日	废止原食品卫生法
反不正当竞争法	消费者保护、反商业贿赂	1993 年 12 月 1 日	正在修订中
反洗钱法	反腐败与反商业贿赂	2007 年 1 月 1 日	
企业国有资产法	反腐败与反商业贿赂	2009 年 5 月 1 日	
公益事业捐款法	公益捐款、社会保障	1999 年 9 月 1 日	
企业所得税法	公益捐款、劳动用工	2008 年 1 月 1 日	

资料来源：张彦宁、陈兰通：《2007 中国企业社会责任发展报告》，中国电力出版社，2008。

在消费者权益保护方面，我国政府在 2009 年 6 月 1 日出台了新的《食品安全法》，废止了原《食品卫生法》，对食品安全的重视提高到了法律层面。从"卫生"到"安全"两个字的改变，表明了中国从食品安全监管观念到监管模式的转变。根据新的法律规定：任何食品添加剂目录外的添加剂都将不能在食品中使用、任何食品都不能免检、各类保健食品在宣传的时候不能提及其治疗功效、在食品安全方面权益受损消费者可以要求 10 倍的赔偿等。同时，卫生部部署了为期两年的食品安全整顿工作，并开展全面整顿食品添加剂和打击非法添加剂工作。该专项工作针对当前各地食品安全工作开展不平衡问题，进一步落实地方政府在食品安全监管方面的责任，充分依靠各级政府，做好食品安全综合治理。加快与食品添加剂相关的法规标准建设工作，加快完善配套管理措施，进一步落实企业食品安全责任，增强企业诚信守法意识。大力促进食品生产经营的规模化和管理的规范化，加强行业自律诚信建设。研究加强对食品及食品添加剂相关科研和技术开发的管理，加强新物质、新技术推广应用前的风险评估工作。该专项工作与《食品安全法》配合，加强了各环节食品安全监管，加大了违法生产经营食品案件查处力度，推进了食品工业企业诚信体系建设，全面提升了食品安全水平，保障人民群众饮食安全。2011 年 5 月 13 日，卫生部公布了《食品添加剂使用标准》（GB2760–2011）、《食品中真菌毒素限量》（GB2761–2011）、《预包装食品标签通则》（GB7718–2011）、《食品安全国家标准·蜂蜜》（GB14963–2011）4 项新的食品安全国家标准，作为食品行业企业在生产和经营过程中经常使用和必须遵守执行的强制性食品安全国家标准，对食品的生产和经营具有普遍的指导意义。尤其值得注意的是，相对旧标准对滥用添加剂的相关对应法规经济处罚或责令整改等"怀柔"措施，新版标准对应法规规定，企业如在食品添加剂上出现了安全问题，除了要受到严厉的经济处罚外，相关责任人还将受到 3 年以上的刑罚。

在推动企业保障劳动者权益方面，国务院法制办于 2009 年 2 月 24 日对外公布了《国务院关于修改〈工伤保险条例〉的决定（征求意见稿）》，向社会公开征求意见，拟调整工伤认定范围。对于工伤保险条例的修订，主要是为了保障劳动者的权益，避免劳动者在工作过程中产生的个人伤害得不到合法的认定和补偿。同时也促进企业自身不断改善生产工艺和流程，完善生产安全机制，减少企业员工由于工作而造成的伤害。2009 年 3 月 30 日，国务院办公厅发布《国务院关于做好当前经济形势下就业工作的通知》，规定企业裁员 20 人以上或不足 20

人但占企业总职工 10% 以上要上报，在政策上严格控制了企业的大规模裁员行为，保证了企业员工的合法权益不受到侵害。在面临全球金融危机的严峻形势下，该通知的出台对全方位促进就业增长、稳定就业形势、维护社会稳定、保持经济平稳较快发展，具有十分重要的意义。2010 年 4 月 27 日，胡锦涛主席在全国劳动模范和先进工作者表彰大会上做了"进一步保障劳动者权益，为促进社会和谐奠定坚实基础"的讲话，提出"要切实完善社会保障体系，健全就业帮扶、生活救助、医疗互助、法律援助等帮扶制度，着重解决困难劳动群众生产生活问题，在经济发展的基础上不断提高广大劳动群众生活水平和质量，使他们不断享受到改革发展的成果。要切实发展和谐劳动关系，建立健全劳动关系协调机制，完善劳动保护机制，让广大劳动群众实现体面劳动"。

在环境和资源保护方面，我国政府也非常重视，连续出台了多项政策和法规，在制定和推广环境和资源保护相关政策和标准的同时，积极推动企业履行其对环境的责任。

早在 2007 年 3 月 5 日，温家宝总理在"两会"上的《政府工作报告》中就明确要求，大力抓好节能降耗、保护环境工作，即完善并严格执行能耗和环保标准，坚决淘汰落后生产能力，突出抓好重点行业和企业，健全节能环保政策体系，加快节能环保技术进步，加大污染治理和环境保护能力，强化执法监督管理，认真落实节能环保目标责任制。同年 6 月 1 日，国务院办公厅下发《关于严格执行公共建筑空调温度控制标准的通知》，要求加强空调使用环节的节能环保工作。我国公共建筑的空调管理比较粗放，空调温度设置不尽合理，造成了能效不高、能源资源浪费的现象，增加了环境压力，与建设资源节约型、环境友好型社会的目标不相适应。实践表明，合理设置空调温度，科学管理空调的运行，既能提供比较健康、舒适的室内环境，满足正常的工作、生活和学习需要，又能节约能源，保护生态环境，是一件利国利民的好事。该通知中明确要求国家机关、社会团体、企事业组织和个体工商户要严格执行该标准，在政策层面强制企业做好节能、环保的工作。

2007 年 6 月 4 日，发改委颁布中国应对气候变化国家方案，国务院节能减排工作领导小组也随之改为国家应对气候变化及节能减排工作领导小组，把节能减排作为促进科学发展的重要抓手，强化责任考核，加快结构调整，完善政策机制，突出重点领域，加大资金投入，推进法制建设，搞好宣传教育，加强综合协调，使节能减排综合性工作方案的各项措施落到实处，尽快形成以政府为主导、企业为主体、全社会共同推进的节能减排工作格局，充分发挥市场机制作用，加快建设资源节约型、环境友好型社会，促进国民经济又好又快发展。政府节能减排的力度进一步加强，环境和资源保护责任成为影响中国企业经营的重要因素。

2009 年 4 月 14 日，环境保护部、发展和改革委、监察部、司法部、住房城乡建设部、工商总局、安监总局、电监会等部门在北京联合召开 2009 年全国整治违法排污企业保障群众健康环保专项行动电视电话会议，环境保护部部长周生贤代表国务院八部门讲话，并强调要进一步加大环境执法监管力度，监督企业社会责任履行情况，严厉打击环境违法行为，切实解决一批危害群众健康和影响可持续发展的突出环境问题，为推动经济平稳较快发展提供有力保障。

2009 年 5 月 1 日开始施行的新的国家环境保护标准，对多种环境标志产品的技术要求进行了重新修订。随着技术的进步，一些产品的加工工艺也有大幅度的提高，一些产品生产中无法实现的工艺，现在已经都可以做到，工艺提升的同时，原本一些产品生产中对环境有污染或者对资源有比较大浪费的现象，都可以避免。新环境保护标准的实施，可以推动产品生产企业及时升级自身的生产方法和技术能力，在保证企业竞争力的情况下，降低对环境的破坏和资源的浪费。

2011 年 7 月 6 日，环境保护部为贯彻《中华人民共和国环境保护法》、保护环境、防治污染、规范企业环境信息公开行为，批准《企业环境报告书编制导则》（HJ617 - 2011）为国家环境保护标准，并予发布。该标准自 2011 年 10 月 1 日起实施。企业环境报告书能够反映企业的管理理念、企业文化、企业环境管理的基本方针以及企业为改善环境、履行社会责任所做的工作。它以宣传品的形式利用媒体公开向社会发布，是企业环境信息公开的一种有效形式。环境报告书的编制必须最大限度地满足各种不同利益相关者的要求，最大限度地反映企业环境报告书编制单位在经济、环境和社会方面取得的成就、存在的问题及发展趋势。通过编制和发布企业环境报告书，既可以不断完善企业环境管理体系，提高环境管理水平，加大环保工作力度，树立企业绿色形象，也可以实现企业与社会及利益相关者之间的环境信息交流，进一步促使企业履行社会责任，为建设资源节约型、环境友好型社会作出贡献。

政府在促进企业公民建设的宣传和示范作用上，也出台了一些规章和文件。2008 年 1 月 4 日，国务院国资委以 2008 年 1 号文件发布了《关于中央企业履行社会责任的指导意见》，要求中央企业充分认识履行社会责任的重要意义，提出了中央企业社会责任的指导思想、总体要求和基本纲要。该指导意见中包含的内容对地方企业也有很强的政策指导作用。同时，中央企业更好地履行自身的社会责任，对地方企业的企业公民建设也具有示范作用。2008 年 7 月 11 日，国务院国资委在京召开中央企业社会责任工作经验交流会，旨在总结交流中央企业履行社会责任的工作经验，进一步树立和深化中央企业社会责任意识，推进中央企业更好地履行社会责任。

2009 年 5 月 17 日，商务部和国台办公布了《关于大陆企业赴台湾地区投资或设立非企业法人有关事项的通知》，要求大陆企业赴台投资应注重环保与社会责任。

2009 年 6 月 16 日，国家质检总局等部门召开"质量和安全年"质量信息论坛，《企业质量信用等级划分通则》国家标准正式发布，评定企业信用将有国家统一的依据标准。《企业质量信用等级划分通则》对质量信用、质量信用风险和质量信用等级等进行了定义，对企业质量信用的各个等级的划分要求和依据作出了原则性规定，是质量信用标准体系框架中的基础标准。《企业质量信用等级划分通则》国家标准的发布实施将为质量信用的监管机构、信用服务机构以及企业自身提供技术依据和指南，使各类机构对企业的质量信用进行评价或者企业进行自评时能够做到有标准可依。国家质检总局还表示，将建立"国家质量信用信息网"，实施质量信用"黑名单"制度，将企业质量信用等级划分落到实处。

2009 年 7 月 28 日至 10 月 28 日，国务院国资委组织了"中央企业优秀社会责任实践"征集活动。在这次征集活动中，中央企业积极参与，提供了 135 份各具特点的实践材料，许多实践具有好的理念、好的经验和做法，充分展现了中央企业在履行社会责任方面取得的新进展和新成效。通过专家评审，从企业社会责任战略和管理、社会责任实践的可实施性、社会责任实践的效果、社会责任实践的创新性、社会责任实践的推广性、材料的可读性 6 个方面进行综合评价，遴选出 53 项 2009 年度"中央企业优秀社会责任实践"，并予以公布。这项工作对引导中央企业科学履行社会责任，推广、宣传具有先进性、引导性的优秀社会责任实践具有深远的意义，对企业公民建设工作的大力推进具有示范作用。

2009 年 8 月 14 日，由成都市人民政府与南方报业传媒集团共同主办的首届中国企业社会责任年会在成都顺利闭幕。该论坛以"成都，可持续的发展；企业，可持续的责任"为主题，倡导更多的企业履行社会责任，并积极推动、推广自己的责任理念。

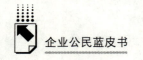

2009 年 11 月 9 日，在国务院国资委召开的中央企业社会责任工作会议上，鞍钢"实施技术改造，推进节能减排，发展循环经济"履责案例入选 2009 年度"中央企业优秀社会责任实践"成果。

2010 年 6 月 16 日，国务院国资委发布了《关于中央企业履行社会责任的指导意见》（以下简称《指导意见》），指出中央企业履行社会责任，要高举中国特色社会主义伟大旗帜，以邓小平理论和"三个代表"重要思想为指导，深入贯彻落实科学发展观，坚持以人为本，坚持可持续发展，牢记责任，强化意识，统筹兼顾，积极实践，发挥中央企业履行社会责任的表率作用，促进社会主义和谐社会建设，为实现全面建设小康社会宏伟目标作出更大贡献。中央企业要增强社会责任意识，积极履行社会责任，成为依法经营、诚实守信的表率，节约资源、保护环境的表率，以人为本、创建和谐企业的表率，努力成为国家经济的栋梁和全社会企业的榜样。《指导意见》的适时发布，有利于促进中央企业与社会各方面的沟通，有利于更好地推进企业履行社会责任工作，有利于促进中央企业为我国经济社会全面协调可持续发展作出更大贡献。

四 完善政府进行企业公民建设的建议

企业公民是我国经济建设和社会发展道路上出现的新事物，不可否认，各级政府已经逐渐意识到企业公民建设的重要性和迫切性，并在推动企业公民建设、强化企业社会责任方面做出了切实的努力，也取得了一定的成绩，但是还需要加强在下面几个方面的工作。

第一，继续建立健全法律法规，强制企业承担社会责任，向企业公民转变。在企业公民建设的初级阶段，并非所有企业都能自觉履行社会义务，承担社会责任。各级政府应监督和约束企业的社会行为，将企业公民所应承担的社会责任，如纳税、环保、资源节约、劳动者保护、反商业贿赂等，以法律法规的形式体现出来，形成具有刚性约束力和威慑力的企业行为规范。对于已经出台的相关法律法规，如《中华人民共和国税收征收管理法》《中华人民共和国劳动法》《中华人民共和国环境保护法》等，应根据现实经济情况不断加以完善，使之具有可操作性，并相互协调，形成覆盖企业公民社会责任的完整法律体系。例如，《中华人民共和国税收征收管理法》虽然定义了企业偷税行为，并明确规定了相应的法律责任，但在现实中，由于罚款为"不缴或少缴税款的 50% 以上 5 倍以下"，处罚力度弹性空间过大，严重损害了法律的威慑力和效力。

同时，进一步明确违法责任，加强执法力度。法律法规再严密和规范，不配合严格的执法，也仍然是一纸空文。现行的诸多法律法规在实践中都存在执法不严的现象。以《中华人民共和国劳动法》为例，虽然已经颁布多年，但企业不签订劳动合同、不缴纳社会保险的现象屡见不鲜，还有不少企业强制或变相强制员工超时劳动。这固然有法律不严密的因素，但执法不严也是不可忽视的原因。因此，政府应加大责任力度，重在处罚个人，根据具体情况，对直接决策人、管理者给予直接处罚。

第二，改善企业经营环境，激励、引导企业进行企业公民建设。通过宣传、教育、培训、咨询等各种形式，政府要帮助企业不断增强和树立企业公民理念，并健全企业内部社会责任管理体系。不断引导社会公众增强企业社会责任的价值观念，积极评价和依法鼓励履行社会责任的企业，逐步形成企业自主履行社会责任的社会氛围。政府要建立一套包括经济、社会、环境等方面内容的企业社会责任评价体系和支持体系，为企业创造一个公平的市场竞争秩序和良好的发展环境，使企业能够在不断履行自身社会责任的同时，实现企业资本的不断积累。

同时，政府要通过税收优惠、政府采购、优先扶持等多种手段，激励企业积极承担社会责任。财政部、国家税务总局等相关部门应继续完善相关政策，对企业的慈善活动和履行社会责任较好的企业予以力度更大的税收优惠，以鼓励企业的社会责任行为。此外，政府采购作为财政支出的一种重要形式，具有多种不同的政策功能，是国家进行宏观调控的一个重要手段。在政府采购中，如果规定企业只有在履行某些社会责任达到规定的标准时，才能参与政府采购项目的竞标，那将极大地促进企业履行社会责任。政府的对外援助政策、中小企业扶持政策等都具有类似的功能，可以将这些政策的实施与督促企业社会责任的履行有机地结合起来。对于优秀的企业公民在政府采购项目的投标、申请政府资助等方面要给予一定的优先，对未能履行社会责任的企业则要进行取消税收减免优惠等方面的惩罚。

第三，建立健全引导和监督企业公民建设的协调机制。政府应该根据我国的实际情况，设立专门的机构或者组织，监督企业公民建设，指导企业履行社会责任。还要根据企业社会责任的特殊性质，建立有关部门的联系协作机制，有效保证企业社会责任的履行。例如，人力资源和社会保障部于 2008 年 9 月 18 日公布了关于带薪休假的规定，即颁布了《企业职工带薪年休假实施办法》，但是部分

企业并未严格执行该规定。为了保证职工的此项权利，有关部门需要密切协作，采取有力的监督、处罚措施。

参考文献

[1] 《中国企业公民建设形势研究》，中国网，2009 年 9 月 18 日，http：//www. china. com. cn/news/zhuanti/qygmbg/2009 – 09/18/content_ 18548788_ 3. htm。

[2] 虎岩：《我国企业公民建设的法律思考》，《经济师》2008 年第 3 期。

[3] 张丹：《英国政府在企业社会责任中的角色分析》，《邢台职业技术学院学报》2008 年第 6 期。

[4] 张伟玮：《基于企业社会责任建设的我国政府作用研究》，苏州大学硕士学位论文，2009。

[5] 郑承志、刘宝：《企业社会责任推进中的政府行为》，《学术界》2009 年第 4 期。

[6] 周云峰：《论政府在企业社会责任中的作用》，《地方财政研究》2008 年第 7 期。

Report on Government Function in Corporate Citizenship Development

Abstract：It requires several social forces to work together in the development of corporate citizenship, especially in the early days. Compared with the social organization, individual or media, the government is the most important one who can push the development of corporate citizenship effectively. The report first bases the necessity of the government participation on the market failure and reality, and then explores the functions of the government and concludes the functions should be regulation, promotion, demonstration and propagation. The achievements of government in development of corporate citizenship from 2009 to 2011 are also reported. Finally, integrating the reality the paper gives some suggestions about how to promote the government effectively developing enterprise citizenship.

Key Words：Government Function；Enterprises Citizenship；Social Responsibility

Ｂ.12
社会组织在企业公民建设中的
作用研究报告

王玉珍*

摘 要： 社会组织和企业是现代社会治理结构的重要组成部分。本文从探讨本性上追求自身利润最大化的企业如何承担社会公民责任入手，指出作为一种非企业、非政府且具有公益性的组织，社会组织对于企业公民建设从多方面、多角度、多层次起着推动作用。这种作用因社会组织的类型不同而不同：社会团体尤其是经济性社团在企业公民建设中是一种服务与监督主体，基金会则是企业公民建设的有效平台，民办非企业单位是企业公民建设的环境构建者。

关键词： 企业公民建设　社会组织　企业社会责任

改革开放 30 多年来，伴随着经济结构的深刻变化，社会结构也发生了很大转变：市场经济的发育与发展、政府职能的全方位转变以及社会组织的发展与转型，使整个社会结构逐渐由传统的一元利益格局向政府、市场与社会三元结构转变，从而逐步形成具有多中心治理特征的现代社会结构。在这个过程中，政府职能转变中"小政府、大社会"的社会管理理念，催生了更广阔的社会生活领域对组织管理的需求，即运用非政府、非市场组织的力量来协调社会行为。据统计，截至 2009 年底，我国登记注册的社会组织将近 42.5 万个，业务范围涉及科技、教育、文化、卫生、劳动、民政、体育、环境保护、法律服务、社会中介服务、工商服务、农村专业经济等社会生活的各个领域。① 本文将从企业公民建设

＊　王玉珍，女，山西人，经济学博士（后），山西财经大学经济学院副教授、硕士生导师。研究方向为市场组织理论。

①　《2009 年民政事业发展统计公报》，民政部门户网站，http：//www.mca.gov.cn/article/zwgk/mzyw/201002/20100200057757.shtml。

中的制度缺失出发，对现代社会治理结构中政府、市场与社会组织的关系进行剖析，并在此基础上分析社会组织对企业公民建设的作用和影响。

一 社会组织：一种有组织的公共事务治理主体

在经济学研究的相关文献中，人们更多关注到市场和政府的作用，从而形成一种政府与市场两分法的思维定式。但是，在市场经济的运行中，市场失灵和政府失灵已经成为一种常态。一方面，市场机制无法解决市场主体在追求私人利益时与公共利益发生冲突的矛盾，从而带来资源配置的低效率；另一方面，政府作为公共利益维护者，在决策、执行、监督、检查等方面的失误和偏差同样会带来资源配置的低效率。这就使另一个非常重要的主体——社会组织的作用凸显出来。事实上，政府并不是实现公共利益的唯一权威主体，具有非企业、非政府特征的社会组织也是一种追求公共利益的主体。

（一）企业公民建设中的制度缺失

从理论上看，市场失灵和政府失灵通常被解释为在整个社会治理结构中除了政府和市场之外社会组织存在的原因。但事实上，市场和政府自身的制度缺陷和职能局限，则是社会组织真正存在并发展的原因。

1. 市场运行中企业公民主体假设与现实的冲突

在18世纪亚当·斯密的论述中，企业就是被视为在"经济人"的理念支持下，在法律许可的框架内，在正常经营中追求着自身的利润最大化的市场主体。在这里，企业的唯一目标就是追求自身利益的最大化。因此，当企业的私人利益与社会公共利益产生矛盾时，斯密认为能够通过"看不见的手"所发挥的作用，使私人利益和公共利益在某种程度上达到一致。企业对自身利益的追求能够与社会利益达到协调，对利润的追求就是企业的唯一天性。但这种理论假设总是会与现实出现不一致，"其实，不论在哪一种商业或制造业上，商人的利益在若干方面往往和公众利益不同，有时甚至相反"[①]。在两百年后的20世纪，另一个追求

---

① 〔英〕亚当·斯密：《国民财富的性质和原因的研究》（上卷），郭大力、王亚南译，商务印书馆，1997，第243页。

经济自由主义的代表人物——弗里德曼表述了相同的观点。"在这种经济中（指自由经济），企业仅具有一种而且只有一种社会责任——在法律和规章制度许可的范围之内，利用它的资源和从事旨在于增加它的利润的活动。这就是说，从事公开的和自由的竞争，而没有欺骗或虚假之处。"① 显然，如果法律和相关的规章制度所创建的公共秩序已经包含了企业的社会责任，则问题就变得非常简单。因此，弗里德曼明确指出，关注社会问题是政府和社会组织的责任。

针对经济自由主义者的企业一元目标，现代企业理论从利益相关者角度指出企业应对社会责任进行承担。弗里德曼认为现代企业应该对与企业相关的各类利益相关者负责，如企业员工、消费者、供应商、竞争者、政府、当地社会、环境、社会弱势群体以及整个社会等。这样，企业就被视为一个具有多元目标的社会主体，追求的目标不仅包括自身利润最大化，还包括提升社会公共利益。当然，作为一个社会主体，而非简单的市场主体，企业在承担社会责任的同时，更需要享有一定的权利。这就是企业公民。如果说，"企业公民"概念的提出厘清了人们对企业承担社会责任的思维定式，那么，企业公民要怎样才能做到自觉履行其社会责任呢？企业对社会责任的承担具有一种自实施机制吗？

2. 企业公民责任的实现机制与制度缺失

企业公民概念的提出，既强调企业对社会责任的承担，也关注企业基本权利的享有。也就是说，"企业公民应该在享有社会所提供的各种资源和赋予权利的基础上，在其能力范围内主动解决社会问题，积极承担社会责任，以实现企业社会价值和经济价值的统一"②。但是，在市场经济中，企业公民责任的实现是自我实施的吗？

在古典经济学的理论中，企业对经济利润追求的一元目标即在法律和规章制度的框架内追求单纯的利润最大化，与企业的"经济人"的假设行为达到一种内在的契合。在企业的个人利益与社会公共利益冲突时，就需要政府和社会组织对公共事务领域进行治理。但这种理论却受到现代企业理论中的利益相关者等理论的挑战。那么，对于企业包含社会责任的多元目标，能够实现自实施吗？事实上，利益相关者理论只是提出了企业所承担的社会责任领域，但却没有解决如何

---

① 〔美〕弗里德曼：《资本主义与自由》，张瑞玉译，商务印书馆，1986，第128页。
② 邹东涛：《中国企业公民报告》，社会科学文献出版社，2009，第1页。

使企业的多元目标在企业内自我实施。

对于这个问题，学者们进行了多角度和多方面的探索，试图给出企业对社会责任的承担能够在企业内实现自我实施的办法。Heal（2005）指出，在信息不对称情况下，运用所承担的社会责任，公司可向利益相关者传递信号，使公司在竞争中获胜；Brekke and Nyborg（2005）则通过模型表示公司承担的社会责任可成为筛选机制来吸引更优秀的员工；Besley and Ghatak（2006）则认为公司对利润最大化的追求与所承担的社会责任目标是一致的，原因是更多消费者对"道德"产品的购买不会影响到其他不购买此类产品消费者的福利，这种帕累托改进会促进社会福利。尽管这些理论都试图从不同角度说明具有理性的企业所承担的社会责任在企业内都是可自我实施的，但现实中企业只顾自身利益而忽视社会利益的大量案例，凸显了企业对社会责任承担自我实施的缺失。这说明企业所承担的社会责任虽然在一定程度上可以在企业内自我实施，但在绝大多数情况下，它必须依赖外在于企业的机制来解决。

（二）现代社会治理结构中的社会组织

在市场经济发展过程中，企业作为市场经济的主体，可以在很大程度上享有经济生活的自由，但作为社会主体，却又必须承担一定范围内的社会责任。企业无法在自身范围内兼顾个人利益与公共利益，政府可以通过法律等制度框架构建一种公共秩序，使企业对生产活动的追求限定在所承担的社会责任范围内，从而解决市场的失灵。但是，在整个社会结构中，单纯依靠政府和市场来解决人们公共生活中的各种问题显然是远远不够的，社会组织的作用不可替代。

1. 社会组织概念

在我国的相关文献研究中，社会组织是一个混乱而复杂的概念，不同的学者在不同情境下赋予其不同的名称。王名（2009）认为社会组织与民间组织、非政府组织是等同的，"泛指那些在社会转型过程中由各个不同社会阶层的公民自发成立的、在一定程度上具有非营利性、非政府性和社会性特征的各种组织形式及其网络形态"[1]；俞可平（2006）则指出，社会组织是由各种非政府和非企业的组织，包括公民的维权组织、各种行业协会、民间的公益组织、社区

---

[1]　王名：《我国社会组织发展历史与趋势》，《新华文摘》2009 年第 16 期，第 13 页。

组织、利益团体、同人团体、互助组织、兴趣组织和公民的某种自发组合等组成的。① 类似的概念还有如 NGO（非政府组织）、非营利组织、民间组织、第三部门、公民团体、中介组织、社会团体、志愿组织等。事实上，我国曾在十六届六中全会决定中首次使用"社会组织"概念，并在"十七大"报告中得到进一步确认。虽然在一定领域中赋予社会组织不同的定义，但事实上并没有实质性差别，因为它们都是从不同角度对政府和市场之外的组织形态所作的描述。本文中的"社会组织"称谓，包括非政府和非企业的组织形态。

2. 社会组织在现代社会治理结构中的功能与作用

20 世纪 70～80 年代，政府的治理危机使整个社会出现了越来越多的公共利益责任真空。因此，自 20 世纪 80 年代以来，全球掀起了一场结社革命，每个国家都不同程度地呈现了大量有组织的私人活动和自愿活动的高潮。由公民志愿组织起来的社会组织发展得如火如荼，数量、组织以及活动范围日益扩大，通过集体行动、志愿行动以及社会活动等手段对公共事务领域进行治理。这种局面最终造成社会结构的重构：社会组织与政府、市场共同构成现代公共治理的三大支柱。因此，社会组织的发展被称为一场革命，"这场革命对 20 世纪后期世界的重要性丝毫不亚于民族国家的兴起对于 19 世纪后期世界的重要性。其结果是，出现了一种全球性的第三部门即数量众多的自我管理的私人组织，它们不是致力于分配利润给股东或董事，而是在正式的国家机关之外追求公共目标"②。

社会组织是除政府和市场之外，能够带来大量有效的中间治理机制且不可替代的主体，并与政府、市场共同构成现代社会的治理结构。在由政府、市场与社会共同构成的现代社会中，其主体分别为政府、企业与社会组织。其中，政府的主体是各种公共组织，市场的主体是各种营利性的企业，社会的主体是非政府、非营利性的社会组织。1995 年全球治理委员会在其题为《我们的全球伙伴关系》报告中指出，"治理是个人和公共或私人机构管理其公共事务的诸多方式的总和。它是使相互冲突的或不同的利益得以调和并且采取联合行动的持续的过程。

---

① 俞可平：《中国公民社会：概念、分类与制度环境》，《中国社会科学》2006 年第 1 期。
② 〔美〕莱斯特·萨拉蒙：《非营利部门的崛起》，谭静译，2007 年 3 月 31 日，http：//www. henanedu. com。

它既包括有权迫使人们服从的正式制度和规则，也包括人民和机构同意的或以为符合其利益的各种非正式的制度安排"[1]。这里强调了社会组织与政府作用的等同性，它们都是社会公共事务的治理主体，二者共同经营并管理社会。在2009年诺贝尔奖获得者之一——埃莉诺·奥斯特罗姆的相关研究文献中，也不难看出社会组织在成功治理公共事务案例中的"影子"。

综合前面的分析，可以确定社会组织在现代社会结构中的功能与作用。企业和社会组织作为公民社会的主体，都是一种非政府的私人部门，而政府则是公共部门。政府和社会组织都是对公共事务领域进行治理，其中政府通过制定法律等相关规章制度来构建一种公共秩序，而社会组织则通过协调互动、相互配合，形成一种具有自身运作机制的私人秩序。公共秩序与私人秩序的相互结合，完善了对公共利益的协调空间。事实上，不论是经济学理论研究中的市场失灵和政府失灵理论，还是政治学理论研究中的服务政府理论，都为社会组织的存在提供了理论基础。社会组织因其所具有的非营利性、民间性、组织性、志愿性、慈善性等特征，成为政府和企业组织不可替代的组织形态，从而在整个社会治理中扮演着重要的角色，推动着中国社会不可逆转地走向公民社会，"在一个社会中，各种形式的社会组织都能够得到较为充分的发展……公民及其群体因社会组织的存在而增加社会资本，企业等营利组织因社会组织的存在而富有社会责任，政府等公共部门因社会组织的存在而更加民主、高效和提高了问责能力，整个社会因社会组织的存在而富有和谐性、包容性、多样性和承受力"[2]。

（三）社会组织在我国的兴起与发展

在我国，伴随着改革开放和全球结社运动的浪潮，社会组织的发展如火如荼，非常迅猛，在1988～2009年间数量成倍增长。1989年，经过登记并取得合法地位的社会组织有4446个；到了2010年，这个数量已经增长到44万个，增长了近100倍（见图1）。

1. 社会组织在我国的发展

我们知道，社会组织的出现是构成现代社会结构不可或缺的三大支柱之一。

---

[1] 联合国全球治理委员会：《我们的全球伙伴关系》，牛津大学出版社，1995，第2～3页，转引自俞可平《治理与善治引论》，《马克思主义与现实》1999年第5期。

[2] 王名、朱晓红：《社会组织发展与社会创新》，《经济社会体制比较》2009年第4期，第14页。

在我国，自改革开放以来，市场经济的发育与发展在带来经济繁荣的同时，也因市场秩序的不完善引发了诸多市场无法解决的问题，如企业产品的不安全、对环境的污染、劳资纠纷、信用问题等。同时，政府职能在由全能政府向有限政府转变的过程中，产生了大量亟待治理的公共事务空间。这就为社会组织这种新兴的社会力量的成长和发育提供了重要的契机。

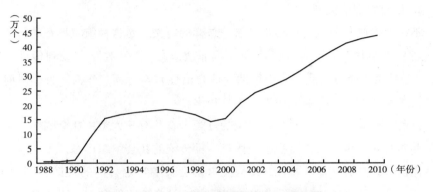

图1 1988～2010年我国社会组织的数量

资源来源：中华人民共和国民政部网站，http：//www.mca.gov.cn/。

从图1中不难看出，自改革开放以来，从数量上看，我国社会组织的发展经历了起步、爆发式增长、调整以及规范发展四个阶段。在起步阶段（1978～1989年），政府从法律角度构建了社会组织的发展框架，主要表现为该阶段制定的三个法规性条例：《基金会管理办法》（1988年8月）、《外国商会管理暂行规定》（1989年6月）和《社会团体登记管理条例》（1989年10月）。在这个阶段，社会组织的发展处于起步阶段，到1989年底，具有合法地位的社会组织共计4446个。在爆发式增长阶段（1990～1997年），社会组织得到空前的发展，从1990年的10855个增加到1997年的181318个。1997年10月，在党的"十五大"报告中更是明确提出要培育和发展社会中介组织，并以此作为促进经济和政治体制改革的一项重要措施。在调整阶段（1998～2000年），从机构设置和管理条例等方面对社会组织加强了管理。1998年6月，国务院批准成立民政部民间组织管理局；1998年10月，国务院发布《民办非企业单位登记管理暂行条例》和修订《社会团体登记管理条例》；1999年8月，颁布《公益事业捐赠法》。从数量上看，社会组织从1998年的16.56万个调整到1999年的14.27万个和2000年的

15.33 万个。在规范发展阶段（2001 年至今），社会组织得到稳步提升，从 2001 年的 21.09 万个增加到 2010 年的 44 万个。在这个阶段，社会组织的类别更加合理，2004 年 3 月，基金会从社会团体中独立出来；2007 年 10 月，党的"十七大"报告中使用了"社会组织"的概念。名称的改变更是确认了公民社会的地位和作用，社会组织的作用在更多领域和范围得到充分发挥。

2. 社会组织的类型

不论学术研究领域对社会组织赋予怎样的定义，对这种组织形态的特征描述基本还是集中在非营利性、民间性（或非政府性）、公益性（或利他性、慈善性）、志愿性（或自发性）与组织性（或自治性）等方面。作为一种非政府、非企业的组织形态，社会组织包含的类型很多。

目前，从我国民政部对社会组织的分类来看共有三大类：社会团体、基金会和民办非企业单位。其中，社会团体是一种传统的社会组织形态，多采取会员制的运作模式，具有互益的特征，即只是针对会员等特定群体的互助性利益组织。从特征上看，社会团体又可分为经济性团体、社会性团体和人民团体等，其中经济性团体是指存在于经济领域中的互益型组织，这种组织形态的活动通常都与企业等营利性组织紧密相关，如各种行业协会、商会、工会等组织；社会性团体则指与社会活动相关的组织形态，如各种学会、同学会、联谊会等；人民团体则是一种从事特定活动的群众组织，具有一定的准官方性质，如工会、妇联、青联、残联、学联、青年团、台联、工商联、侨联、科协、文联、记协、对外友好团体等各种组织。

至于基金会和民办非企业单位，则是社会组织发展实践中的一种创新（王名、朱晓红，2009）。2004 年国务院颁布的《基金会管理条例》将基金会定位为不同于社会团体的"非营利法人"，并确定了基金会的分类，即分为公募基金会和非公募基金会。其中，公募基金会是指以公募聚财为特征的传统基金会模式，非公募基金会则是以先富起来的企业家和富人为代表的经济精英成立以散财为特征的非公募方式。民办非企业单位作为另一种社会组织的创新模式，是指各种社会性的服务机构，如民办的教育、卫生、科技、文化、体育、社会服务等领域的服务性组织。1998 年，国务院发布《事业单位管理条例》和《民办非企业单位登记管理条例》后，民办非企业单位确定由民政部进行归口管理。从条例上看，对民办非企业单位作了如下规定："企业事业单位、社会团体和其他社会力量以及公民个人，利用非国有资产举办的从事非营利性社会服务活动的社会组织。"尽管如此,从民办非企业单位的实际运作来看,它与其他社会组织的明显不同之处就是具有一定程度的营利性。这是与西方国家从事社会事业的非营利组织最大的不同之处。

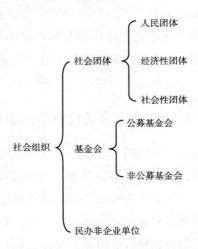

图 2　我国社会组织分类结构图

图 2 的社会组织分类结构是根据我国民政部对社会组织的登记分类来确定的。从总体上看,截至 2009 年底,在我国境内登记注册的社会组织将近 42.5 万个,其中社会团体 23.5 万个,比上年同期增长 6.8%,民办非企业单位 18.8 万个,比上年同期增长 5.6%,基金会 1780 个,比上年同期增加 390 个。[①] 但事实上,在我国境内活动的社会组织远不止这些。由于我国目前对社会组织实行双重管理体制,即登记注册和管理分别由不同部门来实施;这样,就有一定数量的社会组织因无法找到相应的业务主管单位而没有进行合法登记注册,或采取通过工商注册的方式来保证其存在的合法性。

二　社会组织:企业公民建设强有力的推行者

在现代社会治理结构中,政府、企业和社会组织形成一种不同的治理空间。

[①] 民政部门户网站发布《2009 年民政事业发展统计公报》,http://www.mca.gov.cn/article/zwgk/mzyw/201002/20100200057757.shtml。

其中企业和社会组织之间的相互作用主要体现在私人秩序的领域：作为营利组织的企业往往只关注自身利益，而社会组织作为公民在法律范围内自由选择的组织，公益性是其最大的特征。通常情况下，在企业公民建设中企业会在公益与私益之间寻找平衡点，但更多的情况下，除了政府在公共秩序领域所建立的规则外，社会组织的公益性在企业公民建设中更是发挥着不可替代的作用。具体地说，不同的社会组织类型，对企业公民建设的作用方式也不同。本章将分别从社会团体、基金会和民办非企业单位的角度进行分析。

（一）经济性社团组织：企业公民建设中的服务与监督主体

图 2 中，明确指出社会团体包括人民团体、经济性团体和社会性团体，其中经济性社团组织与企业存在密切的关系，对企业公民建设具有直接的推动作用。通常情况下，经济性社团组织是指为实现经济性目的而由符合特定范围或条件的成员所组成，其主要功能就是经济调节功能，克服市场失灵与防止政府失灵。因此，经济性社团组织一般包括各种行业协会、商会、工会和消费者协会等社团组织。我国现有的行业性协会组织是 20 世纪 80 年代以来伴随着改革开放而出现的，其中既包括由政府专业经济管理部门改组建立的行业总会和联合会（行政性行业组织），也包括原属统战性组织的工商联系统及其下属行业协会，还有以温州地区为代表的大量民间自发建立的地区性和行业性组织（自发性行业组织）。它们在法律上地位尚不明确，职能上存在交叉，主管部门多头，名称上也比较混乱，这些不规范的名称增加了人们对行业协会认识的混淆。为此，本章的行业组织是指以行业为基础自发组织起来，且具有合法资格的企业和企业家的联合起来的非营利性、自律性的社团组织；它包括自上而下和自下而上的两种生成方式的行业协会、挂靠在工商联之下且其成员大多由私营企业家组成的民间商会（即行业商会）、由跨行业的专业人士组织的具有专业性质的协会组织（即专业性协会），以及具有区域性的跨行业跨地区性质组织的协会组织（即异地商会）等不同类型。由于与企业之间的密不可分的关系，行业组织在企业公民建设中具有重要的推动、监督、服务等功能和作用。

1. 行业协会（包括各种行业商会）：行业内企业公信力构建的主体

不同的国家，对于行业协会的定义不同，行业协会所发挥的作用也不尽相同。在我国，1997 年国家经贸委印发的《关于选择若干城市进行行业协会试点的方案》中指出，"行业协会是社会中介组织和自律性行业管理组织。在社会主义市场经济条件下，行业协会应是行业管理的重要方面，是联系政府和企业的桥梁、纽带，在行业内发挥服务、自律、协调、监督的作用。同时，又是政府的参谋和助手。"这也就是说，行业协会不仅是实施行业自律的主体，更是规范市场秩序的重要力量。因此，行业协会对作为市场秩序的主要治理主体——企业，所产生的作用更多体现在行业的自律功能上。

在我国转型过程中，在行业内部企业间经常会出现价格的无序竞争、相互仿冒、失信欺诈等行为，这些已成为市场经济的"通病"。如乳业中的"三聚氰胺事件"、月饼行业中的"冠生园事件"、证券业中的"银广厦事件"、地板业中的"欧典地板事件"以及"金华火腿事件"、"黑心棉事件"等等。这些事件发生在我国市场经济的发展过程中，也是企业公民建设中遇到的最普通的问题，即企业的失信问题。但是，不难看出，几乎在每次因单个企业失信事件发生后，行业协会都会站在行业的角度通过种种手段和措施，重塑企业公信力。一般情况下，作为一种行业自律性组织，行业协会通过发布行业权威信息维护行业利益、通过质量检测设立行业标准、通过价格联盟如用最低保护价销售协议来制止行业内竞相压价及以次充好的行为、通过相应手段对行业内失信的企业进行惩罚等，来树立企业的公信力，维护行业内企业的公民地位。如 2010 年年初，中国乳业制品工业协会委托中国电信、中国移动向公众发短信，希望通过此种方式来构建乳业制品企业在整个社会的公信力。

2. 行业协会：企业在国际市场承担社会责任的服务主体

作为行业内企业的服务主体，行业协会的作用不仅体现在行业自律方面，更主要的是行业服务，尤其是在国际贸易领域。具体地说，行业协会作为行业内企业的代表，除了在开拓国际市场方面组织国内企业联合行动，共同开拓国际市场，开展国内外经济技术交流与合作，指导和规范企业的对外交往活动之外，在现行的国际贸易体制内，行业协会是行业内企业应对国际贸易争端的主要服务主体。如在国际多边贸易谈判中，行业协会或商会代表本国企业利益积极提交各种文件；在国际贸易争端中，行业协会通常都会与相关的国家或地区进行谈判，阐明立场；通过进出口产品的数量、价格以及对国内相关产业的影响建立预警机制和监测机制，在行业安全方面为企业提供更多的服务；利用多边贸易规则和本国法律法规，维护会员企业的利益。

从国际上通常的做法来看，行业协会往往就是提起反倾销、反补贴以及各种保障措施的主体。作为国际市场的企业一致对外的主体，行业协会不仅可以克服由单个企业应对其他企业"搭便车"的做法，善用国际规则为企业的合法权益服务更是行业协会的优势。如自 2008 年全球金融危机爆发以来，国际贸易保护主义盛行，针对我国产品的贸易摩擦数量急剧增加；在这个过程中，行业协会作为行业的代表，积极搜集相关国家和地区的政策，应对各种贸易争端。这从各国的反倾销、反补贴、保障措施立法中将行业协会列为应对国际贸易摩擦的"利益相关方"，就可看出行业协会在应对国际贸易摩擦中所担负的责任和义务。

3. 行业协会：制定行业标准、推动企业社会责任的实施者

在国外，通常情况下行业的技术标准制定是由各国的行业协会或商会等非政府组织来承担和完成，如为我们所熟知的企业的 ISO8000 标准系列、ISO9000 标准系列等，都是由行业组织或国际性的行业组织根据国际市场的需要而制定与发布的。国家发改委于 2005 年 7 月发布的《行业协会制定管理办法》（发改工业〔2005〕1357 号）第五条明确指出，"行业协会的制定工作由国家发展和改革委员会（以下简称国家发展改革委）管理。国家发展改革委委托有关行业协会（联合会）、行业标准计划单列单位对行业标准制定过程的起草、技术审查、编号、报批、备案、出版等工作进行管理"。

从国内看，行业协会等行业性社会组织通过制定行业标准来约束企业的行为，事实上，从国际上看，各种专业性的协会组织和社会组织更是成为企业社会责任推行与实践的生力军。20 世纪 90 年代企业社会责任运动的发展，其主要推动力就是来自政府与社会组织：政府通过立法来界定企业的活动，社会组织则通过各种行业规则和标准来推动。到目前为止，国际上比较有影响力的企业外部生产守则的制定和审核认证机构都是各种协会类的社会组织，如美国的公平劳动协会、社会国际、国际玩具协会，英国的道德贸易行动等。在国内，如中国纺织工业协会制定的 CSC9000T（即纺织行业企业社会责任标准）等。

事实上，行业协会作为行业标准的制定和发布者，具有天然的优势，也是行业协会约束行业内企业的重要手段。通过设定行业的市场、技术，以及人才流动等标准，行业协会可以从生产到销售、从市场到管理等各个环节约束企业行为，同时行业协会可以通过标准来规范行业行为，保证行业信用和行业利益的实现。不仅如此，行业协会还具有对产品的质量、产地等方面进行认定和鉴别的能力与权力，这不仅有利于保护行业内企业的利益，也是对消费者福利和社会公共利益的保护。

4. 专业性协会：企业承担社会责任的一种组织创新模式

从我国行业协会组织发展的情况来看，除了同行业企业组织的行业协会之外，近年来还出现了一种更为宽泛的行业协会组织。这类协会组织包括：由跨行业的专业人士按照某些特定目标组织起来的专业性行业协会，如由我国百位企业家于2004年6月发起并成立的阿拉善生态协会，其目的是改善和恢复内蒙古阿拉善地区的生态环境，减缓或遏制沙尘暴的发生。这是我国首家以社会责任为己任、以企业家为主体、以保护地球生态为实践目标的公益性的社会组织。

很显然，阿拉善生态协会的存在不是一种简单的为特定目标的实现而存在的专业性协会，而是作为企业承担社会责任的一种延伸性的组织形式而存在。在现代社会治理结构中，企业就是力图运用自己的资本来获取最大的利润。但是，作为一个公民，企业在享受整个社会赋予其相应权利（如人格权利、财产权利、生产经营权利、法律保护权利、信息权利以及使用资源的权利[1]）的同时，也应承担相应的社会责任包括经济责任、法律责任、自然环境以及人本、伦理和道德责任。[2] 但是，如何将企业对经济利润的追求与社会利益的实现在企业内成功实施，一直都是理论界争论的焦点。而阿拉善生态协会所具有的企业家生成背景和非营利性的组织特点，正是成为企业承担社会责任的一种组织创新模式。

这种组织模式的创新具有以下特点：一是可以将企业的治理结构"移植"到协会中，建立现代企业的管理机制和民主之风；二是将公益营销和绿色营销的理念引入企业，为企业拓展另类的市场营销模式提供资源；三是以减缓阿拉善沙尘暴为起点，致力于保护中国的生态环境，促进人与自然的和谐，促进人与社会的和谐，促进人与人的和谐；四是这种自觉承担社会责任的行为使企业更容易获得更高的公众信任度，有利于改善企业的形象和生态环境。[3] 因此，可以说，阿拉善生态协会的生成及运作模式，为企业承担社会责任和追求经济利益提供了一

---

① 邹东涛：《中国企业公民报告》（2009），社会科学文献出版社，2009年7月，第9页。

② 邹东涛：《中国企业公民报告》（2009），社会科学文献出版社，2009年7月，第10~11页。

③ 李莉、程燕：《我国民间环保组织在"两型"社会中的角色与功能》，《学习与实践》2009年第7期，第152~153页。

种很好的组织创新载体，即在企业内完成对经济利益的追求，在企业之外的非营利性组织中延伸企业所承担的社会责任。

（二）基金会：企业公民建设的有效平台

在20世纪90年代西方国家掀起的"企业社会公民责任运动"中，基金会作为一种公益慈善类的社会组织，成为企业实施社会公民责任的强劲推动者和直接参与者。在我国，企业公民责任概念的提出则是在2000年之后。2004年国务院颁布的《基金会管理条例》中，明确提出基金会"是指利用自然人、法人或者其他组织捐赠的财产，以从事公益事业为目的，按照本条例的规定成立的非营利性法人"，同时确定了非公募基金会的合法地位，拓展了民营企业实现公民建设的平台。作为一种公益慈善类社会组织，基金会是社会财富实现再次分配的途径之一。因此，企业通过基金会可以实现其所承担的慈善社会责任；基金会也可以通过社会责任投资来甄选具有社会公民意识的企业。

1. 基金会：企业实现社会公民慈善责任的平台选择

作为专业性的社会慈善组织机构，基金会具有与社会基层和大众直接沟通的机制与网络，且在解决社会问题、满足社会需求等方面具有不可替代的专业知识和技能；同时，基金会最大的特点就是公益性、专业性、志愿性以及公开性等。因此，企业借助基金会这个平台，通过公益捐赠、项目合作、技术支持、志愿服务等方式，可以很好地向社会传达其实现社会公民责任的信息，提高企业的社会形象。这种做法对于企业和基金会来说，是一种"双赢"的策略选择：对于企业来说，对社会责任的承担无疑将提升其品牌知名度，增强员工对企业的归属感；对基金会来说，实现资金来源的多元化，弥补了政府资助或公众捐赠的不足。显然，在基金会这个平台上，企业实现了经济、社会与生态效益的统一。从这个角度看，基金会扩大了企业公民参与社会的领域，为企业体现社会公民责任提供了一种有效的路径选择。

除了通过公益捐赠等方式来实现企业的社会公民责任之外，借鉴国外非公募基金的成功运作模式，通过成立基金会的方式，将企业所承担的慈善社会责任制度化，是企业通过基金会这个平台实现其社会公民责任的又一选择。2005年，我国第一家非公募基金会是由广东香江集团出资成立的"香江社会救助基金会"。之后，我国非公募基金会进入一个发展的高潮期（如图3所示），在短短的5年间，由2004年的从零开始发展到2009年底的846家；同时，公募基金会的发展也是稳中有升，逐年递增，到2009年底时接近1000家。企业将自身拥有的资金优势与基金会所拥有的制度优势结合起来，构建出具有专业化运作机制保证、可持续发展的企业社会公民建设体系。一方面，基金会成为企业所承担社会责任的组织延伸；另一方面，企业通过基金会的治理机制使社会公民的责任实现专业化。因此，"企业＋基金会"的模式标志着中国多元化多渠道的慈善发展模式已初具规模。

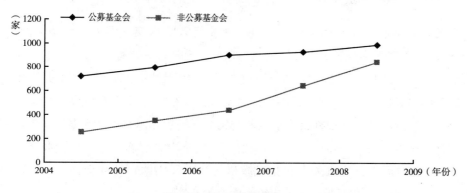

图3　2004年以来我国的基金会发展概况

资料来源：根据民政部民间组织管理局指导下多家基金会整理的《2008年中国非公募基金会发展报告》以及《2009年中国非公募基金会发展报告》中相关数据整理而得。

2. 基金会：通过社会责任投资促进企业承担社会责任的主体之一

在企业与基金会合作或企业运用基金会的制度模式来实现社会公民职责之外，还有一种方式可体现出基金会在企业公民建设中的作用，即基金会通过社会责任投资的方式来筛选具有社会责任的企业，由此提升企业的道德责任地位。

从国际知名的慈善基金会如福特基金会、比尔·盖茨基金会等的运作来看，它们都是通过专业化的投资管理，来实现基金会基金的长期增值，以保证基金会运作的可持续性。这就是近年来逐渐引领西方国家资本市场的社会责任投资，其中基金会等非营利性组织是社会责任投资的主体之一。基金会在选择投资对象时，把社会责任作为重要的指标进行筛选，而排除那些它们认为没有道德责任的企业；通过股东主张的方式来促使企业对社会责任的承担，即有社会责任意识的股东以企业所有

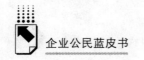

者的身份采取行动，通过股东所有权影响公司的行为，让公司朝着更富有社会责任的方向运营。① 通过这种投资模式，一方面可以解决基金会面临的基金增值问题，另一方面还可以通过基金会对企业的有选择的投资方式和投资理念来影响企业的行为方式，使之为了吸引基金会来选择对其投资而向有利于对社会负责任的方向发展。但是，从我国基金会目前的运作来看，通过投资的方式来实现资金增值还比较薄弱。因此，通过基金会的筛选来促进企业公民建设的作用还未充分体现出来。

（三）民办非企业单位：企业公民建设的环境构建者

民办非企业单位是个新概念，1996 年 8 月首次出现于中央的相关文件中。1998 年 10 月国务院发布的《民办非企业单位登记管理暂行条例》（以下简称《条例》），首次明确了民办非企业单位作为社会组织的法律地位。《条例》中的第二条给出了民办非企业单位的定义："本条例所称民办非企业单位是指企业事业单位、社会团体和其他社会力量以及公民个人利用非国有资产举办的从事非营利性社会服务活动的社会组织。"不难看出，这个定义明确界定出民办非企业单位的举办主体是非国家机关（包括党政机关和人民团体）的社会力量和公民个人，举办资产是非国有资产，活动的性质是非营利性。

作为市场经济和社会服务的主体之一，民办非企业单位与经济社会发展具有最为直接的关系。它涉及教育、卫生、文化、科技、体育、劳动、民政、社会中介服务、法律服务等部门和行业。民办非企业单位最主要的职能就是提供公共服务，弥补政府在公共服务领域的不足；另外还可以创造就业机会，吸纳社会就业，提供多元化的公共服务，推动公共参与，创建诚信、自律的社会环境，促进社会和谐。从这个角度看，民办非企业单位虽然与企业的公民建设并不存在直接的交叉领域，但却通过不同的方式和手段为企业社会责任的实施提供一个良好的氛围与环境。

参考文献

［1］王名、朱晓红：《社会组织发展与社会创新》，《经济社会体制比较》2009 年第 4

---

① 田祖海：《社会责任投资理论述评》，《经济学动态》2007 年第 12 期，第 89～90 页。

期。

［2］邹东涛：《中国企业公民报告》，社会科学文献出版社，2009。

［3］王名：《我国社会组织发展历史与趋势》，《新华文摘》2009 年第 16 期。

［4］俞可平：《中国公民社会：概念、分类与制度环境》，《中国社会科学》2006 年第 1 期。

［5］莱斯特·萨拉蒙：《非营利部门的崛起》，谭静译，http：//www. henanedu. com。

［6］李莉、程燕：《我国民间环保组织在"两型"社会中的角色与功能》，《学习与实践》2009 年第 7 期。

［7］田祖海：《社会责任投资理论述评》，《经济学动态》2007 年第 12 期。

［8］王名、贾西津：《中国 NGO 的发展分析》，《管理世界》2002 年第 8 期。

［9］王玉珍：《行业租金、行业协会与行业自我治理》，《经济学家》2007 年第 2 期。

［10］王绍光：《促进中国民间非营利部门的发展》，《管理世界》2002 年第 8 期。

Report on Social Organization in Corporate Citizenship Development

Abstract：Social organization and enterprise are the important part in modern social management structure. This report discuss how the profit-maximization-seeking firms to undertake social citizenship responsibilities, and points out that as a non-government and non-enterprise public welfare organization, social organization promotes corporate citizenship in various ways. The promotions are different as the different types of social organization. Social groups, especially the economical social groups, are service and monitor body. Foundations are the effective platform, and civil non-enterprise organizations are the builder of environment.

Key Words：Corporate Citizenship Development；Social Organization；Corporate Social Responsibility

B.13
部分国家和地区企业公民
实践模式研究报告

李传志*

  摘 要： 企业公民通常是指在一个国家进行了正式注册登记，并根据该国法律，享有企业权利并承担企业责任和义务的法人。自20世纪90年代开始尤其是近年来，全球的企业公民实践运动方兴未艾，漠视社会责任的企业将越来越不受社会欢迎，争做企业公民逐渐成为一种企业大趋势。在这方面发展中国家也不甘落后，属于亚洲四小龙的中国台湾和中国香港地区以及拉美新兴市场国家巴西和阿根廷在这方面走在了前头，其企业公民建设模式具有鲜明的特色，很值得同属于发展中国家的我国企业借鉴和效仿。

  关键词： 企业公民 模式 启示

  企业公民的概念源于西方，也兴盛于西方。欧美国家的工业经济起步较早，多数优秀企业已历经"原始积累"和"资源整合"，进入了"企业公民"阶段。许多资料表明，企业公民战略的实施能给国家经济发展、社会繁荣稳定带来一系列好处。随着经济全球化的进程，企业公民理念也影响到了发展中国家，作为亚洲四小龙的中国台湾和中国香港地区以及拉美新兴市场国家巴西和阿根廷走在了前头，它们的企业公民建设模式各具特色。尽管与发达国家相比，还有较大距离，还多表现为个案，但是我们相信，既然已经踏上了这段漫长而艰辛的责任之旅，前途一定是美好的。

  今天，我国的绝大多数企业仍停留在原始积累阶段，一部分企业进入资源整

---

  * 李传志，男，山西人，东莞理工学院经济贸易系，经济学博士，教授。主要研究方向：宏观经济和东莞经济研究。

合阶段。即使在我国 500 强中，不少企业充其量还停留在第二阶段，还没有进入真正公民责任阶段。从现实来看，今天中国企业和企业家的实力、经验以及所处的国内外环境，都决定了企业需要进行新转型，上新台阶，使企业发展到一个新的阶段。这个新阶段就是"企业公民"阶段。探讨中国台湾、中国香港、巴西、阿根廷四地企业公民建设模式，对同属于发展中国家的我国企业具有很强的借鉴作用。

一　巴西企业公民模式

巴西自然条件得天独厚，是拉美第一大经济体，有较为完整的工业体系，工业产值居拉美之首。近几年开始大兴"企业社会责任"之风，巴西政府努力促进企业公民建设，在实践中创造了符合本国国情的循环经济发展模式。

（一）　巴西企业公民建设概况

1. 企业公民运动正在兴起[①]

巴西近几年开始大兴"企业社会责任"（类似于我们企业公民的说法）之风。目前，全国有 40 多万家企业自愿实行社会责任。而系统地制度化地实行社会责任的企业有近 800 家，其中 1/3 是跨国公司。这些企业每年在这方面共约投入 25 亿美元。

一些非政府组织、社会团体、行会组织、私人基金会、非营利协会和其他法人机构等举办的助贫活动、慈善事业、志愿行动近年发展很快。以每年的"无饥饿圣诞节"为例，民间团体就自发组织为成千上万的穷人家庭赠送圣诞食品。

传媒的力量被充分运用在巴西人的社会良知、爱国主义和民族自豪感的培养上。传媒人经常学习的一个案例就是在 2004 年，巴西媒体组织了被称为"巴西之精华就是巴西人"的宣传活动，提高巴西人的自尊心和自豪感，鼓励人们为事业、为国家积极进取。最大私人传媒集团环球电视台的《精彩巴西》等栏目常常令人动容，激发了国民爱国情感和民族凝聚力。

均富会计师行《国际商业问卷调查报告 2008》（International Business Report）

---

① 均富会计师行：《企业社会责任采纳程度》，搜房网，2008 年 3 月 18 日。

最新公布的调查（全球 34 个地区参与调查，超过 7800 位受访者）结果显示，超过半数（56%）的私营企业已采用企业社会责任政策。巴西有超过 60% 的私营企业设有正规的企业社会责任计划。

均富会计师行企业风险管理服务主管罗柏达表示："调查数据反映在海外投资者及大型跨国企业对供应商的殷切要求下，像巴西这样的新兴市场正面对着推行企业社会责任的压力，以配合海外客户的业务框架。而另一方面，企业亦开始认识到企业社会责任的重要性，明白他们投放在这方面的努力，将能提高商誉及品牌认受性，有利于他们迈向国际的发展计划。""全球愈来愈重视企业社会责任，很多公司已明白赢得客户的尊重和信任是迈向成功，甚至只是求得生存的关键。我期望企业都能意识到，今时今日企业社会责任已属必要，而并非一个选择，让推行企业社会责任的趋势变得更有系统。"

罗柏达还表示："有别于上市公司，私营企业明显不受有关企业社会责任的严格法律规管，亦不需如上市公司般注重投资者关系。最有趣的是，他们推行企业社会责任政策并不单纯为保护环境，而是为求挣扎求生存，创造更佳的发展前景。"

2. 巴西政府努力促进企业公民建设[①]

巴西的劳工法被认为是世界上最维护劳工权益的法律之一。雇主一般不会因劳工纠纷诉诸法律，因为十有八九法院会判劳方胜诉。在巴西，农民也可获得退休金，只要出具从事过农业劳动的证明，就至少可获得每月最低工资约合 100 美元的退休金。

巴西政府也不断出台有利于弱势群体的措施，如加大基础教育投资，改善中小学教育质量，开展微型贷款计划，使数百万过去无法取得银行贷款的人，能以低息获得最多不超过 300 美元的小额贷款（但是，这个微型贷款计划的后遗症就是巴西人习惯了买双鞋也要分期付款）。

同时，巴西的统治者，也都懂得利用足球、狂欢节来缓和社会矛盾、维护社会稳定、改善执政形象。凡此种种，这些促进经济和社会和谐发展、完善社会分配、缩小贫富差距、促成良好社会风尚的做法已经被其他拉美国家争相效仿。

---

① 《"移民与海"制片人札记 2——里约日记 5》，搜房网，2007 年 7 月 16 日。

3. 企业重视产品质量

在巴西、智利、阿根廷这样的外包目的地和制造中心，质量的作用越来越明显，那里大量的企业正在争相通过 ISO 标准认证。"过去的 5 年里，南美质量事业发展迅猛。"巴西一家质量出版机构 Espe 的总裁 Fernando Banas 说。2008 年，巴西很自豪于自己有 6129 家企业通过了 ISO9001 认证（2001 年，通过此认证的只有 182 家），近 2000 家企业通过了 ISO14001 认证（2001 年通过此认证的只有 165 家）。此外，几乎所有人数在 500 人以上的企业都建立了正式的质量部门，而这在南美的企业中还是个新鲜事儿。

通过 ISO 认证和其他标准可能会增加收益，提高效益，但是在南美这个曾因产品的质量低劣和使用童工而出名的地方，还有另外的优势：南美的企业和世界其他地方的企业有着相同的商业规则。"这种情况推动拉美国家去建立他们自己的标准版本，以促进出口。" Banas 说，"所以，近 10 年来这个市场一直在倡导出口"。

4. 企业更加注重环保责任①

根据巴西杂志 *Exame* 的一项民意调查，大多数公司比过去更多地关注环保活动。这个结论来自一个关于环境实践的研究，140 个巴西公司中的 72% 每年都有可持续报告，而其中的 40% 宣称对这些成果将制定更高的标准。

在巴西，这项民意调查被认为是关于企业社会责任的最重要的调查，涵盖的公司从石化业到零售业，在这中间，39% 为跨国公司，30% 为巴西上市的公司，25% 为自有资金企业，另外 6% 为国有企业。

（二）企业力量来自社会责任信誉②

巴西国家石油公司国际联络部主任布拉加 2007 年初对媒体说，践行环境和社会责任是石油公司树立信誉的核心奋斗目标。

1. 企业社会责任要从高管做起

2003 年，由联合国安理会前秘书长安南发起成立一个名为"全球协议"的组织，其成员由世界各国的 1500 多家企业组成。该组织的 3 项基本原则是：尊

---

① 《巴西：企业更加注重环保责任》，《商道纵横》2007 年第 12 期。
② 《企业力量来自社会责任信誉》，2007 年 2 月 28 日《石油商报》。

重人权、遵守劳动法、保护环境。作为巴西国家石油公司在该组织的代表，布拉加说，为全球争取更好的社会环境是一个十分紧迫的任务，但一些国家政府在这方面做得较差，其实企业可以在开展业务的地区做一些实在而有效的工作，改善当地社区的生活水平。

在"全球协议"组织正式成立后不久，巴西国家石油公司就启动一个工程服务管理方案，这是针对公司的 2500 个工程服务供应商的。方案规定，合同竞标得分高低不仅要看一般的法律、技术、商业因素，而且要包括社会责任活动。"我们的目标是要将本公司的理念向其他企业推广，鼓励他们也在履行社会责任方面采取积极的态度"。

巴西国家石油公司近几年共投入 23 亿美元，用于减少环境风险，提升企业社会责任。这些努力得到了社会的肯定，比如公司被选作"全球协议"组织的代表，同欧洲管理开发基金会合作开展专门项目。参加这个项目的成员包括世界各地的 12 家企业和 12 所商业院校，项目的目标是运用社会、环境责任理念和管理原理创建新的方法，供联合国用于培训新型全球商业领导人。

布拉加说，公司开展的"塔玛拉项目"是要帮助低收入社区创造新的地方经济，形成新的地方工业。比如帮助当地女缝纫工建立合作组织，给她们加工合同，让她们为公司生产制服工装，使她们增加收入。"金钱资助会越用越少，而就业带来的是长期有效的生财之道，这种策略会改变公司所在地社区民众的观念。但是，如果公司总裁、经理们不转变文化理念、不改变做法，仍然不会产生效果，所以事情要从上面做起"。

2. 用市场化解决贫困仍需要国企精神

巴西国家石油公司已有 45 年的历史（成立于 1953 年），人们可以看到以前由政府提供的需求，现在是如何由公司来完成的。在政府打破行业垄断，把炼制业和运输业剥离时，巴西国家石油公司进行了机构重组和重新定位。如今，公司的任务是要创造条件使股东价值最大化，与过去作为国家垄断企业相比，这是一个急剧的变化。新的定位要求公司利用必要的资源加大社会投入，在公司从事生产经营活动的地区，广泛开展经济活动。尽管巴西国家石油公司仍具有国家企业精神，但把公司作为私营企业运营可带来很大优势，这意味着每年可创造更大的销售额和利润。

布拉加指出，搞好统筹平衡是一件细致复杂的工作。在美国证券交易所上市的公司中，那些重视社会责任的公司价值要比忽视这方面问题的企业一般高出20%。"没有社会责任的企业会不会有长远发展？我从未见过一个富得流油的企业与一个贫穷的国家共存。巴西的社会债务是一个严重的问题，如果政府、社会、企业不能共同努力，就不能使5000万人口成功进入市场经济，我们所说的市场可以解救每一个人。问题的答案在于做智慧型商业，进行有创意的投资。"

巴西国家石油公司不愿被那些较贫穷的国家看做"帝国主义跨国公司"，在公司经营炼油厂和加油站的玻利维亚和阿根廷，这种战略得到很好的反响。在当前经济十分困难的时候，很多企业关闭了地方经营业务，而巴西国家石油公司能坚持下来本身就得到舆论的认可。与此同时，公司注重不干预地方政府的事务。布拉加希望"以新的、更人性化资本主义取代过时的观念，这关系到每一个人，需要每一个人付出努力"。

布拉加指出，巴西国家石油公司是拉美和加勒比油气公司区域协会（Arpel）的成员单位，这个由25家油气公司组成的协会关注社会与环境问题，积极从事可以让股东、雇员、供应商和当地社区都能看得到的活动，并通过这些活动建立协会的信誉。信誉是一种无形资产，然而却需要用实实在在的东西去建立。履行社会和环境责任是建立企业信誉的关键，也决定了企业的存亡，明智的策略是对这些问题做出应有的承诺。

二　阿根廷企业公民模式

阿根廷物产富饶，气候适宜，土地肥沃，是综合国力较强的拉美国家。近年来，阿根廷政府和民间都非常注重环保。为此，与石油巨头、金矿公司发生一系列冲突，说明在发展中国家企业公民建设还任重道远。

（一）壳牌阿根廷拒绝缴纳排污费①

2007年9月，阿根廷以排污收费为由关停了境内壳牌公司唯一的炼油厂，壳牌阿根廷为其环境绩效进行了辩护，认为关停行为不合理，并警告阿根廷政府由于关停炼油厂可能引起能源短缺。

---

① 《壳牌阿根廷拒绝缴纳排污费与政府矛盾升级》，《商道纵横》2007年第9期。

炼油厂的关停意味着皇家壳牌公司和阿根廷政府的矛盾进一步升级，双方的能源价格和供应矛盾依旧没有平息。壳牌阿根廷负责人表示："所有的土壤样本都表示工厂的污染水平并没有超过国家标准。"他还呼吁政府应该重新考虑对于炼油厂的关停行为，该工厂炼油能力约 10 万桶每日，成品油大部分被送往国内。

阿根廷 2001～2002 石油危机时，公司与政府曾经达成默认的协议，使得阿根廷油价持续低于国际水平。但最近一年来，国际市场原油和成品油价格飙升，阿根廷政府为了控制通货膨胀，要求石油公司严格限制油价。随之，壳牌阿根廷减少了石油供应量。此前，阿根廷政府曾经以公司未供应足够的石油为由对其罚款达 160 万美元。

从英国到尼日利亚，从俄罗斯到伯利兹，从发达国家到不发达国家，从大国到小国，各国各地石油开发的投资力度都在不断加大，这一现象所带来的环境问题也在不断增加。但是随着生产规模的扩大和产业链条的延伸，石油开采行业在今后很长一段时间内依然面临着巨大的勘探和开采任务，通过增加石油产出来满足社会需求。然而一个不容否认的事实是，随着开采工作的不断深入，油气的开采难度越来越大，迫使石油开采行业将目光转向人口稀少、生存条件恶劣、生态环境脆弱和敏感的地区，比如北极、沙漠，甚至深海这些条件极其恶劣的地区，从而使得外部所面临的环境压力不断增加。

有识之士指出："解铃还需系铃人"，石油企业一方面要提高自己的环境业绩，另一方面还要与勘探开发区的利益相关者协调好关系，只有这样才能减少环保纠纷。

（二）不受欢迎的金矿企业①

"地中海黄金"的一个公司在 2003 年发现没有哪家公司欢迎它。在阿根廷的这家公司有一个很大的金矿，最后当地社区禁止他们采矿，这对公司的业务产生了巨大影响，而且对企业声誉也产生了非常恶劣的影响，同时也使得当地的矿工和居民的关系趋于紧张。于是他们就找到企业公民协会帮忙看看这个问题到底原因在哪里，怎么解决？当然这个企业也承认他们当时对这个复杂情况处理不当。专家看后，首先觉得有一点很重要，就是要勇于承认自己的错误，承认自己

---

① 《中国企业社会责任实施方法讲座实录（一）》，慧聪网，2005 年 9 月 12 日。

存在的缺陷，这是一个起点。而且仔细看了这个案例之后，发现81%的当地居民投票决定要把他们赶出去，专家就与当地的居民和企业一起讨论，到底为什么会这样，怎样才能够改善居民对他们的看法。公司通过这个过程深刻地了解到，如果在推广业务过程中，不与当地社区进行充分对话的话，最终会危及自己的业务发展，而且这里边还涉及一些文化冲突的问题。最终在企业公民协会帮忙下，问题得到圆满解决。

（三）企业慈善走向全球化①

当美国企业纷纷将业务扩展到全球的时候，这些公司的公益慈善事业也不甘落后，紧跟着全球化步伐，迈出国门。在北京奥运场馆施工现场，一辆卡特彼勒牌的重型掘进机轰隆轰隆地在作业，与其他几辆掘进机一起忙碌着。与其他掘进机不同的是，这辆价值数百万元的重型掘进机是卡特彼勒公司在2002年捐赠给中国，专门用于2008年北京奥运会场馆建设所用。作为世界上最大的工程机械生产商，该公司在2005年还通过自己公司的基金会，向大自然保护协会捐赠1200万美元，用于改善中国江南地区的长江水质，卡特彼勒公司位于中国的主要生产基地就建在那里。

在美国芝加哥，卡特彼勒公司被称为是这个城市最具代表性的明星企业。如今，在明星企业的带动下，芝加哥的其他公司纷纷将自己的业务扩展到中国、印度和拉美等国家，建立自己的海外版图。与此同时，这些公司尽可能地深入海外公司所在社区，提高参与度。换句话说，公司不仅是在海外社区里挣钱，而且还要融入当地社区，通过捐赠等慈善事业提高自己的社会效益。这是一个大趋势。纽约企业研究理事会的研究数据显示，美国企业在2006年，对美国本土之外的社区捐赠超过20亿美元。

"跨国公司正在通过捐赠等慈善手段来表现他们在国际市场上的声誉。"华盛顿国际基金会理事长罗伯·巴科南说，"跨国企业希望看到自己公司在每一个社区，都能被看做是一个好公民。"人们普遍认为，除了将大笔捐赠投向海外以外，同时，美国企业也在海外做更多的慈善事业。纽约鼓励企业慈善活动委员会所作的最新调查显示，2004～2006年，美国企业在国际上的慈善事业增长了44%。

---

① 《企业慈善走向全球化》，2007年8月28日《公益时报》。

"未来数年，我们看到的不仅仅是各个公司基金会在数量上的增加，公司在社区的融入与参与，才是最明显的。例如，海外公司雇员在当地慈善机构担当志愿者。"摩根大通美国中西部地区主席威廉·戴利说。威廉·戴利同时兼任摩根大通企业社会责任办公室主任。摩根大通银行在海外的慈善事业，包括对阿根廷首都布宜诺斯艾利斯生态建设项目的资助，以及帮助布宜诺斯艾利斯利用可再生材料，为低收入家庭建设住房。

"现在越来越多的企业认为，在解决全球性问题，如气候变化等方面，自己也有责任，光靠政府去解决是不够的。"威廉·戴利说："企业社区能形成非常大的影响范围。""企业的成功需要具备各种因素。当一个公司将自己的捐赠与公司品牌建设相挂钩，与当地的价值观相结合，这家公司才是真正的诚实可信的。"芝加哥慈善事业机构的负责人莱斯利·斯拉维特说："一个好的战略应该是企业与社会双赢，公司发展的同时，并满足当地的需要。"

三　香港地区的企业公民模式

香港是亚洲重要的金融、服务和航运中心，以廉洁的政府、良好的治安、自由的经济体系以及完善的法治闻名于世，是亚洲四小龙之一。经济全球化推进了香港企业社会责任意识的形成和发展，企业公民建设正是其核心内容。在汇丰银行推动下，30万家中小企业不甘落后，争做企业公民成为一种潮流。香港的事实说明，企业公民建设并不只是大公司的专利。

（一）香港企业公民意识的调查①

香港民政事务局与公民教育委员会委托香港大学进行了一项企业公民意识的调查，结果显示：大多数的企业都对社会责任意识不足，仅有9%的公司设立机制履行企业社会责任。

调查从2006年11月至2007年4月进行，从政府统计处机构记录库抽出20147家不同规模公司，响应率61%。结果显示，大公司对企业社会责任有较多认识，并已推行有关的活动计划；而认识这个概念的公司推行的企业社会责任措

①　《香港公司对企业社会责任认知不高　倡政府牵头推广》，广州视窗，2007年11月13日。

施，比不认识这个概念的公司的有关措施更佳。调查特别探讨企业社会责任的 4 大范畴，即以符合道德规范的方式运作、降低不良影响、对社会的贡献，以及改善员工的现状。

在以符合道德规范的方式运作方面，大部分受访机构都实行保障顾客的政策或措施，例如向顾客提供清晰准确的价格数据（86%）、售后服务（77%）和价格以外的其他数据（74%），注重保障顾客的个人资料（80%）。大部分受访机构相信，机构有责任向顾客提供安全和优质的货品或服务（88%），认为这样能为机构带来长远利益（87%）。

在降低不良影响方面，95% 的受访机构已采取环保措施或推行有关政策，约 2/3 受访机构认为，保护环境是公司文化的一部分，有助于提升公司形象或减少成本；但在反歧视方面，74% 的受访机构既没有订立反歧视指引，也没有采取有关措施，这种情况在小公司中更为明显。

对社会的贡献方面，18% 的受访机构在受访前 12 个月内，曾向慈善机构捐款；14% 的机构曾向慈善机构做过非金钱捐赠，包括免费提供产品或服务。

至于员工福利，88% 的受访机构已向员工及其家属提供福利；大部分受访机构认为，向员工提供福利可提高工作效率（73%）和有助于减少员工流失（77%）。

香港公民教育委员会主席彭敬慈在公布调查结果时表示，这些公司认为，应由政府牵头推广企业社会责任和推行有关措施，例如为公司提供培训、制定企业社会责任约章等。

2007 年初，香港大学商学院的调查显示，七成受访机构承诺实践企业社会责任，但只有五成制定相关政策。调查访问 100 家企业，发现过半数公司，实践社会责任是因为会影响公司的市场价值，且认为有助挽留员工。

企业社会责任包括鼓励员工参与义工等公益活动，推行公平的赏罚制度，但香港大部分公司，存在工时过长的问题，只有两成企业有政策注明员工每日最长工时。

（二）香港中小企业公民实践①

在香港，不但大型公司纷纷站在企业社会责任活动的最前线，为数约 30 万

---

① 《汇丰奖励香港重视社会责任及环保的中小企业》，中新网，2005 年 6 月 16 日。

家的中小企业亦日益明白，商业环境瞬息万变，挑战越来越大，企业必须对社会责任作出更大承担。

香港最大的银行集团汇丰于2003年11月委托 A. C. 尼尔森进行了一项有关小企业客户的调查。汇丰的这项调查研究旨在了解香港中小企业对企业社会责任的看法，并在贸易、制造、零售批发、商业服务4个范畴邀请中小企业代表进行专题小组讨论。这项研究不但有助于该银行更好地了解其客户，还发现香港中小企业对遵守政府强制性的规定和环境管理较为重视。这些中小企业认为，企业社会责任可能有助于建立公司的正面形象，但也指出从事企业社会责任实践需要人力及物力，应在经济兴旺时进行。

汇丰认为，企业社会责任对中小企业与跨国公司同样重要。根据研究结果，汇丰推出了《营商新动力》计划，作为履行对香港社区的社会责任。这项计划包括免费座谈会，向中小企业介绍企业社会责任的好处及良好的商业惯例，并举办2005年《中小企业营商新动力》奖励计划，选出以对社会负责的态度成功管理其业务的香港中小企业。香港上海汇丰银行有限公司主席郑海泉指出："所有大机构都是从小公司做起。汇丰在香港商界环保协会协助下推出'营商新动力'奖，目的是为了鼓励香港30万家中小企业，采用对社会及环保有责任的营商手法，提高赢利和生产力，争取长线的成功发展。"

"钻石奖"得主正昌环保科技（集团）有限公司此次获得15万港元的奖励。其主要业务是收集和处理废润滑油、含油废水及各类化学废物，致力于在资源回收利用方面发展，并已开始为客户提供一站式环保管理方案。在入围的10家企业中，有采用可再用饭盒为学生提供膳食起家的"帆船饮食管理有限公司"；有一直和非政府社会服务机构合作，推行青少年见习就业计划的"SALON GO AHEAD 发型设计屋"；还有参加香港社会服务联会"商界展关怀"计划，致力于推行节省能源和减少废物的希宏创建集团有限公司等。

香港社会服务联合会（以下简称社联）是一个非政府社会服务机构的联合组织，其宗旨之一是激发工商机构的公民参与精神，通过工商界与社会服务界之间的策略伙伴合作，共同建立关怀社区。社联表示，近年来不少香港公司都增强了企业公民意识，扩大了社区参与。与2005年2月，符合"商界展关怀"计划6项准则中至少两项要求的679家达到社会道德及法律标准的公司，获得"商界展关怀"标志。2005年获得标志的公司数目较2003年上升160%，其中中小企业增长 235%，达到 328 家，占总数的比例由 38% 增至 48%。获得 2005 年 "商界展关怀" 标志的公司，超过 80 家来自工贸界，较 2004 年增加 60%，其中包括中小企业和大型公司如体育用品制造商裕元工业等，充分显示香港制造业和贸易公司对企业社会责任的实践兴趣日益增加。

（三）香港汇丰基金的社会公益活动①

大社会、小政府一直是香港奉行的管理哲学。虽然当地人均生产总值超过 1.95 万港元，但香港从来不是福利社会。香港许多社会福利服务均由非政府机构肩负。这些机构一方面获得政府资助，另一方面依赖私营机构补足经费所需。其中，公益金的地位尤为重要。

汇丰早在成立之初，就在香港与内地参与慈善事业。至今，社会对于汇丰在承担社会责任方面仍然抱有很大期望，希望该行继续发挥作用。为了更有效地协调庞大的慈善工作，汇丰于 1981 年注资成立一个注册慈善信托基金，名为汇丰银行慈善基金（汇丰基金）。此基金由汇丰提供经费和持续拨款，负责该行在香港的慈善活动。自 1997 年起，基金的服务范围扩展至内地。

汇丰明白商业机构应对香港社会负起济贫纾困的义务，因此汇丰基金订下广泛的资助方针，以惠泽整个社会为依归。其中，汇丰尤其注重教育与培训等慈善事业，并且十分重视加强香港特区与内地之间的合作，汇丰基金的整体资助原则是，重质不重量。获资助的计划涉及不同种类，从大型非政府机构的基础建设项目，到社会基层的小规模公益活动，如为独居老人送热饭的邻舍服务，皆有机会获汇丰基金资助。捐赠善款固然重要，然而汇丰深明慈善事业还需要其他重要的元素，包括人力参与。提供综合的支持与关怀，便是汇丰在香港和内地实践企业慈善计划的宗旨。

（1）汇丰基金接受非政府机构或非营利机构的申请，确定和审核全港性的大型公益项目、拨款资助，并监察项目的成果。基金的咨询委员会每季开会一次，作出捐款决定。汇丰基金亦设有一套程序，以支持银行雇员筹募所得款而增拨同等的捐款。

（2）汇丰基金的社区发展计划专责资助全港 18 个行政区的小规模公益项

---

① 黄彬：《香港汇丰基金的社会公益活动》，中国老年健康网，2008 年 7 月 25 日。

目。这些项目通常由地区上的社区团体主办，资助额不超过 2 万港元。为便于管理，汇丰基金成立了 6 个社区发展计划咨询委员会，成员包括社区领袖和区议会代表。每个咨询委员会均由汇丰的高级职员担任主席。遍布香港的 200 多家汇丰分行，亦会协助所属区内受资助的社区项目。

（3）此外还有不同形式的辅助支援。汇丰设有"汇丰义工"队伍，为自愿抽出私人时间服务社会的员工组织活动，义务为汇丰基金或社区发展计划资助的机构服务。汇丰的行政人员亦在不少慈善机构担任义务职位，例如名誉司库、财务委员会成员、咨询委员会成员，更有一些行政人员被借调到非营利机构服务一段时间。汇丰亦运用本身的业务参与公益活动，例如提供特别银行服务、专业财务顾问、信用卡筹款活动等。其他服务包括协助直接邮递捐款表格、草拟捐款建议书，以及提供旧设备（例如家具和车辆）等。

（四）大老山隧道加价事件①

中评社香港 2008 年 4 月 24 日报道，大老山隧道申请加价，加幅由 13% ~ 28% 不等，当中以小型巴士及轻型货车加幅最大。交通工具如小轮、专线小巴、巴士等，也相继申请加价。对此，《文汇报》刊登社评认为，加价风今年以来愈吹愈烈，虽然有油价和食品价格上升等成本因素，但确有一些企业竞相大幅加价，甚至同步抬价，加幅远超成本上升和通胀。不顾企业社会责任、罔顾民生和只求短期利益的加价风，不仅会令小市民生活百上加斤，而且也赔上了相关企业的声誉。本港商家应改变观念，并非只有大笔捐款赞助公益事业才是行善，而在通胀加剧和民生艰困的情况下，控制加价幅度，不对市民落井下石，也是真正的慈善行为。大隧加价的理由是累积亏损 5300 万港元。但不可忽视的是，当初政府与一些隧道公司签有最低利润协议，协定的回报率订得较高，达不到回报率，社会就要承受大幅加价的结果。大隧一旦加价，会迫使车辆使用狮隧，继而经红隧过海，影响九龙交通。在此情况下，大隧固然要考虑作出社会承担减小加幅，政府亦应全面考虑所有隧道的经营权。目前，大隧、东隧及西隧的专营期届满年份为 2018、2016 及 2023 年，如政府坐视隧道公司大幅加价，将加重市民负担和香港成本。政府可考虑通过延长隧道公司专营权，换取降低收费，或成立管理局

---

① 《文汇报》：《香港企业应承担社会责任控制加价》，中国评论新闻网，2008 年 4 月 24 日。

收购隧道控制加价。

《文汇报》社评说，今年加价风愈吹愈烈，包括两电加费，西隧继东隧去年大幅加价后亦加价，各种交通工具加价，燃油加价，肉类、大米、面粉和食油价格全面飙升，各大超市更同步对某几类货品轮番大幅提价，而且加幅远高于本港通胀水平，加重市民负担。一些企业囤积居奇、同步抬价，明显是借市场新起的"加风"来赚取最大利润。企业作为营利性组织，其目标虽然是追求利润最大化，但作为社会组织，其经营行为必须要符合社会整体利益。企业若不能在实现利润最大化和履行社会责任之间保持平衡，忽视履行社会责任，必然会遭到公众和舆论谴责，赔上声誉而得不偿失。

近年来，全球的企业社会责任实践运动方兴未艾，漠视社会责任的企业将越来越不受社会欢迎。社会是企业赖以生存的基础，企业生于社会，长于社会，与社会共生共荣，企业不能为了追求自身利益而重挫社会。企业社会责任要求企业成为社会公民，实践商业伦理和社会伦理。企业不能靠盘剥消费者牟取暴利后，才去捐款行善履行社会责任。香港企业应改变观念，努力促进企业利益和社会利益的平衡，建设企业长久发展所必需的和谐社会环境。

（五）由两则故事引发的公司社会责任问题①

第一则故事，讲的是 2012 年 5 月 3 日发生在香港的"油鱼事件"。此事件在香港引起很大的反响。据报道，油鱼的学名为"异鳞蛇鲭"，英、美等国家食品安全部门早已将油鱼列入"不宜食用"的鱼行列；在澳洲，油鱼被作为提炼工业润滑油之用，可见其不适宜食用的程度。油鱼的"蜡酯"成分不能为人体的肠道消化器官所分解，所以进食者会腹泻。油鱼不宜食用，但是，百佳超市却将此当鳕鱼卖；部分惠康超市用油鱼做寿司。

另一则故事，讲的是领汇基金为了追求业绩，偏重其股东利益，将其经营管理的商铺租给出价高的经营者。据报道，有一家饭店花了几百万港币进行装修，力求吸引更多的顾客光临。但是，这家饭店却被通知：租期届满后，将不与经营者续约；该饭店不得不面临结业和工人失业的困境。据说，最近有不少商户均表示受到领汇租约安排、迫迁及加租问题的困扰。尤其是近日领汇宣布由现职置地

---

① 《由两则故事引发的公司社会责任问题》，香港之音，2007 年 2 月 5 日。

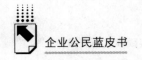

集团行政总裁苏兆明接任主席后，马上引起商户及有关团体更大的忧虑：他们担心领汇未来更加偏重股东利益，损害商户和小市民利益。因此爆发了公屋联会联同超过 200 名公屋居民及商户的游行抗议，有商户更扬言不排除以罢市及罢交租方式表达不满。

于是，有人指出，香港的大企业应当关注社会责任。公司的社会责任已经成为当下十分重要的研究课题。一般而言，公司的行为是通过其代理人（通常是公司董事）进行的（其对社会的义务也当如此）。所以在传统意义上，董事的主要义务是对公司尽忠诚义务和谨慎义务。只要董事履行了这些义务，就可以享受丰厚的报酬。但是，随着时代的演变，赋予董事的义务也在慢慢地增加：董事们既要对股东、雇工、债权人负责，也要对社会负责。这么多的责任加在公司董事的肩上，他们是否会觉得喘不过气来？他们即使能够应付自如，又如何理清轻重缓急呢？这的确需要学者们进一步厘清这其中的关系，否则，公司董事往往会陷入困难的境地。

拿上面的两个例子来说，两个大企业的确需要履行其对社会大众的责任，更何况这里面可能有"明知故犯"的问题。（有消息说，印尼驻港总领事馆表示，在出口油鱼的事件上，怀疑是当地出口商应香港入口商要求，将油鱼改名鳕鱼，事件不排除是印尼当局有人滥用职权；香港海关也表示，目前正等待律政司的法律意见，确定百佳在油鱼标签上加上鳕鱼字样，是否违反《商品说明条例》中的虚假说明条款。）但是，领汇基金的董事是否在商铺租约问题上必须承担社会责任，这就值得进一步探讨。领汇基金按市场需求对其辖下的商铺经营管理，与商户签订契约；商户自当合理评估租约期内的各种风险，决定是否继续租约。但是，香港的老百姓好像认为，如果领汇基金将到期的商铺收回，是为了保护股东的利益而损害了商户和小百姓的利益，因此就需要抗议。

（六）政府积极引导企业履行社会责任[①]

企业社会责任自 20 世纪 90 年代开始成为一种企业大趋势。多年来，企业社会责任的发展受到多个因素影响，当中有全球化、贸易自由化、发达国家公民的期望日高、主要由跨国公司制定的国际供应链和供应商守则日益普及，以及不断增多的企业社会责任标准等。

[①]《香港发良好企业社会责任指引》，东南在线，2005 年 3 月 16 日。

作为全球第 11 大贸易经济体系，香港是国际贸易及采购中心。不容忽视企业社会责任对跨国公司所作的商业决策构成的影响，尤以使用供应链方面为然。目前，跨国公司均致力于确保其他公司（包括国际供应商）的活动不致损害其声誉，又推行企业社会责任计划，以显示其业务在本国和海外均符合或超越法律要求及社会规范。若非如此，消费者及投资者可能会采取"惩罚"行动（包括一些退休基金的股东集体行动），以致造成非常负面的影响。企业社会责任的实践在概念上主要是自愿行动，不过一旦企业社会责任的原则演变为供应商守则的要求，香港厂商及出口商便难有回旋余地，若不全面遵行势必将影响商业关系。

为倡导企业履行社会责任，香港消委会 2005 年 3 月 15 日发出《良好企业社会责任指引》，鼓励商界采纳和引入十二项有利于提升企业素质和增强消费者信心的营商原则。这十二项原则的主要内容包括：宣传推广资料的内容必须正确、公平和合理；标示价格必须提供全面及正确的资料；交易合同必须公平和合理；经营者应提供高素质的产品或服务，确保产品达到可商售品质；经营者应确保其产品或服务是安全的；保障顾客私隐；市场竞争应维持在高水平及以公平可见的方式进行；设立有效的机制处理消费者投诉；等等。出席《指引》发布仪式的香港经济发展及劳工局长认为，《指引》内所列举的做法，可以增强消费者的信心，从而带来更多商机，对维持香港"购物天堂"的美誉至为重要。据悉，该《指引》已得到香港董事学会、香港总商会、香港中华总商会、香港澳洲商会、香港英商会、美国商会等 22 个商会、专业团体和行业的支持。

《萨班斯—奥斯雷法案》在美国本土以外实施后，公司治理在全球受到广泛关注，人们开始意识到，良好的公司治理不只限于保障企业遵守法规及实施内外监控，更重要的是诚信的企业文化及企业社会责任意识。2007 年 5 月，香港发布了首份上市公司管治约章。其中指出，企业社会责任是公司治理的重要组成部分，而良好的公司治理又是推动企业社会责任发展的主要动力。

香港首届董事论坛 2008 年 4 月 9 日举行，行政长官曾荫权出席并主持开幕仪式。曾荫权在致开幕辞时说，在 21 世纪，企业决策时要承担更广泛责任，必须考虑到雇员、环境和社会等因素，以创造一个更和谐的社会。他说，企业需要增加透明度，并与非政府组织增加沟通，以便作出更全面决策；这不仅可提升企业形象，还可提高员工士气，有利于企业进一步发展，从而巩固香港国际地位。他同时表示，香港企业管治形象良好，企业决策者和管理层有责任致力于维护和谐社会。

四 台湾地区的企业公民模式

台湾是我国最大的岛屿，全岛总面积为 35989.76 平方公里，经济比较发达，是亚洲四小龙之一。近年来，台湾企业开始重视企业公民建设，跨国公司和中小企业也勇于承担社会责任，台湾首富郭台铭的捐赠行为更是体现了社会责任感，以实际行动获得了社会的广泛认可和高度评价。

（一）台湾企业社会责任调查①

近年来，全球企业纷纷推崇企业公民建设，将企业社会责任与经营策略结合起来，将是企业未来新竞争力的来源。对于依赖全球贸易生存的台湾，情况又会是怎样呢？2005 年，《远见》杂志针对台湾岛内 703 家上市企业进行了"企业社会责任大调查"，以了解台湾企业对此的认知和落实程度。调查结果显示：

1. 84.9%重视照顾员工

调查回收的 352 份问卷显示，岛内 84.9%的上市企业把重视"股东权益"和"员工权益"当作企业最重要的社会责任，而且将诚实纳税（77.8%）和遵循企业伦理规范（76.7%），当作履行企业社会责任的最主要表现。

岛内企业普遍将焦点放在追求获利与照顾员工的责任上，与 20 世纪 70 年代诺贝尔经济学奖得主弗里德曼主张"企业唯一的社会责任就是增加利润"不谋而合，但显然与当今国际社会的认知有些差距。台湾政大第三部门研究中心主任江明修认为，台湾企业对社会责任的认知，仍局限在组织内部的股东和员工上，对组织外部的企业社会责任，还有待加强。经济学家孙震认为，并非做善事才是对社会有贡献，企业将社会资源做最有效率的运用，在公平基础上创造大家的利益，产生的贡献将更大。

2. 68.5%捐款投入慈善

虽然此次调查发现，在企业心目中，社区关系和谐（34.9%）远远不如公司治理（68.5%）和财务披露（66.8%）来得重要，但岛内 68.5%的上市企业去年曾捐款赞助社会公益事业（如慈善、学术、教育、文化、艺术等），也有

---

① 《台湾进行企业社会责任调查》，中华企业文化网，2005 年 8 月 8 日。

19.7%的企业去年曾协助公益团体推展环保运动。如何参与公益，已经成为现代企业管理策略之一。管理大师波特认为，如果企业能够用战略的眼光来看待企业社会责任的话，企业社会责任既可以解决社会问题，也能为企业带来竞争优势。智邦科技执行长黄安捷表示，商人做公益不过是"将本求利"，让社会更美好、员工更健康、消费者购买力增加，长期来说，企业也才能赚钱。

3. 26.4%设立基金会

调查显示，岛内26.4%的上市企业已成立基金会，"还有很大的成长空间"，长期观察岛内基金会发展的江明修认为，通常设立基金会的企业，是较能永续经营的企业。美国一项针对48家大型企业的研究显示，这些企业平均每年捐献430万美元，其中四分之三的企业成立基金会作为执行机构。江明修表示，不像国外大多只给钱（由其他非营利机构拿案子来申请赞助），台湾企业基金会的经营模式是给钱、花钱（自己出钱举办公益活动）和募款（向政府、社会大众要钱赞助）二者兼具，有时甚至与民间基金会争夺资源。有些岛内企业设立基金会的目的不只是避税，他们还会把基金会当做自家股票的仓库，以巩固家族股权。

4. 30.4%参与社区活动

除了捐款，调查显示，有30.4%的上市企业要求员工参与社区活动。

欧美有些大型企业会给员工几十天的公益假期，这不但有助于吸引人才或留住人才，也成为企业健康指针之一，不过这种风气在台湾才刚刚起步。像台湾拜耳从前年起委托台湾环境信息协会规划岛内的"生态工作假期"，鼓励同仁利用假期担任义工，到台东利嘉林道建设小规模人工湿地，协助当地污水处理，这一方面保护了当地生态，另一方面也可享受另类的自然休闲。

5. 69.8%没有工会组织

根据调查，在照顾员工和福利制度上，岛内上市企业最常见的做法是提供定期员工健康检查（91.8%）和提供团保或劳保外的人身保险（76.4%），只有不到8.8%的企业提供员工托儿安亲服务。在影响劳工工作权益上，去年岛内上市企业有38.1%引进外劳，29.3%采取优退、优离，9.1%冻结人事，5.7%实施裁员。然而，将近三成六的上市企业表示，曾对被资遣的员工提供职业介绍服务，或代其向政府机构申请相关协助，如职训、辅导转业等；在欧美发达国家，是否成立工会，是衡量企业重视劳动人权与否的重要标准之一。但调查却发现，目前台湾高雄69.8%的上市企业没有设立工会。尤其科学园区里的高科技厂商，包括国际一流大厂台积电、联电，都没有工会组织。工作太忙，福利太好，员工根本无暇去搞工会。

调查发现，企业为了自我约束，高达89.7%的上市企业明文制定员工行为准则或伦理守则，近82.9%会明文规定员工不得接受回扣。53.6%的上市企业表示，在选择上、下游的供货商时，会考虑对方是否已履行企业的社会责任。

6. 45.2%独立董事强化管理

调查发现，目前已有45.2%的上市企业设置外部独立董监事，目前尚未设置者，有61.5%表示未来三年内会设立。目前台湾大哥大已有两位外部独立董事和一位独立监察人，未来还计划再添一个独立董事。许多老板不敢推行公司治理是怕失控，其实只要交给有能力的人就不用怕，大哥大总经理张孝威说，以往台湾大哥大给人感觉是个比较封闭的公司，不过现在包括董事长蔡明忠自己，都越来越能接受公司治理的观念，不把公司当家族事业来经营，而且以整体股东利益作考虑.

7. 18.2%曾发布CSR报告

调查显示，岛内只有18.2%的上市企业曾经发布企业社会责任或永续发展报告书，公布履行社会责任的信息。未来，有六成七的企业倾向于结合公司年报、五成有意在公司网站或股东大会上披露其履行社会责任相关信息。目前，已有76.9%的上市企业，将完整的财报资料公布在企业网站上；只有17.6%已发行环境议题报告书，或在公司网站定期公布具体的环保绩效。调查过程中发现，多数岛内上市企业对什么是企业社会责任报告书或企业永续发展报告书并不太清楚，有意愿单独出版的不到5%。上市企业对定期披露财务信息的意愿最高（因证交所规定），环境信息次之，至于与劳工、消费者、供货商和社区公益有关的社会绩效信息，则大多零星出现在企业年报中。目前已定期出版环境年报的企业，包括台积电、联电、台电、中油、中美和、统一超商、国瑞汽车和福特六和汽车等，中油计划今年对外发表永续发展报告书，率先披露CSR整体信息。

8. 21.1%开设CSR专部

透明度和信任度是一体两面，信息披露对企业形象和凝聚员工向心力有很大的帮助。江明修强调，调查发现，岛内上市企业已有21.1%设置CSR专责人员或部门，尚未设置的企业有54.3%未来打算跟进。高达91.7%的上市企业有意愿更深入了解 CSR 的内容，87.9% 计划将企业社会责任列为长远发展策略。不只台湾，全球都还处在起步的摸索阶段，大家都在寻找有商业价值的 CSR 个案。欧美 CSR 风潮要归功于大型企业的示范作用，台湾现在也正需要愿意带头的领导企业出现。

在上述调查基础上，经过严格的评选，台湾大哥大、统一超商、光宝、台达电、中华汽车、台积电和智邦台湾荣获第一届企业社会责任奖。台湾大哥大表示，公司不只期许成为电信产业里的领袖，更要成为岛内公司治理的典范。

（二） 台湾首富展现社会责任感①

企业家的社会责任，已成为资本主义社会不可回避的议题。美国富人捐款已成风尚，如全球首富比尔·盖茨共捐出 280 亿美元，股神巴菲特捐出八成财产做公益，这说明摆脱"为富不仁"的负面观感，已渐成富人共识，也可匡正社会对"为富不仁"者的印象。

在国人传统观念里，有"商人无祖国"之说，社群排序，"士、农、工、商"，商人敬陪末座，更有成语曰"为富不仁"。商人虽然钱多，却常遭到异样的眼光。台湾社会造成富者益富，贫者更贫。一方面，经常出现为生计所困而自杀事件；另一方面，精品店不乏"贵客"临门。薪水阶级所得税一文跑不掉，大企业却在享受减税，甚至免税优惠。台湾社运出现"阶级运动"，正是对此一现象的反扑。然而，台湾科技首富、鸿海董事长郭台铭 2008 年 7 月 23 日在订婚筵席上宣布，已征得未婚妻曾馨莹签字同意，将捐出九成财产做公益。郭台铭的婚事，从媒体追逐八卦花絮，变成了一则公益事件。郭台铭旗下的富士康基金会曾多次参与大陆慈善事业，2006 年在北京向中华骨髓库一次捐款 1.0385 亿元人民币，用于骨髓库的扩容。

台湾《联合晚报》社论认为，郭台铭的财产超过千亿台币，留下一成应还有百亿元以上，仍然比台湾多数人富有，也足可支应他及家人想要的生活花费。换句话说，九成财产留在身上，对他而言可能只是数字，但如果捐出来做公益，却可以帮助很多人，完成很多事，创造很多本来没有机会存在的成就。

从社会公义的角度看，郭台铭的决定也是聪明且合理的。不只是郭台铭和他

---

① 《台湾企业家展现社会责任感》，华夏经纬网，2008 年 7 月 25 日。

的鸿海事业，台湾许多高科技产业，都是在台当局长期的促进产业升级条例等优惠政策庇荫下，得到了巨幅的租税减免及奖励措施，才能取得国际竞争力，打造出傲人荣景。企业家有其贡献，然而社会公共资源的适时投入协助，也是成功的关键。取之于社会，就应还之于社会，不但为个人赢得尊重，而且还能从这些钱所塑造的公益效果中得到满足，何乐而不为？

郭台铭此举，是一个难得的正面示范，当然会对其他大企业家产生压力。大家的眼光都在看，"郭台铭能，其他企业家能不能？"社会不能强求所有企业家都向郭台铭看齐，但在媒体大肆报道的效应下，如果能在企业界产生良性的竞争作用，不无可能在短时间内打造出一种新的台湾企业风尚，将公益贡献纳入企业经营的核心考虑中。那么，郭台铭的九成财产捐献就可能膨胀成为好几倍的社会公益资源，带给台湾更多的正面建设。

大笔财富如果真能由私人口袋转向公益基金，显然我们会需要更坚强的NPO（非营利组织）人才，来好好管理运用这些钱。赚大钱，需要远见，需要本事；而花大钱，让金钱创造切合社会需求的效益，也需要远见，需要本事。希望郭台铭的决定，不只是一时的新闻，而能够成为促进公益事业普及化的契机，帮助台湾走向企业家与社会责任相结合的新阶段。

（三）中小企业也能承担社会责任[①]

首先，台湾中小企业具有快速行动力的优势，若再加上本身源源不绝的创意，可在有限资源下充分尽到企业社会责任。其次，中小企业广布于台湾各角落，能较快地观察出社会的动向、了解社会的需要而实时与社会沟通互助，中小企业在社会责任上所做的努力与贡献，对台湾将有全面且广泛的影响。最后，以全球化的观点来看，台湾众多中小企业大多具有多年国际贸易经验，若在发展国际业务的同时于当地履行企业的社会责任，则可塑造台湾企业的优良形象。

荷兰投资企业 TNT 天递股份有限公司台湾分公司是一家中小企业，2007 年初已率先取得岛内首张 SA8000 认证，更以实际行动落实执行，尤以响应伊甸基金会的捐助偏远学童就读活动，最令人津津乐道。即日起，台湾 TNT 全体员工，将持续每月定额捐款帮助偏远地区的孩童，让他们也享有平等的受教权。

---

① 《TNT 获台湾企业社会责任（CSR）认证》，TNT 网，2007 年 3 月 20 日。

TNT 台湾分公司总经理李澄涓表示，TNT 相当重视企业社会责任，并用行动证明"取之于社会、用之于社会"不只是一句口号，而是企业的本体核心价值，除常年与联合国世界粮食计划署携手合作，援助饱受饥饿的儿童，发挥公司的企业优势，运用货物的递送提供相关援助外，自去年底开始，也投入关注台湾弱势团体。TNT 意外发现偏远地区的孩童竟因为上课人数不足而遭到废校的命运，让许多学童翻山越岭地去其他乡镇就学，在为了节省经费的理由下剥夺了孩童基本的受教权，然而在伊甸及《远见》杂志积极努力筹募偏远小学复学计划获得回响下，学校得以不废，但学校师资、管销费用仍然拮据，学童的营养午餐更是毫无着落，为具体发挥企业社会责任，TNT 立即发动 168 位同仁热烈响应，一年捐出 24 万元新台币，透过伊甸基金会去帮助需要的偏远小学，让学童能公平接受教育。

李澄涓指出，我们号召同仁以长期的捐助模式去帮助需要帮助的人，重在长期、细水长流，借由这样的捐助，让企业真正把公益导入内部，员工在实际参与的过程中，有助提升其对公司的忠诚度与内在成就感，产生激励向上的力量，真实感受到施比受更有福。TNT 的经验显示，行善的体验其实是企业无形的资产，既能够强化企业竞争力，又能够增进社会福祉，这样比单纯以公司名义捐款给社会福利团体来得更有意义。因此，关键在于企业要能够将公益行动结合自己的核心能力，并与企业营运做创新性的整合，当商机、经营策略能够与公益做充分的整合，就能够发挥利己利人的效益。

（四）台湾拜耳企业社会责任①

拜耳集团在全世界一共参与了约 300 个企业社会责任项目，年度支出约 5000 万欧元。这些项目专注于教育与研究、环境与自然、健康与社会需求，以及运动与文化领域。拜耳在台湾也积极投入企业社会责任项目，赞助台北市立志清国小及台北市立金华国中打造德国规格"拜耳科学教室"，并且运用科学教室不定期举办科学研讨会，期望在日常生活教育中，培养学生们注重安全与环保的习惯。另外，秉持对环保的关怀与重视，台湾拜耳于 2004～2006 年，连续三年与环保团体合作，号召来自国际与本地的志工，分别在台东、阳明山与花莲举办

---

① 《台湾拜耳企业社会责任》，拜耳网，2009 年 5 月 23 日。

"生态工作假期",为岛内生态环境贡献心力。台湾拜耳期盼通过生态工作假期活动,把关怀环境的种子撒播到社会各个角落。2007年底,为了呼吁社会各界重视地球暖化议题,台湾拜耳与国立台湾师范大学以海水发电为主题,共同举办"拜耳节能大使"科学教育活动,鼓励小学生发挥创意,运用海水发电,让学生们除了体验运用海水发电的神奇外,也让学生们了解再生能源,进而珍惜地球资源。在此项活动中脱颖而出的"拜耳节能大使",代表台湾学生前往拜耳德国总部参观,亲身体验拜耳集团在环保节能上的用心。2008年,台湾拜耳荣获天下企业公民奖外商企业类第五名。此奖项肯定台湾拜耳在公司治理、企业承诺、社会参与以及环境保护上均有杰出的表现。同时,由 Cheers《快乐工作人》杂志发表,2008年新时代最向往企业调查中,台湾拜耳荣登贸易类别第一名。台湾拜耳认真看待"科技优化生活"使命宣言,积极思考兼具环境保护与社会需求的企业经营策略,实践企业社会公民角色。拜耳在教育与研究、环境与自然、健康与社会需求、运动与文化领域努力不懈,持续建立新标准。

(五)企业社会责任是营收成长保证[①]

台湾《天下杂志》从2007年开始,扩大"企业公民"指标,独立设立"企业公民奖",从台湾本土企业与外商企业中,以公司治理、企业承诺、社会参与和环境保护四大方面为内容,评选出对员工、股东负责,同时也提升社会质量的"天下企业公民 TOP 50"。两年下来,不管是台湾或外商企业,在这个排名竞争上都愈趋激烈。由评分上来看,2008年的整体分数提高,尤其在环境保护项目上的进步最明显。

《天下杂志》2008年4月12日在台中举办2008年天下企业公民论坛,以"企业公民、企业竞争力"为题,邀请童至祥、海英俊及卓永财,畅谈各自的见解与企业相关做法。

台湾IBM总经理童至祥表示,最新调查发现,有68%的企业认为CSR可以为企业带来营收成长,超过半数认同CSR是企业的竞争优势。现在是信息爆炸的时代,企业所有信息都变得透明化,如果企业的产品在某个地区发生问题,可能在另一个地区或市场,这家企业就会被认为不够诚实。IBM对于CSR的定义,

---

① 宋健生:《企业社会责任营收成长保证》,联合新闻网,2008年4月13日。

在于企业能否与个人（员工）联结，进一步扩大与社会联结。IBM 鼓励员工参与社会有意义的活动，公司内部甚至建立网站，提供 200 多个案例作为参考，员工担任义工超过 100 个小时，还可获颁奖状。

台达电副董事长海英俊指出，受到地球暖化、气候变迁的冲击，CSR 已成为全球趋势，影响所及，包括产业链产生重要变化，像电子业的产品回收、绿色设计及电子业共同规范（EICC）等，未来所有产业都无法回避。台达电身为全球最大电源供应器制造商，上年生产 1.8 亿个各式电源供应器，但早在 20 年前就提出"要提供环保节能产品"的使命宣言，善尽企业社会责任。海英俊说，如果服务器使用的电源供应器，电源效益能由 90% 提升至 92%，一年就可省下 350 万千瓦的用电量，相当于 0.7 座发电厂的发电量。对台达电而言，把核心竞争力提高，或许比种树的效果来得更大。

上银科技董事长卓永财则说，台湾中小企业可借由公民责任意识的内化，转化为企业的新竞争力，包括节省能源消耗、植树绿化等。上银全体员工每月有一个星期六要接受教育训练，这项名为"知识成长日"的制度已进入第七年，内容从专业领域到亲子教育都有。卓永财强调，台湾人工已不再便宜，企业必须朝知识密集的产品走，这是经营基础环境的一部分。

参考文献

［1］陈进华：《企业公民与和谐社会心态塑造》，《学海》2008 年第 5 期。

［2］冯梅、姜艳庆：《浅析优秀企业公民的基本特征》，《中国经济导刊》2009 年第 15 期。

［3］虎岩：《我国企业公民建设的路径选择》，《河南省政法管理干部学院学报》2008 年第 2 期。

［4］李萍：《企业公民与企业道德主体的成长》，《湖南社会科学》2008 年第 6 期。

［5］李文、何芳：《世界最赚钱石油公司的温暖调头——埃克森美孚公司迈向企业公民行动的新起点》，《经济导刊》2009 年第 9 期。

［6］刘卫华：《企业公民的环境责任与可持续发展》，《世界环境》2008 年第 3 期。

［7］钱蓉：《微软：社会的企业公民》，《中国外资》2009 年第 2 期。

［8］邵炜：《从"社会责任"到"企业公民"思维转型》，《合作经济与科技》2008 年第 1 期。

企业公民蓝皮书

［9］苏竹青：《社会责任报告背后的企业公民》，《中国西部》2009 年第 11 期。

［10］田雪莹：《"企业公民"参与社会公益的策略思考》，《经济论坛》2008 年第 17 期。

［11］张翙洲：《企业公民·和谐社会——中央企业的角色定位与价值追求》，《中国民用航空》2009 年第 4 期。

［12］张云、杨梅菊：《企业公民的生存悖论及求解——从环境保护的视角》，《改革与战略》2008 年第 9 期。

Report on Several Countries and Regions in Corporate Citizenship Practice Mode

Abstract：Corporate citizenship refers to the legal entity that register formally in a country in accordance with the country's law and regulation, enjoying the right and accepting the obligations. Since the 1990s, especially in recent years, global corporate citizenship's practical activities is in the ascendant. The enterprise ignoring social responsibilities are getting more and more undesirables. Struggling to be corporate citizenship gradually becomes a main trend. In this aspect, developing country are unwilling to lag behind. Two of the "Four Asian Tigers" – Taiwan and Hong Kong, as well as other emerging market like Brazil and Argentina in Latin America are leading ahead. The corporate citizenship mode with obvious characteristics are worthy of being referenced and imitated by our country' enterprises.

Key Words：Corporate Citizenship；Mode；Enlightenment

调研报告

Research Report

B.14

勤勉执著　闪耀边疆

——红云红河集团企业公民实践分析暨企业
"新公益观"解读

张晓　王再文　靳乾*

　　摘　要：红云红河烟草（集团）有限责任公司成立于 2008 年 11 月 8 日，是由原红云烟草（集团）有限责任公司和红河烟草（集团）有限责任公司合并组建而成的。集团成立近四年来，时刻把回馈社会作为义不容辞的责任，积极参与兴边富民、对口帮扶、挂钩扶贫、救灾助困等公益活动，创建了"红云园丁奖"和"红河助学金"、"红云图书馆"并逐年加大投入力度，努力树立负责任的良好社会形象，为构建和谐社会贡献力量。集团通过

* 张晓，女，云南人，北京东方君和管理咨询顾问有限公司董事长，法学博士，中国企业公民研究中心执行主任。研究方向：战略管理、现代传媒与媒介管理烟草控制；王再文，男，山西人，国家发改委培训中心任职，经济学博士（后），中央财经大学中国发展与改革研究院兼职教授。研究方向：企业理论、公共政策（制度）与区域经济发展；靳乾，男，河南人，山西证券研究所研究员，经济学硕士。研究方向：企业理论、有色金属行业研究。

实践总结并结合自身的经营特点，提出了切合实际、顺应发展、贴近群众的"新公益观"，不仅为自己的公益行动提供了有力的思想支持，也为社会树立了很好的榜样与标尺，堪称中国大西南边陲上企业公民实践最忠实的支持者。

关键词： 红云红河　回馈社会　新公益观　企业公民

国之西南，高原之巅，有着这样一群人——"兴边富民"的工程中看得到他们挥汗如雨的背影，"支教助学"的活动中听得到他们热情洋溢的讲述，"扶危救国"的奉献中感受得到他们全心投入的热忱，"爱心捐赠"的行动中体会得到他们发自内心的付出。这些人，从同一个地点出发，奔赴不同的目的地，有的去往文山富宁，有的去往昭通巧家，有的去往曲靖会泽，也有的去往临沧沧源和镇康，他们的奔走往来，构筑起了一条"通途"，运去了物资、知识、技术、资金、文明，更重要的是打破了所去之地的闭塞，开阔了视野，发展了经济，创造了和谐。这些人——他们来自红云红河集团，他们自己给自己的称谓是"红云红河人"。

虽然红云红河集团成立的时间只有区区四年，但是其公益事业却已经有了数十年的历程。时至今日，集团已经将社会公益工作上升到企业战略的高度，进行系统和规范化管理，采取了兴边富民、对口帮扶、挂钩扶贫、助学助教、救灾助困、生态环境保护等多种多样的公益活动形式，并坚持"动真情、扶真贫、真扶贫"、"不脱贫、不脱钩"及"双向扶贫"、"十有扶贫"等公益理念及原则，形成了以"新公益观"为基础，多种公益方式共同践行的企业公民实践模式。2011 年，红云红河集团获得了由国务院授予的"全国扶贫开发先进集体"称号，由云南省政府授予的"新三年兴边富民工程先进单位"荣誉称号，由云南省教育厅、云南教育基金会授予的"支教助学杰出贡献奖"，由昆明市慈善总会授予的"慈善爱心单位"称号。可以说，红云红河集团已经成为祖国大西南版图上企业公民实践的灯塔，将光亮沿着绵绵国境线慢慢传播。

一　红云红河集团企业公民实践制度保障

红云红河集团的企业公民实践覆盖面甚广，包括建设优良的公司治理结构，实现可持续的运营；取得在国内同行中处于先进水平的综合指标，实现卓越的绩效；创造国内一流、国际知名的优秀品牌，构建可持续的品牌价值；通过科研投入不断保持创新能力和引领行业发展的能力，构建卓越的领导力；培养一支高素质的员工队伍，获得可持续的人力资源；塑造良好的企业形象和提高社会美誉度，构建卓越的影响力等。而这其中最为突出、令人印象最为深刻的便是其在社会公益方面，尤其是"新公益观"实践方面的探索，无论是深度还是广度，都真正符合了"微公益、新公益、全民公益、平等公益"的要求。通过用新公益理念全面优化和提升集团的战略、运营、文化、品牌，集团公司现已将公益性与可持续性根植于企业文化和经营管理之中，基本形成了经济、社会、环境和人的综合价值最大化的良性循环的可持续发展模式。

（一）"新公益观"理念

企业最初的公益观认为企业发展所需的人力、物力、财力皆来自社会，因此需要不断地回报社会才能够获取自身进一步发展的空间，这种观念隐含有因为外部压力而被动从事的意思。

红云红河集团的"新公益观"理念则是通过公益活动实践总结得来的，它综合考虑了企业外部环境的激励和约束，企业内部体制的优势和劣势，从而以一种更为灵活多变的方式进行阐述和解释，具体可以用"四、三、二、一"来进行概括。"四"，指的是四个转变，即由被动到主动的转变，由救贫救穷到启心启智的转变，由外部力量主导到企业自身主导的转变，由简单的捐赠到细致的项目管理的转变。"三"，指的是三个真，即"动真情、扶真贫、真扶贫"。"二"，指的是两个投入，即投入物资、真金白银进行公益活动；投入智力，急人所急、想人所想，从根上解决困难，授人以渔。"一"指的是一个核心，即以"全民公益、平等公益"为核心，量力而行、全民参与，不把支持和帮助当作施舍，平等对待受助者。

（二）"新公益观"实践方式

红云红河集团新公益观的实践方式是具有多样性和原创性的（见表1）。在实践过程中，做到了有组织、有规划、有项目、有合同、有检查，通过企业公民实践活动，促进民族团结进步和边疆繁荣稳定，身体力行地践行了对国家安全、地区发展、民族团结和边境人民福祉的庄严承诺。

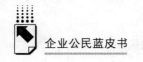

表1 按不同划分标准红云红河集团公益实践方式一览表（部分）

划分标准	方式名称	具体做法
从实践主体划分	独立实践	独自承担公益实践活动
	联合实践	与其他组织进行资源整合，最大限度地扩大公益活动受众群体
从实践目的划分	兴边富民类实践	响应国家政策号召，帮助贫困地区脱贫致富
	助学支教类实践	资助贫困学生，智力扶贫，优先搞好教育
	救灾助困类实践	面对突发事件进行紧急的人、财、物的捐赠
	社区服务类实践	参与社区建设，积极进行垃圾回收、植树造林等活动
	微公益类实践	评选"昆明好人"，倡导社会的真善美
从实践规模划分	集团层面的实践	以集团为单位，进行整体性、规模性的公益活动
	集体层面的实践	集团内部的群体性组织以集团"新公益观"为指导，自发进行公益活动
	个人层面的实践	通过集团的宣传和教育，使员工自觉主动地参与社会公益活动

（三）"新公益观"实践保障措施

新公益观作为一种全新的企业公益活动指导思想，其实践方式往往具有不确定性和差异性，同时由于红云红河集团所处地理位置的特殊性，因此在实践的过程中，集团建立了一种多层次、多维度的保障体系，使新公益观的实践能够得到更为有效的保护和推动。

战略规划层面——整体规划、宏观把握

将企业公民理念以及新公益观理念写入企业"十二五规划"中，从宏观层面上肯定和支持了企业公民实践活动。

机制设计层面——务实创新、保障通畅

集团建立"有责任、有组织、有规划、有项目、有计划、有协议、有资金、有检查、有监督、有成效"的"十有"公益项目管理模式，加强与公益事业受众群体的沟通，保障信息反馈路径的通畅，并通过这样一种企业公民实践责任管理体系的建立，拉近企业与社会、企业与民众、企业与地方政府之间的关系，保证公益事业的顺利进行。

战术执行层面——严格把关、规范使用

集团颁布了《扶贫资金管理办法》，所有对外捐赠的项目以及扶贫的项目，都要经过预算和会议讨论，甚至一些公益项目的评估、评价也需要在跨部门工作会议上进行，邀请受助单位、合作单位进行沟通磋商，争取给每一个利益相关方都提供准确、明晰的数据分析以及资金使用结果，使公益资金的使用做到"有计划、有项目、有资金、有落实、有检查"，扎实、切实把资金用好，用出效益。

二 红云红河集团"新公益观"实践的主要业绩

作为公益事业重要的参与主体，红云红河集团十分重视社会公益工作的战略部署、系统规划和规范管理。以"新公益观"为基础指导思想，集团专门成立了社会公益工作领导小组，统一管理、统一筹划集团的公益职能；坚持"动真情、扶真贫、真扶贫"、"不脱贫、不脱钩"及"双向扶贫"、"十有扶贫"等公益理念及原则，创新公益参与模式，构建与社会公众的良性沟通机制，竭力关爱他人、回报社会，争做优秀的企业公民。

（一）对口帮扶

红云红河集团积极响应并投入云南省委省政府实施的"对口帮扶"工程，以及在云南省开展的先富带动贫困区域逐步发展的活动，在曲靖市会泽县，昭通市巧家县，文山市富宁县，临沧市镇康县、沧源县开展对口帮扶工作，并主动对丽江市宁蒗县开展帮扶工作（见表2）。

表2 红云红河集团对口帮扶成果一览表

单位：万元

帮扶对象	帮扶起始时间	2011 年主要实施项目	2011 年投入资金	累计投入资金
临沧市镇康县	2005 年起	教育基础设施,人畜饮水,产业扶持,农村剩余劳动力转移就业等	400	2936
临沧市沧源县	2005 年起	助学助教,产业扶持,整村推进以及改善交通,饮水困难等	300	900
文山市富宁县	2005 年起	新农村、学校等基础设施建设,产业发展,助学助教,村级干部培训等	250	1850
昭通市巧家县	2007 年起	管网建设、集镇建设、产业扶持、助学助教、整村搬迁、产业扶持	630	1430
曲靖市会泽县	2007 年起	新农村建设、助学助教、人畜饮水工程	250	1750
丽江市宁蒗县	2010 年起	发放"爱心助学金",资助考取大学优秀贫困本科生 20 人、专科生 17 人,资助家庭困、品学兼优的初、高中生 100 人	30	110

红云红河集团在"对口帮扶"工程中积极履行社会责任，倾注真情、真心帮扶，投入大量的人力、物力，做了大量好事、实事。

巧家县是坐落在金沙江边上的深度贫困县，山地面积占98.9%，生活条件恶劣。红云红河集团从2007年开始帮扶巧家县，在2007~2009年的3年间共向巧家县捐资800万元。2007~2011年的5年间，红云红河集团在巧家县白鹤滩镇咪吐、官村、旧营三个村实施了推进项目，修建了白鹤滩镇北门六组人畜饮水管网工程，水塘村街道二期工程；在白鹤滩镇啊噜村、崇溪乡老屋村和蒙姑乡蒙姑村修建了3所希望小学，先后资助120名贫困学生迈入高校校门，表彰并奖励了长期坚守在巧家边远高寒山区教学一线的300名优秀教育工作者。此外，集团还帮助巧家县发展蚕桑产业。

会泽是一个在地势上集深山区、石山区、冷凉地区、干热河谷地区及泥石流滑坡地区于一体的国家扶贫工作重点县。红云红河集团在第一轮对口帮扶期间，向会泽县下拨扶贫资金1000万元，主要实施了关系当地社会民生问题的农田水利、人畜饮水、道路交通、产业开发和教育发展事业等项目建设，为当地人民群众尽早脱贫致富起到了积极的促进作用。

2011年12月，集团先后与会泽县政府和巧家县政府签订了挂钩扶贫帮扶协议，明确了集团对两县新三年的帮扶工作计划。此后三年，集团将分别对两县投入帮扶资金1000万元和800万元。

（二）促进边民素质提升

红云红河集团高度重视国家边境县的素质提高工程，积极开展助学助教工作，帮助边境地区居民提高素质。截至2011年底，集团共资助644名边疆大学生，奖励1550名在边疆地区执教的优秀教师、优秀校长；并新建30所希望小学，改善地方办学条件，解决当地适龄儿童就学难的问题；支持修建了镇康、沧源两所职业教育学校，增加了边境县（市）农村劳动力的职业技能培训机会。集团还组织职工深入帮扶县乡村寨，开展一对一、一帮一的助学助困活动。

红云红河集团参与建设边疆党建长廊、乡村文化活动室，赠订《云南日报》等党报党刊，设立红云图书室，把党的声音、先进的文化、实用的知识送到边疆、送进村寨。

红云红河集团还从对口帮扶县接收了近千名季节工，这不仅为边疆青年创造了外出务工、增加经济收入的机会，同时也开阔了这些青年的眼界，增加了其阅历。

（三）实践微公益

红云红河集团的"新公益观"实践还体现在引导社会风尚，树立良好榜样上。集团认为，"好人"体现了中国传统文化的深刻内涵，彰显了时代的价值和导向，是构建和谐社会主流面貌最生动、最积极的气息。由红云红河集团支持的"昆明好人"评选活动已连续举办五届，每届选出 10 位"昆明好人"作为模范加以宣传，引导群众的价值取向。截至 2011 年底，所评选出的 50 位"昆明好人"已成为昆明市民的精神道德榜样，在昆明市乃至云南全省引起强烈反响。"昆明好人"已经成为云南省家喻户晓的道德名片。

2011 年，"昆明好人"活动吸纳了红云红河集团"新公益观"的思想——提倡"微公益"理念，并用实践活动诠释了"不以善小而不为，不以恶小而为之"的"好人"价值观。"微公益"从点滴爱心入手，提倡不同经济情况的人通过不同的爱心表达方式，最大限度地把关注转化为参与，将各界的爱心落到实处，让爱心和好人精神传承下去，凝聚好人的力量。

2011 年，红云红河集团还进一步努力，促使"昆明好人"活动突破电视荧屏的限制，走入民众生活。集团联合云南省慈善总会开设"一粒沙"爱心网络超市，协助昆明市民以义卖、销售或网上捐款的方式来将"微公益"进行到底。此外，以"昆明好人"的故事为原型的数字电影《都市条形码》也在 2011 年正式开机，这些活动极大地影响了普通民众的价值取向，为社会和谐稳定作出了巨大贡献。

2011 年，红云红河集团还出资支持了"红云红河杯"云南省新闻摄影年度大赛、"心愿与志愿同行"大型公益晚会、"为人民歌唱"2011 年云南省人大系统演唱比赛等文艺活动；开展了"六个一百送温暖"、捐资校园安全工程、帮助贫困户等爱心公益活动。

（四）奖教助学

红云红河集团在由大变强、争做中国烟草行业标志性企业的道路上，始终情系红土、勇担社会责任、不忘回报社会。奖教助学作为红云红河集团一种传承历史、传承文明、传承文化的方式，得到了社会各界的广泛支持。

自 1999 年开始，原红河卷烟厂就每年出资 100 万元，在昆明理工大学设立"红河助学金"，截至 2011 年底已累计资助贫困生近 2 万人次。2009 年，红云红河集团在昆明理工大学追加 100 万元增设"红云园丁奖"。设立"红云园丁奖"、"红河助学金",主要是为鼓励优秀教师的教学和科研活动,资助品学兼优的贫困生。截至 2011 年,"红云园丁奖"、"红河助学金"已在省内 13 所主要高校设立,累计投入资金 3700 万元,资助学生 24383 人次,奖励教师 1824 人次。2011年"红云园丁奖"与"红河助学金"获奖人数见表3。

"红云园丁奖"和"红河助学金"均按照项目管理模式实施,从设立到评选,每一步都由集团和学校共同协作推进,由云南省教育厅进行全程督导,严格遵守各校《"红云园丁奖"评选办法》、《"红河助学金"评选办法》等规制文件,评选结果全部予以公示,确保了公益行为的公开、透明、公正。

表3　2011 年"红云园丁奖"与"红河助学金"获奖人数统计表

院校	红云园丁奖	红河助学金
昆明理工大学	190 人	250 人
云南大学	98 人(含附中)	425 人
云南民族大学	40 人	200 人
云南财经大学	60 人	162 人
云南师范大学	289 人(含附中、附小)	150 人
云南农业大学	40 人	200 人
云南中医学院	30 人	200 人
昆明学院	72 人	135 人
云南艺术学院	20 人	100 人
昆明医学院	25 人	100 人
曲靖师范学院	24 人	70 人
保山学院	43 人	80 人
红河学院	20 人	75 人

(五) 捐赠图书

"红云图书室"作为红云红河集团与《中国青年报》共同实践的社会公益活动,基本达到了整合优势资源,切实为民众送知识、送智慧的目的。

2011 年,红云红河集团继续秉承"送好书"的理念,为贫困地区的学生带去凝聚着红云红河人爱心与希望的图书。自 2007 年以来,全国 29 个省(自治区、直辖市)的贫困地区中小学受赠建立了 500 个"红云图书室",集团为此累计捐赠了 18.5 万册，价值 495 万元的图书，同时发放奖学金 15.5 万元，惠及全国数以十万计的莘莘学子。

2011 年，红云红河集团携手社会知名人士一起开展了"2011 年红云图书室——名家进校园"回访活动，这项活动覆盖广西、湖南、云南三省区设有"红云图书室"的部分学校，将更多更好的教育资源提供给身处偏远地区的同学，传播了知识、传播了思想。

（六）生态环境保护

2011 年，红云红河集团持续改善社区生态环境，与昆明市五华区再次签订《共建长虫山"红云生态园"二期协议》，再投资 1000 万元用于提升公园品质。通过该集团广大建设者的辛勤付出，长虫山焕发出新的生机，绿树成荫、亭台掩映、石峰耸立、曲径通幽，成为昆明市内又一处环境优美的山野公园。

集团员工中的一些志愿者积极捐资建绿，在长虫山"红云生态园"建立"爱在红云，绿满家园"义务植树林，先后种植树木 2000 余株，为昆明建设个人林树立了典范。

同时，红云红河集团的单年度环保投入达到历史新高，单位产值的综合能耗也基本符合了标准（见表 4）。

表 4　红云红河集团历年环境保护绩效指标（部分）

	2011 年	2010 年	2009 年
单位产值综合能耗(千克标准煤/万元)	12.24	11.80	14.02
环保投入(万元)	9846.039	50962.32	1890.5

（七）救灾防灾活动

云南省自 2009 年以来连续三年遭遇干旱，全省库塘蓄水严重不足，235.6 万人饮水困难，农业和工业生产受到严重影响。2011 年，红云红河集团共计向受灾地区捐助 330 万元，其中向弥勒县捐赠 10 万元，向曲靖市捐赠 300 万元。据统计，集团三年来为支持云南省抗旱救灾累计捐款 2500 万元。

2011 年 3 月，云南省盈江县发生 5.8 级地震，红云红河集团向地震灾区伸出援手，共计捐款 300 万元。

红云红河集团历来重视贫困地区的饮水工程建设，2011 年共投资兴建了 30 多个人畜饮水项目。以镇康县为例，截至 2010 年，集团共在该地投资修建了 22 个人畜饮水项目，覆盖 6 个乡镇 18 个村委会 38 个自然村，架设引水管道 281.098 公里，建成容量 24 立方米的小水窖 281 口，解决了 2799 户 13944 人和 9239 头大牲畜的饮水问题。在 2010 年百年一遇的旱灾中，这些饮水工程发挥了重要作用。

（八）关爱生命、保护文化

红云红河集团为帮助沧海县当地群众减少人身财产损失，划拨专门资金为民投保，成功解决了"野生动物伤人由谁埋单"、"动物损害农民庄稼由谁负责"等困扰当地政府和居民多年的问题。

在镇康县南伞镇白岩村，红云红河集团捐资修建了德昂族民族文化广场，为德昂族特色文化的保护和延续提供了有利条件。

同时，红云红河集团还赞助"云岭大讲堂"；举办"数字电影公益展映"活动，共放映 2000 多场，受益观众达百余万人次。

此外，红云红河集团自 2004 年起，连续 8 年在昆明市、曲靖市、红河州三地，举办"春节焰火晚会"，回馈当地市民。

红云红河集团自 2004 年至今开展的"新公益观"实践活动，取得了较好的社会效果（见表 5）。

表 5　红云红河集团 2011 年"新公益观"实践活动一览表

时间	社会公益项目	累计数据
2004 年至今	春节焰火晚会连续 8 年在昆明市、曲靖市、红河州三地，举办"春节焰火晚会"，回馈当地市民	连续 8 年
2005 年至今	对口帮扶：文山富宁、昭通巧家、曲靖会泽、临沧沧源和镇康，主动帮扶丽江宁蒗县，帮助当地修建学校、兴建饮水工程、铺路架桥等	6 个县，集团共投入资金 8976 万元
2006 年至今	寻找昆明好人：全程支持"寻找昆明好人"大型公益活动，每年从社会各层面选出好人代表	每年选出 10 位好人代表
2007 年至今	红云图书室：集团与《中国青年报》联合举办"红云图书室"活动，在全国贫困地区中小学设立"红云图书室"	截至 2011 年，全国共有 515 所贫困地区县乡中学（省内 288 所）受助成立了"红云图书室"，捐赠图书 20 余万册，总价值近 500 万元，发放奖学金 20 万元
2008 年始	公益数字电影展映：集团与云南省文化厅合作开展"红云红河数字电影公益展映活动，众多民众通过此项活动受益	自 2008 年至 2011 年末计 4733 场，观影人数共计 307.7 万人次

三　红云红河集团社会责任报告发布情况

2011 年，红云红河集团发布了名为《共创价值、共赴美好》的首份社会责任报告，按照社会责任议题完善履责机制、更加系统化地推进履责行动。

2012 年，是红云红河集团承上启下、继往开来、争创一流的攻坚年，其积极承担社会责任，参与到构建社会主义和谐社会的伟大事业中，并积极编制了名为《大爱相随、携手同行》的第二份社会责任报告，使企业在进行企业公民建设的过程中有了更好的标准和规范。表 6 是红云红河集团 2010 年度和 2011 年度社会责任报告的主要内容。

表 6　红云红河集团社会责任报告概况一览表

	2010 年度社会责任报告	2011 年度社会责任报告（初稿版）
报告主题名称	共创价值、共赴美好	大爱相随、携手同行
编制标准	1. 国务院国资委《关于中央企业履行社会责任的指导意见》 2.《社会责任国际标准 ISO26000 - 2010》 3. 全球报告倡议组织（GRI）《可持续发展报告指南》（G3.2） 4.《中国企业社会责任报告编写指南（CASS - CSR2.0）》	1. 国务院国资委《关于中央企业履行社会责任的指导意见》 2.《中央企业"十二五"和谐发展战略实施纲要》 3.《社会责任国际标准 ISO26000 - 2010》 4.《中国企业社会责任报告编写指南（CASS - CSR2.0）》 5. 全球报告倡议组织（GRI）《可持续发展报告指南》（G3.2） 6.《英国社会与伦理责任研究所 AA1000》
时间跨度	2010 年 1 月 1 日至 2011 年 6 月 30 日	2011 年 1 月 1 日至 12 月 31 日
核心内容	共包括科学发展、惠农工程、消费者权益、供应链伙伴关系、员工发展、安全管理、环境保护、社会公益八个方面	共 7 个核心议题、23 个子议题，包括：坚持规范健康发展；坚持惠农、强农、富农；负责任地提供优质产品；与商业伙伴协同共赢；创造员工满意和幸福；努力做安全发展、绿色发展的表率；促进民生做优秀企业公民
报告特点	1. 在责任观方面，报告完整地阐述了集团的社会责任文化价值观； 2. 在核心议题方面，报告具有鲜明的时代性和现代性； 3. 在战略目标上，报告具有明显的先进性和前瞻性； 4. 在体例和形式上，报告具有较好的可读性	1. 集团首次定义了"可持续发展"的内涵； 2. 更准确地阐明了集团始终坚持企业经济责任、法律责任、政治责任和社会责任的有机统一； 3. 报告从企业自身性质和使命出发，进一步阐释了红云红河的七大关键责任定位； 4. 把"边境上的民生工程"和"携爱前行"作为两个特别专题； 5. 详细阐述了企业"新公益观"概念，并以此为基础开展了多种形式的实践活动

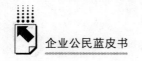

从红云红河集团已经编制的两份社会责任报告来看，可以看出三个明显的趋势：

一是，把"边境上的民生工程"和"携爱前行"作为两个特别专题，强调并突出了边疆省份企业进行企业公民实践的特殊而重大的意义，契合了国家"关注民生、关注发展"的主流价值导向；

二是，把"关爱他人报效祖国"的社会责任观确立为集团惠人达己的文化价值观体系的基本内核，并作为集团成就美好价值、赢得长青基业的动力源泉和行动指南，体现了一个现代化大企业应该具备的良好风范；

三是，把"新公益观"理念放到了企业战略的高度，对该理念的贯彻和实施更加具有时效性和针对性。

2011 年，红云红河集团名列中国企业 500 强第 147 位、制造业 500 强第 68 位，获中国"最具影响力企业"、"最诚信企业"、"品牌社会责任贡献奖"等荣誉称号，迈出了由大到强的坚实步伐。有理由相信，随着集团社会责任报告编制的不断深入，形式的不断规范，内容的不断丰富，实践思路的不断开阔，指导思想的不断更新，其企业公民实践必将会有更为充分的理论支持和行动指南，其"新公益观"的概念也必将会广为传播、闪耀边疆。

Star on the Southwest China Frontier

—On Corporate Citizenship Practice and the "New Public Welfare View" of Hongyunhonghe Group

Abstract：The Well-know Hongyun Group and Honghe Group merged on November 8, 2008 forming HongyunHonghe Tobacco Group. In the last four years, the Group has been taking "reward the society" as its obligatory responsibility. The Group positively participates in several public welfare affairs such as prospering the frontier, assisting to counterparts, helping the poor and relieving victims from disaster, and have established "Hongyun Teachers Award", "Honghe Grants for Students" and "Hongyun Library" with increasing finance year by year, to create a good and responsible social image, which contributes to the building of harmonious society. The Group advocates a practical "new public welfare view", conforming to the development of the country, which provides both powerful ideological support to its public actions and a really good example to the society. The Group can be rated as the most loyal supporters for corporatecitizenship in China's southwestern frontier.

Key Words: Hongyunhonghe; Reward the Society; the New Public Welfare View; Corporate Citizenship

B.15
广东宝丽华新能源股份有限公司
企业公民实践报告

陈鹏 丁婧*

摘　要： 作为中国较早的民营上市公司，广东宝丽华新能源股份有限公司一直恪守"以人为本，和谐发展"的经营理念，通过完善公司治理结构、构建社会责任制度保障、实施员工人文关怀、创新绿色生态生产等举措，在实践中积极承担应尽的社会责任，切实做到对利益相关者负责，企业凝聚力与核心竞争力得以大幅提升，成为中国民营企业中企业公民建设的典范，受到社会的广泛认可。

关键词： 宝新能源　股东权益　劳资关系　环境保护

广东宝丽华新能源股份有限公司是 1997 年 1 月在深圳证券交易所上市的新能源电力公司（证券代码：000690，证券简称：宝新能源），是中国证券市场中的新能源电力龙头上市公司，是沪深 300 指数、深证 100 指数、沪深 300 相对成长指数、沪深 300 相对价值指数样本股。长期以来，宝新能源一直秉承立足主业求规模、稳健经营求效益的经营方针，坚持精品战略、人文关怀的企业文化理念，持续完善公司法人治理结构，提高规范运作与制度创新、管理创新水平，努力提升公司核心竞争力和可持续发展能力，获得了快速、健康、高效发展。截至 2011 年底，公司总资产达到 81.19 亿元，比上市之初增长了 37.12 倍。公司连续多年名列"中国上市公司综合绩效百强排行榜"、"上市公司整体价值百强排行

---

* 陈鹏，男，河南人，北京科技大学东凌经济管理学院，硕士研究生。研究方向：企业社会责任、产业组织理论；丁婧，女，江西人，北京科技大学东凌经济管理学院，硕士研究生。研究方向：企业社会责任、产业组织理论。

榜";被《人民日报》、人民网、搜狐网、中国品牌网评为"中国新能源行业最具影响力品牌";公司董事会被《董事会》杂志评为"中国上市公司董事会金圆桌奖十佳董事会"、"中国上市公司董事会金圆桌奖三十佳董事会"。

一　宝新能源企业公民实践的制度保障

宝新能源认为，企业社会责任是公司对国家和社会的全面发展、自然资源环境以及股东、债权人、职工、客户、消费者、供应商、社区等利益相关方所应承担的责任。积极承担对利益相关者的责任是企业的发展之道，也是践行和谐发展的具体举措。

（一）　社会责任价值理念

运营卓越、追求完美、宗旨友善、和谐发展，是宝新能源一贯践行的企业文化理念，也是宝新能源精品意识、人文关怀的根本阐述。宝新能源认为，"和谐发展"不仅仅是一部分人或群体的和谐，而且应该是围绕着公司的所有利益相关方的全面和谐，具体包括六个层面：股东、员工、客户、社区、环境与文化。公司只有实现了与这六个层面的和谐共长，才能真正践行社会责任，为实现科学发展、构建和谐社会作出贡献，促进公司自身与全社会的协调、和谐发展。

在宝新能源看来，上市公司作为现代社会的重要成员，应该积极承担社会责任，在追求经济效益、保护股东利益的同时，应积极保护债权人和职工的合法权益，诚信对待供应商、客户、消费者，积极从事环境保护等公益事业，从而促进公司自身与全社会的协调、和谐发展。与此同时，在经营活动中，企业应遵循自愿、公平、等价有偿、诚实信用的原则，遵守社会公德、商业道德，接受政府和社会公众的监督，不得通过贿赂、走私等非法活动谋取不正当利益，不侵犯他人的商标、专利和著作权等知识产权，不从事不正当竞争行为。基于以上认识，宝新能源将企业社会责任作为公司发展壮大的基本价值观念，并由此引申出公司的社会责任观：善待资本，珍惜资源，敬畏事业，回报社会。这亦是宝新能源的行为宗旨。

（二）　社会责任工作方向

参照《深圳证券交易所上市公司社会责任指引》，联系所处新能源电力行业的特点，结合公司的发展历程，宝新能源总结出了公司社会责任的主要利益相关方、主要关注点及对应的措施（见表1）。

表1　宝新能源公司社会责任的主要利益相关方

利益相关方	主要关注点	公司对应措施
股　东	公司治理水平； 股东（特别是中小股东）权益保护	完善现代企业制度； 规范股东大会召开、信息披露； 提供稳定丰厚的投资回报
员　工	良好的工作环境； 良好的福利待遇； 与公司共同成长	重视安全生产； 加强员工培训； 加强企业文化建设
债权人	债权人权益保护	严守合同，履行义务
供应商	公平采购； 互利共赢	反对商业贿赂； 诚实守信、如约交付
环　境	节能减排、技术创新； 产业进步、结构优化	洁净煤燃烧技术发电创新； 积极发展可再生能源发电
社　会	促进社会经济文化发展； 提升生活质量、创新优质生活； 建设和谐、文明、发展的新社区	及时足额上缴税收； 创造就业机会、吸纳本地就业； 热心公益事业，感恩回报社会

（三）社会责任制度保障

为了实现对企业社会责任工作的有效指导，宝新能源成立了以董事长为组长的社会责任领导小组，成员包括总经理、副总经理、子公司总经理、董事会秘书以及各部门负责人。该小组主要负责社会责任管理体系建设，汇总提交与社会责任建设有关的议题、信息，推进实施公司社会责任工作的决策部署，组织开展履行社会责任活动，开展与利益相关方的沟通与合作，规划社会责任未来工作，统一领导公司社会责任工作。

宝新能源重视现代企业制度建设，依照社会责任理念涉及的范畴，建立健全了公司管理运营制度，规范了公司治理，为利益相关方的权益保护提供了制度保障。首先，公司建立健全了《信息披露管理制度》和《股东大会议事规则》，保障了股东特别是中小股东的权益；其次，公司建立健全了《内部审计制度》、《财务管理制度》、《资金预算管理制度》等资产管理和资金使用制度，加强资金安全和财务风险控制，保障债权人利益；再次，公司制定了《生产管理制度》、

《安全管理制度》、《筹建管理制度》、《岗位标准制度》等安全生产管理制度，保障员工权益；最后，公司严格按照《企业内部控制基本规范》及相关配套指引、《上市公司内部控制指引》等法律法规和规范性文件的要求，制订了《内幕信息知情人登记管理制度》，持续梳理和完善了以公司《内部控制制度》为纲要，以环境控制制度、业务控制制度、会计系统控制制度、信息系统控制制度、信息传递控制制度、内部审计控制制度为基础的内部控制制度体系，为公司经营管理合法合规、资产安全、财务报告及相关信息真实完整提供了合理保障，满足了各利益相关方对公司严控风险、规范治理的利益诉求。

二 宝新能源企业公民实践的主要业绩

自公司成立以来，在社会责任领导小组的带领下，宝新能源进一步强化社会责任意识，认真践行可持续发展理念，建立健全治理规范，切实保障股东权益，坚决维护员工利益，大力推进节能减排，加紧建设新能源发电，不断提高资源利用效率，实现企业与股东、债权人、员工的和谐发展，构建企业与自然的和谐共处，促进企业与社会的和谐进步，从各个方面诠释了公司对企业社会责任的认识和理解，在履行企业社会责任的道路上迈出了坚实的步伐。

（一）切实保障股东权益

在公司治理方面，宝新能源一直把严格规范运作作为企业发展的基础与根本，并根据《公司法》、《证券法》等相关法律法规和规范性文件的要求，建立了以公司《章程》为总则，以股东大会议事规则、董事会议事规则、监事会议事规则、总经理工作细则和内部控制制度等为主要架构的规章体系，形成了以股东大会、董事会、监事会及管理层为主体结构的各司其职、各尽其责、相互协调、相互制衡、行之有效的决策与经营管理体系。2011 年，宝新能源进一步加强规范运作，完善现代企业制度，在日常经营管理工作中，更加注重完善、细化决策规则，保证决策的客观性、科学性。完善的公司治理结构、良好的公司治理水平、科学的公司治理机制有效保证了对所有股东的公平、公开、公正，保障了所有股东依法享有的各项权益。

在股东大会方面，按照《公司法》、《证券法》、深交所《股票上市规则》及公司《章程》等相关法律法规和规范性文件的规定，宝新能源尽量合理安排股东大会召开时间，提供包括独立董事征集投票权、网络投票在内的表决方式，按照法律法规的要求引入累积投票制，加大中小股东表决权的效力，通过保障股东及投资者的咨询权、建议权、表决权来保障股东及投资者的合法权益。公司安排专人接待股东代表，充分解释股东大会流程，欢迎外地股东前来参会并提供必要的便利。公司董事、监事及高级管理人员均到会并与股东进行面对面的耐心交流。每次股东大会的召开，都有律师现场见证，出具法律意见书。

在信息披露方面，宝新能源严格执行中国证监会的规定，建立健全信息披露管理制度，持续自觉规范履行信息披露义务，确保信息披露的真实、准确、完整、及时，不进行选择性信息披露，公平对待所有股东和投资者。2011年，宝新能源严格规范完成了19份公告的信息披露工作，有效执行和维护了信息披露的责任机制，未发生选择性信息披露的情况，未有因信息披露而受证券监管部门惩处的情况。此外，公司积极参与各种网络平台交流活动，并与有关单位签订协议，成为较早开通投资者关系平台的上市公司之一，充分保证与投资者之间沟通交流渠道的畅通，保持了公司与投资者之间相互信任、利益一致的关系，保障了广大投资者的充分知情权。

在回报股东方面，宝新能源一贯重视对投资者的合理回报，本着为股东创造价值的核心理念，公司每年均进行现金分红、派送红股或资本公积金转增股本，给投资者带来丰厚的价值回报。2011年，宝新能源实施了2010年度权益分派方案：以2010年末总股本1726612500股为基数，向全体股东每10股派发现金红利0.30元，共计分配利润51798375元。从2008年起，宝新能源连年入选深证红利、深证300价值指数样本股，标志着公司已成为财务稳健、分红稳定、对股东投资回报良好的上市公司。

在信息沟通方面，宝新能源向来重视投资者关系管理工作，并通过丰富多样的渠道和形式，与来自全国各地的投资者、分析师及新闻媒体保持密切有效的沟通。宝新能源在梅州总部和广州办公室均设有投资者咨询电话，将信息披露文件置备于办公场所以供公众查阅，设立了面向投资者的专项电子邮箱，积极、耐心地解答投资者提出的各种问题，强化与投资者的互动。在接待国内外投资者来访方面，公司开通了传真书面调研、电话交流、见面沟通、电厂实地调研等方式，通过多种形式让广大投资者尽可能全面地了解公司的生产经营状况，维护良好的投资者关系管理。2011 年，宝新能源先后与中信证券、招商证券等机构的分析师就公司的生产经营现状及未来发展战略进行了沟通，增进了投资者对公司的了解和认同。公司接待调研和采访的情况均严格按照有关规定在定期报告中予以披露，未有实行差别对待政策，未有有选择地、私下地提前向特定对象披露、透露或泄露非公开信息的情形。

（二）构建和谐劳资关系

宝新能源一直秉承"立足主业求规模、稳健经营求效益"的经营方针，坚持"精品战略、人文关怀"的企业文化理念，持续完善公司法人治理结构，提高规范运作与制度创新、管理创新水平，提升公司核心竞争力和可持续发展能力，努力为员工提供优越的工作环境，创造舒适的居住环境，构建和谐的人文环境，提供广阔的发展平台，实现了企业与员工共生共长、和谐共处。

在员工薪酬方面，宝新能源严格遵守《劳动法》《劳动合同法》等法律法规的要求，员工聘用全部实行劳动合同制，员工的养老、失业、工伤、医疗等保险参与率达到 100%，从根本上保障员工的合法权益，让员工无后顾之忧。公司在 2007 年就已经将最低工资提高到月薪千元以上（扣除"五险二金"之后），远远超过梅州当时 580 元的最低工资标准，也超过了当时全国最高标准广州 860 元的水平。此外，公司建立了薪酬递增机制，确保员工工资每年都有所增长；出台了《股票期权激励计划》，将激励股份分别计入工作表现和业绩贡献突出的员工名下，成为沪、深两市第一家成功实行股权激励的上市公司。

在员工住宿生活方面，宝新能源先后投资 5000 多万元，建造 5 座公寓式管理的员工星级宿舍，开设 5 间免费自助餐厅，让员工住得舒心、吃得放心；投资 3500 多万元，高标准美化员工工作生活环境，配备 4 间医疗保健室，均配有专业医务人员为员工免费服务。为员工免费配发冬夏装工作服，每天下班回到宿舍，员工只要把衣服脱下放在宿舍，就会有专人上门收集统一清洗，熨好后折叠放回每个员工的宿舍，从而使得员工可以节约很多时间用在学习和文娱、体育活动上。

在员工休闲娱乐方面，宝新能源设立了图书室、电教室、娱乐室、阅览室等，修建了高标准的 11 人足球场 1 个、标准篮球场 2 个、羽毛球场 5 个、室内乒乓球场 4 个、体育舞蹈室 1 个和室内健身室 1 个，还免费为员工配备了瑜伽练习毯、毽球、运动会服装等必要的运动装备。2010年，宝新能源在原有运动项目基础上，先后开设了健身操、瑜伽、体育舞蹈等多个课程，并配备专业老师进行指导，受到员工的热烈欢迎；结合节假日举办各种形式的文体活动，组织员工参加外出旅游，丰富员工业余文体生活，增强企业凝聚力和向心力。

在员工职业教育方面，宝新能源重视对员工的职业教育培训，花巨资引进了电力系统控制全仿真模拟操作系统，员工可以到任何一个操作岗位进行模拟操作培训，熟悉岗位的操作流程和技能。通过类似的培训，许多员工获得了中高级技术资格，使下属电厂员工职业培训率达到100%。2003年，宝新能源投入500多万元，从当地招聘250名农家子弟，送到省电力学校进行专业知识学习，毕业后在荷树园电厂就业，这批学生目前已成为主要技术骨干，在电厂二期、三期建设中发挥了技术核心作用。宝新能源每年还开展各种内训，邀请专家学者前来讲课，并鼓励员工外出继续深造。此外，公司还精选一批格言配以趣味横生的漫画，装饰好挂在公司的各个角落，用浓厚的文化气息去感染每一个员工，让他们明白做人的哲理和做事的道理。

2008年6月，中共中央政治局委员、广东省委书记汪洋考察了宝新能源后，表扬宝新能源："做农业，农业最好；做旅游，旅游最好；做工业，工业最好。"它"不一样"的发展历程，也被汪洋书记誉为"宝丽华现象"。宝丽华新能源之所以能一步一步发展壮大，一个重要原因就在于企业与员工之间建立了共生共长、和谐共处的劳资关系。在宝丽华，企业与员工不是纯粹的雇佣关系，员工是"大家庭"里重要的一员，公司合理的薪酬分配和完备的社会保障，以及植根于制度的人性化关怀，让广大员工都能感受到"大家庭"的温暖和快乐。

（三）注重自然环境保护

宝新能源将环境保护作为企业可持续发展的重要内容，从选择新能源电力作为经营主业，到发展资源综合利用，再到绿色环保的循环经济，公司每一步的发展都渗透着清洁能源、节能减排、环境和谐的社会责任理念。

在资源综合利用方面，自2003年起宝新能源下属梅县荷树园电厂采用目前国际上技术最先进的循环流化床发电技术，利用煤矸石发电，既解决了煤矸石长期堆存、占用大量土地，造成自燃、污染大气和地下水质等问题，促进了矿区原有生态的恢复和改善，又以新型清洁能源为中国社会经济可持续发展提供了高效清洁动力。不仅如此，公司还对燃烧灰渣进行循环利用。发电燃烧后形成的炉渣和粉煤灰，除少部分销售给水泥厂作填充料外，大部分用于制作煤灰渣砖，既取消了灰渣堆场，节约了土地，又能增加效益。环保砖厂可完全消化电厂产生的灰渣，最大限度实现煤矸石资源"变废为宝"和综合利用。从煤矸石到电力，从煤灰渣到灰渣砖，公司两度注入"变废为宝"的绿色理念，实现了价值链延伸，物尽其用，要素共享，过程耦合。2009 年十一届全国人大二次会议期间，中共中央总书记、国家主席、中央军委主席胡锦涛亲临广东代表团，在听取公司董事长宁远喜作的《开发清洁能源，发展循环经济》的报告后，充分肯定了公司的发展与成绩，并且高兴地指出："综合利用煤矸石，发展循环经济，一次性的投入虽然增加了，但在生产过程中将灰渣重复利用做砖，从综合利用这个渠道来说，生产的效益也会增加。更重要的是，环境好了，老百姓也得到了最大的实惠！"

在低碳环保生产方面，宝新能源采用国家鼓励的先进循环流化床锅炉技术，劣质煤燃烧效率可达 95%～99%，锅炉效率可达 90% 左右，特别对高灰分、低挥发分的劣质煤，其适应性和燃烧效率是其他类型锅炉无法比拟的，从而有效地提高了能源利用率。目前，电厂每年利用的煤矸石，可节约标准煤约 50 万吨，有力地促进了能源节约。与此同时，公司严控污染物排放，多项指标远优于国家标准。经测算，电厂对煤炭的脱硫效率在 94% 左右，每年可减少二氧化硫排放 1 万吨。由于循环流化床锅炉在燃烧时实现了炉内一次性脱硫，因而不需要采用烟气脱硫，也有效避免了烟气脱硫引起的二次污染。同时，电厂发电机组氮氧化物的生成量不超过 150 毫克/标立方米，能有效地控制氮氧化物的产生和排放，排放量相当于同类火电机组的 1/4 左右。发电机组的除尘效率大于 99%，更是达到了国际先进水平。2006 年，公司确立了向风电领域进军的新能源战略。2009 年 12 月 22 日，宝新能源投资建设的陆丰甲湖湾（陆上）风电场一期工程 4.8 万千瓦风电机组正式进入商业运营，标志着甲湖湾清洁能源基地建设开始结出硕果，公司构建山海协作、实施蓝海战略的发展蓝图，正在逐步成为现实。该项目投入运营后，与同等装机规模的燃煤电厂相比，每年可为国家节约标煤约 3.5 万吨，每年可以减少烟尘排放量约 45 吨、减少灰渣排放约 8000 吨、减少二氧化硫排放约 400 吨、减少二氧化碳排放量达 96600 吨。

在绿色环保办公方面，宝新能源重视低碳节能和绿色环保宣传，加强办公节能管理，倡导绿色办公。严格执行空调温度控制标准，办公楼空调温度设置夏季不低于 26℃，冬季不高于 20℃；节约照明用电，节能灯使用率 100%，做到"人走灯灭"，坚决杜绝白昼灯和长明灯现象；合理使用电脑、打印机、复印机，不使用或外出时及时关闭电源。加强对办公耗材采购、领取、使用的管理，充分利用现代信息技术手段，推行办公无纸化，节约打印、复印用纸，提倡打印、传真纸张双面使用，办公耗材采购经费节省近 20%。

宝新能源始终坚持走节能减排的发展之路，发展高效清洁能源和可再生能源，积极推进科技创新，提高资源利用效率，将建设资源节约型和环境友好型企业，实现能源与环境的和谐发展作为公司的重要社会责任，成功打造了国内新能源电力的典范，实现了经济效益与环境效益的完美结合。

（四）承担利益相关者责任

宝新能源高度重视对债权人合法权益的保护。在生产经营过程中，严格遵守相关合同及制度，充分考虑债权人的合法权益，维护双方良好的合作关系。公司通过建立健全资产管理和资金使用制度，保障资产和资金安全，加强资金预算管理和财务风险控制，构建稳健财务结构，充分遵守信贷合作商业规则，按合同约定使用银行贷款，按期归还支付本息，诚实守信，合法合规，充分保障了债权人的合法权益，从未发生任何损害债权人利益的事情，与各家商业银行形成了相互信任、相互支持的良好稳定合作关系。宝新能源连续多年被评为梅州市"守合同重信用企业"、梅州市"纳税信用 A 级企业"，获中国农业银行授予"AA＋级信用单位"，获中诚信国际信用评级有限责任公司评定长期信用级别为 AA 级。

宝新能源对供应商坚持精诚合作、相互信任、互惠互利、共同发展的原则，不断完善采购流程与机制，为供应商创造良好的竞争环境。公司的设备采购，推行公开招标和阳光采购，对设备投标企业进行公平、公正评估，杜绝暗箱操作、商业贿赂和不正当交易等情形。为优化组织货源，加强成本控制，公司煤炭采购放眼国内、国外两个市场，煤炭来源呈现多元化。通过充分交流双方信息、平等谈判协商、恪守合同、如约交付、严格保护供应商的秘密信息和专有信息，公司与国内外市场的煤炭供应商形成了长期紧密合作的战略伙伴关系。

宝新能源牢记企业社会责任和使命，力所及所能服务地方，带动地区经济和城市发展，热心公益回报社会，促进社区和社会和谐。通过自身发展，公司为梅州市创造了更多就业机会，缓解了政府就业压力，提高了当地人民的生活水平。公司的成功转型，创新了山区企业产业结构、增长方式和发展模式，极大地影响和带动了梅州社会经济的振兴。2011 年，宝新能源通过梅州市慈善会平台，出资 500 万元捐建世界客商会馆；出资 20 万元，支持梅州扶贫济困。随着社会责任工作的深入推进，公司的责任意识增强，在抓好企业发展的同时，更加关注公益事业，更加注重回报社会。

三　宝新能源发布企业社会责任报告

宝新能源是中国上市公司中较早发布企业社会责任报告的企业之一。2009 年 4 月，公司董事会参照《深圳证券交易所上市公司社会责任指引》标准编制了公司首份年度社会责任报告——《广东宝丽华新能源股份有限公司 2008 年度社会责任报告》。该报告详细阐述了公司社会责任制度建设与组织安排情况，对股东、员工、债权人、环境、供应商以及对其他利益相关者的社会责任承担状况，公司未来社会责任工作的重点与方向。该报告的发布，推进了中国上市公司特别是民营上市公司社会责任报告发布的进程，对其他上市公司编制与发布社会责任报告产生了一定影响，成为民营上市公司发布社会责任报告的典范。

2012 年 4 月，宝新能源发布第四份社会责任报告——《广东宝丽华新能源股份有限公司 2011 年度社会责任报告》，该报告全面阐述了 2011 年度宝新能源在履行社会责任方面的具体实践，是宝新能源认真遵守社会公德、商业道德，诚实守信，承担社会责任的行为总结。该报告的发布，进一步加强了宝新能源与各利益相关方的沟通交流，深化了宝新能源的社会责任意识，提高了宝新能源的履责水平与能力，促进了宝新能源的可持续发展。对于社会而言，该报告的发布，加快了中国企业社会责任实践进程，为构建和谐社会作出贡献。

凭借持续深入践行的社会责任、完善的公司治理结构、健全的内部管理体系和信息披露机制，宝新能源先后入选深证社会责任、巨潮公司治理、深证红利、泰达环保、中国低碳等重要社会责任评价指数样本股；被广东省委宣传部评为"广东十大和谐企业"；被南方日报社、广东省低碳发展促进会、广东省建筑科学研究院评为"南方低碳 2011 年度标杆企业"。公司获中共广东省委、广东省人民政府授予的"广东省模范集体"称号，连年获广东省人民政府授予的"广

东省百强民营企业"称号，连年获广东省经贸委授予的"广东省技术创新优势企业"称号，连年被梅州市工商局评为"守合同重信用企业"。宝新能源下属的梅县荷树园电厂荣获由权威行业杂志《亚洲电力》颁发的全亚洲级别的"亚洲电力奖——最佳环保电厂奖"；宝新能源董事会连续四年荣获《董事会》杂志颁发的"中国上市公司董事会金圆桌奖——优秀董事会奖"等相关奖项。

参考文献

［1］《广东宝丽华新能源股份有限公司 2008 年度社会责任报告》，2009。
［2］《广东宝丽华新能源股份有限公司 2009 年度社会责任报告》，2010。
［3］《广东宝丽华新能源股份有限公司 2010 年度社会责任报告》，2011。
［4］《广东宝丽华新能源股份有限公司 2011 年度社会责任报告》，2012。

The Corporate Citizenship Report on Guangdong Baolihua New Energy Stock Co. , Ltd

Abstract：As one of China's private listed company, Guangdong Baolihua New Energy Stock Co. , Ltd. has been adhering to the business philosophy of people-oriented and harmonious development. To be responsible to the stakeholders, Baolihua actively undertake social responsibility in practice, such as improving enterprise governance structure, building institutional guarantee of social responsibility, implementing humane care and innovating eco-production. Through these measures, the enterprise cohesion and core competitiveness is greatly enhanced. Today, Baolihua has become a model corporate citizen in the construction of the Chinese private enterprises and been widely recognized by the community.

Key Words：Baolihua New Energy; Shareholders' Equity; Labor Relations; Environment Protection

附　　录

Appendix

B.16
企业公民报告大事记
（2009 年 1 月 1 日 ~ 2011 年 12 月 31 日）*

2009 年

1 月 1 日　由上海市质量技术监督局公布的上海市企业社会责任地方标准正式实施，此标准是我国首个企业社会责任方面的省级地方标准。

1 月 7 日　由中国社工协会企业公民委员会、绍兴市在沪企业联合会、上海中凯企业集团有限公司共同主办的"责任的力量——2009 中国企业公民（上海越商）论坛"在上海香格里拉大酒店隆重召开。企业公民论坛以"加强企业公民交流，促进社会和谐发展"为宗旨，自 2005 年以来已成功举办了四届。

1 月 11 ~ 12 日　由中国企业改革与发展研究会企业社会责任研究分会举办的"2008 年中国企业社会责任第四届高峰论坛"在北京举行。此次论坛的主题

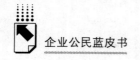

是："公共安全、生命价值与企业社会责任"，会上宣读了《企业社会责任倡议书》，发布了 2008 年企业社会责任示范案例，并宣布表彰了中国企业社会责任优秀企业和企业家代表。

1 月 12 日 中国银行业协会发布《中国银行业金融机构企业社会责任指引》，号召金融机构承担经济责任、社会责任和环境责任。

1 月 19 ～ 20 日 由中国企业改革与发展研究会主办、以"财富与责任"为主题的"第三届中国企业社会责任高峰论坛"在北京举行。会上发布了《中国企业社会责任标准原则》，并表彰了对企业社会责任作出贡献的优秀企业和企业家。

1 月 20 日 《国家电网公司 2008 社会责任报告》在北京正式发布。该公司成为第一个连续四年发布社会责任报告的中央企业。

1 月 23 日 中共中央总书记胡锦涛主持中共中央政治局第十一次集体学习时强调，要采取有力措施，统筹城乡劳动就业，努力扩大农民就业空间，引导企业履行社会责任，支持企业多留用农民工。

2 月 4 日 国家质检总局公布了 2008 年 8 ～ 11 月进境的 852 批不合格食品、化妆品名单。其中，味全婴儿配方奶粉、味全幼儿成长配方奶粉和味全较大婴儿配方奶粉被检验出含有致病菌阪崎肠杆菌，其所致疾病死亡率超过 50%。

2 月 11 日 国务院办公厅发布《国务院关于做好当前经济形势下就业工作的通知》。规定企业需要裁减人员 20 人以上，或者裁减不足 20 人但占企业职工总数 10% 以上，需要提前 30 日向工会或者全体职工说明情况，听取工会或者职工意见后，向当地人力资源和社会保障行政部门报告裁减人员方案。

2 月 28 日 全国人大常委会以 158 票赞成、3 票反对、4 票弃权表决通过了《食品安全法》。该法于 2009 年 6 月 1 日起施行，现行《食品卫生法》同时废止。

3 月 13 日 商务部和国资委联合举行行业信用建设暨推动企业履行社会责任工作交流会。会议讨论了商协会如何通过加强行业自律，服务于"保增长、扩内需、调结构"的工作大局。

3 月 19 日 李宁公司正式发布 2008 年度《企业社会责任报告》。在该报告中，李宁公司表达了该公司对于社会责任的持续关注与积极参与，该报告是国内体育用品行业的第一份企业社会责任报告。

3 月 21 日 根据安徽省质监局通报，合肥市腊味思食品有限公司 2009 年 1 月 19 日生产的腊肉、阜阳雨润肉类加工有限公司 2009 年 3 月 16 日生产的午餐肉经抽查发现含有"克伦特罗"（瘦肉精）。

3 月 31 日 "百家食品企业践行道德承诺活动网上行——中粮篇"启动仪式在北京举行。中粮集团以展览展示、体验互动、理念讲解、宣传片等方式介绍保障食品安全的全产业链模式，并通过卖场，以堆头、宣传册发放等形式直接与消费者形成互动，宣传道德承诺，鼓励社会监督。

4 月 14 日 国家质检总局发出紧急通知，针对一些不法分子使用不符合国家标准要求的尿素甲醛生产仿瓷餐具，要求从即日起至 5 月 15 日对生产加工仿瓷餐具集中开展一次全国性的执法检查。

4 月 23 日 中石油发布《中石油（哈萨克斯坦）2008 年可持续发展报告》，这是中石油首次发布国别报告。

4 月 26 日 中央财经大学中国发展和改革研究院举办了"资本精神与现代慈善事业"研讨会。

4 月 29 日 中德贸易可持续发展与企业行为规范项目在北京召开了国际企业社会责任交流会议。

5 月 8 日 以"关注气候变化发展低碳经济"为主题的碳信息披露 CDP 2009 论坛在北京举行。

5 月 10 日 中国银行业协会首次发布《中国银行业社会责任报告》。

5 月 12 日 网易与中国侨联联合主办首届"'5·12'企业社会责任论坛"。

5 月 26 日 "2009 中国工业经济行业企业社会责任报告发布会"在北京举行，19 家经过"精挑细选"的企业和协会发布了自己的社会责任报告。这是国内首次集中发布社会责任报告。

5 月 因添加"夏枯草"而卷入"配方门"的王老吉处于舆论的风口浪尖。有消费者爆料称自己的胃溃疡是长期喝王老吉所致。而卫生部证实，王老吉凉茶中确实添加了未经允许的成分"夏枯草"。夏枯草性寒、清火、无毒，可作补膏，但脾胃虚寒的人不宜食用。

6 月 5 日 由《WTO 经济导刊》主办的"2008 金蜜蜂企业社会责任·中国榜"在北京隆重发布，第二批"金蜜蜂企业"亮相。

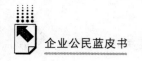

7 月 6 日　由国家电网河南电力公司研发的"河南节能发电调度信息发布系统"通过由国家电力监管委员会、国家能源局等专家组成的鉴定委员会鉴定，标志着国内首个节能发电调度信息发布系统建成投运。

7 月 8 日　台北县公布快餐业油炸用油检验报告，知名快餐企业麦当劳检出重金属"砷"，超出标准高达 9~11 倍。肯德基还检验出另一种致癌物质"丙烯酰胺"（动物实验证实致癌）。消保官表示，丙烯酰胺对人体有害。

7 月 9 日　中瑞两国签署了一项新的有关企业社会责任的协议。中国企业将重点在劳动者权利、劳动保护、工业排放、消费者权益和反腐败等方面加以改善，瑞典驻华使馆将向中国企业提供有关企业社会责任方面的培训。

7 月 11 日　中国盐业总公司向新疆维吾尔自治区捐赠 100 万元人民币，以帮助"7·5"打砸抢烧暴力事件中的受害群众尽快恢复正常的生产、生活秩序。

7 月 12 日　中央财经大学中国发展和改革研究院与社会科学文献出版社共同举办《中国企业公民报告（2009）》首发式暨企业公民理论与实践研讨会。全国人大常委会原副委员长蒋正华发来贺信。

7 月 15 日　中远集团所属中远船务工程集团有限公司（"中远船务"）为 2009 年统一招聘的 1126 名大学生在大连举行了入职培训开班典礼。

7 月 16 日　国家电网公司在江苏无锡供电公司召开会议，启动市级供电公司全面社会责任管理试点工作。

7 月 17 日　中国北车集团永济电机公司党委书记南秦龙在做客国资委网站"中央企业全国文明单位巡礼"系列访谈中表示，永济公司在发展壮大的同时，积极履行社会责任。

7 月 18 日　在新时代集团所属健康产业集团成立 14 周年之际，以"走进新时代·共享健康新生活"为主题的"国珍万人健康长走"活动在山东烟台举行。

7 月 30 日　工信部发布《钢铁行业烧结烟气脱硫实施方案》，再次对高耗能、高污染产能说"不"，推动钢铁行业开展烟气脱硫。

8 月 5 日　上海证券交易所和中证指数有限公司正式发布了上证社会责任指数。

同日　华润集团公布了《2008 年华润企业公民建设白皮书》，对华润企业公民建设理念进行了系统阐述，并围绕确保业绩稳定、开展诚信经营、提供优质产品与服务、重视安全生产、推动节能减排、保护职工权益、建设希望小镇、开展慈善公益 8 个方面的内容，对社会责任的履行情况进行了详尽披露。

8 月 8 日 国家保密局网站刊文，指控力拓在华从事商业间谍活动长达 6 年，导致中国钢铁商损失高达 7000 亿元人民币。文章指出，由力拓公司电脑取出的大量中国钢铁行业情报显示，力拓 6 年来通过拉拢收买、刺探情报等方式，长期进行商业间谍活动，导致中国出现重大损失，钢铁商要多付 7000 亿元人民币进口铁矿石。

8 月 12 日 华孚集团根据国资委《关于开展 2009 年全国节能宣传周活动的通知》（国资厅发综合［2009］49 号）要求，以全国节能宣传周为契机，结合科学发展观的学习实践活动，做好宣传教育工作，提高员工的节能减排意识，开展节能减排的宣传教育活动。

8 月 13～31 日 中国五矿、招商局慈善基金会、南航、东航等多家央企向我国台湾受台风侵扰地区的灾民进行捐款，输送物资，以助其顺利渡过难关。

8 月 18 日 由中国石油为苏丹朱巴大学（Juba University）捐资建设的电脑中心奠基。在奠基仪式上，朱巴大学常务副校长盛赞中国石油对苏丹公益项目的大力支持，热切期盼电脑中心落户朱巴大学。捐建的电脑中心，将为朱巴大学提供现代化教学设施，营造一流教学环境。

8 月 24 日 《可再生能源法修正案》草案提交全国人大常委会审议。草案的一项重要修改是，拟确立可再生能源发电全额保障性收购制度。

同日 丰田在华两家合资企业——广汽丰田、一汽丰田宣布，由于零部件出现缺陷，自 8 月 25 日开始，召回部分凯美瑞、雅力士、威驰及卡罗拉轿车，涉及车辆总计 688314 辆。这是我国 2004 年实施汽车召回制度以来，数量最大的一项召回。

8 月 28 日 中国兵器工业集团内蒙古北方重工公司启动 2009 年"金秋助学"活动，为 39 户困难职工家庭 40 名学子共发放了助学金 96000 元。

8 月 30 日 景德镇市女市民余小春因被沃尔玛保安怀疑偷东西，被沃尔玛 5 名员工拦截在回家的路上。双方随后发生争执，其间 5 名青年围住这位女顾客暴打，致其伤重不治身亡。

9 月 2 日 遵照国务院国资委《关于开展 2009 年全国节能宣传周活动的通

知》（国资厅发综合［2009］49 号）文件精神，中国高新投资集团公司组织开展了内容丰富、形式多样的宣传教育活动和自查整改工作，提高了全体员工的节能减排意识，营造了良好的节能工作氛围，推动高新集团节能减排工作迈上新台阶。

9 月初 为切实帮助地震灾区高考新生顺利入学，中国航空集团公司所属的国航西南分公司携手共青团四川省委共献爱心，向地震重灾区的 20 名贫困、受灾家庭优秀大学新生提供免费机票。

9 月 8 日 参加中国南方航空集团公司创建"青年就业创业见习基地"首个项目的 32 名高校学生，顺利完成两个月的锻炼实习，重返校园继续新学期的学习。该项目旨在帮助尚在"象牙塔"的青年学子们积累工作经验、提高就业创业能力，同时也为企业选人用人搭建了平台，受到社会、学校、企业和学子们的一致好评。

9 月 10 日 在道·琼斯可持续发展指数 2009 年度成分股榜单中，中国移动继 2008 年成为中国内地首家入选道·琼斯可持续发展指数公司之后，本年度再次荣誉登榜，连续两年入选道·琼斯可持续发展指数。

9 月 12 日 由全国工商联房地产商会、中国房地产及住宅研究会等单位主办的"创造城市价值——2009 中国房地产责任论坛"在北京举行。

9 月 18 日 国家质检总局公布了 7 月份进境不合格新产品黑名单，美赞臣婴儿配方奶粉、百事进口的浓缩橙汁、丹麦皇冠牛油曲奇饼干、蜡笔小新草莓饮料等 154 批次进口食品、化妆品均被检出不合格。在此次公布的名单中，属于高敏感性食品的婴儿配方奶粉有 3 批次被检出不合格。

9 月 23 日 证监会有关部门负责人表示，自 7 月 28 日对宜宾五粮液（000858）股份有限公司（下称"五粮液"）涉嫌违法违规行为立案稽查至今，已发现五粮液存在未按规定披露重大证券投资行为及较大投资损失、未如实披露重大证券投资损失、披露的主营业务收入数据存在差错等违法违规行为。

9 月 25 日 由《WTO 经济导刊》、中德贸易可持续发展与企业行为规范项目、山东省工商行政管理局主办，山东省企业信用与社会责任协会、《经济导报》、烟台市经济技术开发区管委会协办的"塑造区域责任竞争力——地方政府推进企业社会责任研讨会"在烟台举行。

10月9日 世界媒体峰会在人民大会堂开幕。国家主席胡锦涛出席开幕式并发表重要讲话。强调媒体要切实承担社会责任，促进新闻信息真实、准确、全面、客观传播。

10月13日 北京出现全国首例判决认定"大学生亦可就业"案。

10月18日 中国社会科学院发布《中国企业社会责任蓝皮书2009》称，中国企业社会责任的整体水平较低；相对来说，中央企业表现更好。此外，还公布了中国100强企业社会责任发展指数（2009）。

10月27日 由CSR Asia举办的年度会议"企业社会责任亚洲峰会2009"（CSR Asia Summit 2009）在吉隆坡举行。探讨与企业社会责任有关的一系列议题及策略。

同日 国家电网公司全面社会责任管理试点浙江嘉善县供电局启动大会在浙江召开，这标志着国家电网公司全面社会责任管理省、地市、县三级供电企业试点工作全面启动。

10月29日 上海市第一中级人民法院低调开庭审理联合利华（中国）有限公司采购部和保信捷（上海）国际贸易有限公司的走私货物案。保信捷为一家澳大利亚贸易公司，是联合利华的代理进口商。这也是继2003年富士施乐走私风波后，又一知名跨国公司在华卷入走私案，并走上刑事法庭。

11月3日 国务院国资委召开中央企业社会责任工作会议。会议总结交流中央企业社会责任工作的成效和经验，公布了2009年度"中央企业优秀社会责任实践"征集活动结果，研究部署下一步中央企业社会责任工作。

同日 中国五矿集团公司凭借"北秘鲁铜业项目社会责任案例"被国资委授予"2009年度中央企业优秀社会责任实践证书"。

11月6日 国家林业局发布《应对气候变化林业行动计划》。

11月9日 在国务院国资委召开的中央企业社会责任工作会议上，鞍钢"实施技术改造，推进节能减排，发展循环经济"履责案例入选2009年度中央企业优秀社会责任实践成果。

11月13日 中国对外承包工程商会隆重举行"2009中国对外承包工程企业社会责任论坛及颁奖典礼"，经过第三方专业机构初审评分、评选委员会秘书处复核、评选委员会投票表决、社会公示等程序，中国建筑股份有限公司获得"2009对外承包工程企业社会责任金奖"，并代表获奖企业作了题为《积极进取，

健康运营，和谐共生》的主题发言。

同日 由中国对外承包工程商会主办的"2009 中国对外承包工程企业社会责任评选"活动揭晓，中国葛洲坝集团公司凭借近几年来在国际上履行社会责任的突出贡献荣获金奖。

11 月 18 日 首届世界低碳与生态经济大会暨技术博览会在江西南昌发表《南昌宣言》，号召世界各国、全球企业共同发展低碳和生态经济，以应对资源和能源使用带来的环境问题及全球变暖等严峻挑战。

11 月 26 日 中国正式对外宣布控制温室气体排放的行动目标，决定到 2020 年单位国内生产总值二氧化碳排放比 2005 年下降 40% ~ 45%。

12 月 2 日 由《WTO 经济导刊》、中德贸易可持续发展与企业行为规范项目和中国可持续发展工商理事会联合举办，英国劳氏质量认证有限公司和法国国际检验局共同协办的"第二届企业社会责任报告国际研讨会"在北京召开。此次研讨会发布了《中国企业社会责任报告研究》四大发现。

同日 海口市工商局承认以前所发消息有误，农夫山泉和统一饮料检测合格。此前，海口市工商局曾发布消息警示，农夫山泉、统一饮料总砷超标，不能食用。

12 月 8 日 首个赴气候变化峰会的中国企业家代表团发表了《我们的希望与承诺——中国企业界哥本哈根宣言》。

同日 中广网接到举报，百余名来自深圳的农民工由于多年在深圳各大建筑工地工作，多人被疑患有尘肺病，且因没有劳动合同，用人单位也不开具职业病检查委托书，职业病医院拒绝进一步的检查和治疗。此事件随后引发出一系列农民工权益保护问题，在全国产生了极大影响。

12 月 15 日 "2009 中国汽车企业社会责任论坛"召开，发布了《2009 中国汽车企业社会责任报告》。

12 月 17 日 《南方都市报》报道，深圳发展银行克扣其 200 名员工 20 年社保费，随后深圳发展银行将克扣的社保费发还给员工。

12 月 22 日 《南方日报》报道，近日，深圳市柳溪机械设备有限公司总裁熊立新爆料投诉称，包括他们在内的国内数十家供应商在为海尔集团下属公司提供生产线或货料服务后，自 2008 年 8 月起至今未拿到一分钱的货款。

2010 年

1 月 4 日　中国北车轨道装备公司采取措施，实现了对设备润滑油废油的回收和再利用，并用油液检测仪检测废油，使 80% 的油品得以降低标准继续使用，仅此一项每年可节约润滑材料费 50 万元左右。

同日　中石油经陕西省华县的地下输油管道发生泄漏事故，100 多吨柴油经渭河进入黄河，造成严重污染。

1 月 5 日　陕西省政府下发《陕西省工业企业社会责任指南》，要求企业编制的社会责任报告要定期（一年期或两年期）向社会发布。

1 月 7 日　《环球财经》报道，兴业社会责任基金虽然打着"社会责任投资"的旗号，但是这只基金并没有重点投资那些履行了社会责任的上市公司。虽然这只基金在招募说明书中承诺，社会责任投资股票的合计投资比例不低于股票资产的 80%，但是在兴业社会责任基金总共持有的 54 只股票中，其中的 18 只属于四大社会责任指数的成分股，占比仅为 33.3%。

1 月 8 日　葛洲坝集团为有"天梯学校"之称的四川凉山州甘洛县乌史大桥乡二坪村小学的孩子送去御寒物品，让孩子们在严寒的冬日感受到暖暖的春意。

1 月 12 日　亚洲最大网络零售商淘宝网宣布，2010 年将成为淘宝的"消费者年"，"消费者"将成为淘宝 2010 年的第一大关键词。作为具体措施，筹划近半年时间的淘宝网消费保障计划将于 1 月 15 日先行启动，而春节后，国内首个电子商务网站自发组织的消费者权益平台——淘宝消费者维权保障平台将正式上线。

1 月 13 日　中国东方航空集团公司在上海虹桥国际机场主办"后危机时代"企业法律风险防范高峰论坛。

1 月 14 日　国家主席胡锦涛到上海市考察工作时强调，要把加快经济发展方式转变作为深入贯彻落实科学发展观的重要目标和战略举措，进一步推进节能减排和环境保护，在转变经济发展方式上取得突破性进展。

同日　中冶集团暨中冶股份公司党委在全集团范围内组织开展了"献爱心、送温暖"捐款活动。

1 月 19 日　中国南方航空公司救灾包机（航班号 CZ475，飞机号 B2461）历

时 74 小时，空中飞行近 39 小时之后，将 8 名中国遇难维和人员的灵柩顺利送回了祖国。

1 月 20 日 中国水电集团所属水电十局有限公司职工住宅灾后原址重建工程在都江堰正式开工，这是"5·12"特大地震后都江堰市面积最大的灾后重建工程。

同日 儿童权利及企业社会责任中心在北京成立。

1 月 22 日 东航在上海虹桥机场举行"爱在东航"公益志愿活动启动仪式。

1 月 25 日 国电集团新疆电力有限公司向新疆阿勒泰和塔城两地区分别捐款 50 万元，以实际行动有力支持灾区群众抗灾救灾。

1 月 22 日 根据耐克公司 2010 年 1 月 22 日发布的《2007～2009 财年企业社会责任报告》，2007 财年，耐克代工企业中周工作时间在 60～72 小时的有 110 家，周工作时间在 72 小时以上的有 27 家。根据耐克的标准，周工作时间在 60 小时以上为过度加班，2007 财年过度加班的耐克代工企业数占全部代工企业的比例为 20% 多，2008 财年增加到 22%，2009 财年则进一步增加到 24%。

1 月 25 日至 2 月 5 日 武汉市农业局在抽检中发现来自海南省英洲镇和崖城镇的 5 个豇豆样品水胺硫磷农药残留超标，消息一出，全国震惊。

1 月 27 日 中央财经大学中国发展和改革研究院组织有关专家学者对 2009 年发生的企业公民新闻事件进行了总结和梳理，评选出"2009 年中国企业公民十大新闻"。

同日 《国家电网公司 2009 社会责任报告》在北京发布，这是 2010 年我国企业发布的首份社会责任报告，国家电网公司也成为首个连续五年发布社会责任报告的中国企业。

1 月 29 日 中钢集团在北京总部和澳大利亚珀斯同步发布了《中钢集团可持续发展澳洲报告》，这是中国企业第一次在发达国家发布的社会责任报告。

2 月 3 日 中国石油总部机关开展用于扶助支持石油内部特殊困难群体的"员工同心互助金"捐款活动，共有 1697 名机关员工参与捐款，总额达到 126.5 万元。

2 月 4 日 中国石化向全系统广大干部职工和国内主流媒体征集社会责任口号活动全面展开。

2 月 5 日 中国体育用品业联合会（原中国体育用品联合会）首次开展了

"企业社会责任调查"，并推出了《中国体育用品信息企业社会责任专刊》，公布了本次调研结果。

2月9日 中国社会科学院发布了《中国企业社会责任基准调查2010》及未来三年内中国企业社会责任的十大议题。包括：依法诚信经营；吸纳就业；应对气候变化；能源/资源可持续利用；安全生产与食品安全；自主创新与技术进步；员工权益与员工发展；企业全球责任，在产品外贸和对外投资中履行社会责任；公益慈善与志愿服务；企业社会责任的理性认知和有效推进。

同日 深圳市上市公司协会与深圳市证券业协会创设的"企业社会责任指数"发布。

2月20日 中国海运已按中储粮的要求将全部稻谷抢运出库，为保证南方稻米市场供应作出积极努力，切实履行起中央企业的社会责任。

2月25日 国家副主席习近平在出席"2010经济全球化与工会国际论坛"时表示，中国工会通过积极倡导在中国各类企业开展以保岗位、保工资为主要内容的"共同约定行动"，既动员职工立足本职，为企业发展献计出力，又促使企业履行社会责任，尽量不裁员、不减薪，少裁员、少减薪。

2月28日 中国石油塔里木油田"气化南疆"工程下乡进村。

3月3日 随着江苏省电力公司"亲情电力志愿服务网"开通，江苏公司2010年"绿色电能创新奉献"优质服务主题活动启动。

3月4日 陕西省榆林市扶贫开发工作会在北京举行。中盐总公司在此次对口扶贫工作中，共投入和引进资金658万元，为榆林市经济持续发展和解决民生问题作出了突出贡献。

同日 国家主席胡锦涛表示，希望广大民营企业切实把企业利益与社会利益统一起来，各级党委和政府也要为民营企业履行社会责任创造更好环境和条件。

3月6日 中煤地质总局全力参加骆驼山煤矿透水事故抢险，为下一步疏干矿井积水，搜寻遇险人员，以及恢复矿井生产奠定了基础。

3月11日 中粮"福临门"组织的"开心回家、幸福过年"公益活动捐赠仪式在山东大学邵逸夫科学馆举行。

3月12日 由华侨城集团和华侨城控股公司主办的"低碳华侨城，环保中国行"生态环保系列活动正式启动。该活动是华侨城主营业务整体上市后发起的第一项大型绿色公益活动，旨在进一步实践华侨城"优质生活创想家"的企

业文化理念。

3 月 15 日 中国石油庄严承诺：真心服务质量优，诚信经营不掺假。

同日 国家电网公司印发通知，要求各单位进一步加大对可再生能源发展的支持力度，促进可再生能源的开发和利用。

同日 由中共北京市委宣传部、首都精神文明办、北京市消费者协会等部门共同主办的"创建良好消费环境示范街活动启动仪式"在十里河集团会议中心隆重举行。在启动仪式上，中国移动北京公司作为首都地区通信行业唯一代表，荣获北京市消协颁发的"2009 年度首都维护消费者权益突出贡献奖"荣誉称号。

3 月 16 日 上海医药工业研究院在静安区延中绿地中共二大会址前举行了"上海医药工业研究院迎世博党建林揭牌仪式"。

3 月 19 日 在贵州省举行的"让爱滋润大地——2010 贵州抗旱救灾公益晚会"上，中国华电集团公司贵州公司现场向贵州省慈善总会捐款 150 万元，援助贵州省抗旱救灾。

3 月 20 日 葛洲坝集团大溪河公司员工来到位于鱼跳水电站附近贵州骑龙乡柏林村，给山里受灾家庭送去了洁净的生活用水。

3 月 23 日 南方电网公司总经理钟俊主持召开专题办公会议，研究部署支援云南、贵州、广西三省区抗旱救灾工作。

3 月 24 日 云南电网公司启动了"万人下乡抗旱救灾"活动，干部员工到农村、到现场，组织送水、打井等，全力做好抗旱保电工作。

3 月 27 日 中国钢研科技集团有限公司团委组织举行"弘扬雷锋精神、构建和谐钢研"志愿服务活动。

同日 中国兵器工业集团公司在昆明举行爱心捐款仪式，兵器工业集团副总经理石岩代表集团公司向云南省人民政府捐款 300 万元，支援云南省的抗旱救灾工作。

3 月 29 日 国家副主席习近平在斯德哥尔摩举行的中瑞企业合作与创新论坛发表演讲时指出，两国政府部门应该继续为双向投资合作提供支持和协助，利用经贸联委会等现有促进机制帮助企业适应经济环境变化，拓宽投资领域，创新投资模式，引导企业履行社会责任。

同日 商务部副部长高虎城与瑞典外交部国务秘书韦斯兰德在瑞典首都斯德哥尔摩签署了《中国商务部与瑞典外交部关于企业社会责任合作中长期规划》。

同日 中国石化向云南、广西、贵州三省区发出慰问信并为每个省区捐款500万元，帮助灾区人民抗旱救灾。

同日 中材集团所属贵州总队党委向全体干部职工发出倡议，组织开展"抗旱灾·滋民心"捐助活动，当日即捐款共计11330元，积极帮助灾区群众。

同日 国电广西分公司将筹得的30万元善款送达广西百色革命老区灾区，帮助当地遭受旱灾的人民群众渡过难关。

3月30日 中国西电集团公司团委全体委员以及所属子企业的团员青年代表齐聚西电集团总部，共同参加了由西电集团团委举行的"每人捐赠一瓶饮用水"抗旱救灾捐赠仪式，并进行了现场捐赠。

4月1日 中国建筑工程总公司在北京向遭受严重旱灾的广西壮族自治区捐款300万元。至此，中建总公司已向灾区捐款1100万元，帮助灾区人民早日恢复正常的生产和生活

4月2日 中材集团所属株洲制品厂在厂区内开展了"为灾区捐瓶饮用水"的募捐活动，同时倡议全厂职工珍惜水资源，节约每滴水。

4月3日 蒙牛集团在大型公益晚会《抗旱救灾我们在行动》当场捐出500万元，这也是中国乳业企业在此次旱灾中对西南灾区捐出的最大一笔捐款。

4月9日 南方电网下发通知，决定在受旱的云南、贵州、广西三省区打"南网井"至少25口、"南网蓄水柜"15个。

4月9日 中国证券业协会在中国证券投资者基金业年会上发布《中国证券投资基金业企业社会责任调查报告》。

4月10日 东风汽车公司召开2010年社会责任工作会，全面部署2010年社会责任工作。会后，东风公司还举行了向云南灾区捐赠10辆运水车仪式。

同日 中粮集团发布了《中粮集团2009年度社会责任报告》。

4月11日 国资委颁布了《中央企业节能减排监督管理暂行办法》。

4月14日 为表彰先进，树立典型，倡导企业诚信经营、规范服务，北京市消费者协会授予10个单位（个人）"2009年度首都维护消费者权益突出贡献奖"。

4月15日 南方电网公司向青海省委、省政府发出慰问信，并通过中国红十字基金会捐款500万元，同时向灾区捐赠应急柴油发电设备110台。

4月18日 《中国医药企业社会责任调查分析报告》在北京发布。

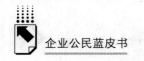

4月19日 《国家电网公司绿色发展白皮书》在北京发布，这是我国企业发布的首个绿色发展白皮书。

4月20日 中国中化集团公司向青海玉树地震灾区紧急捐款2000万元。

4月22日 招商局旗下"雅致爱心医院"捐赠仪式在玉树结古镇体育场举行。

4月25日 中央企业共青团关爱农民工子女志愿服务行动启动仪式暨中国建筑共青团关爱农民工子女志愿服务行动推进会在京东方项目工地举办。

4月26日 中国石油大庆石化公司第三批次1万吨SODM尿素顺利出厂。至此，SODM尿素累计产量达到4万吨，与2009年同期相比产量翻了一番，有力支援了黑龙江省春耕生产。

4月29日 国电大渡河公司首次在这里举行瀑布沟、深溪沟水电站珍稀鱼类增殖放流活动，37.15万尾人工繁育的大渡河特有珍稀鱼苗放归大渡河。

同日 中国冶金科工集团有限公司控股上市公司中国中冶的首份社会责任报告与2009年年报一同对外披露。

4月30日 据报道，工信部近日下发《关于组织开展2010年度"国家新型工业化产业示范基地"创建工作的通知》，提出拟将钢铁、石化、有色金属、汽车、轻工、纺织、电子资讯、装备制造、建材9个行业作为开展"两型"（即资源节约型、环境友好型）企业试点行业。

5月4日 中国航天科工集团公司团委举办了"关爱农民工子女爱心捐赠仪式"，集团总部有关部门领导及青年志愿者代表一同向农民工子女捐赠了学习用具，帮助农民工子女解决困难。

同日 中国铝业公司向社会公开发布了2009年度社会责任报告，这是中铝公司自2005年以来公开发布的第五份社会责任报告。报告涵盖了科学发展、诚信守法、环境保护、节能减排、安全保障、科技创新、员工权益、协作共赢、社会公益、全球服务10个方面的内容。

5月5日 中国建筑工程总公司近日举行"同样的蓝天、同样的爱"关爱农民工子女志愿服务活动，中建六局在天津率先为农民工子弟学校和外来务工人员子女捐赠优质书包和配套文具，正式启动"关爱农民工子女"志愿服务行动。

同日 东航为玉树抗震救灾工作已连续奋战22个日夜，执行救援飞行224

架次，运送救援人员和灾区伤员10335人，物资538.1吨。东航员工为灾区捐款500万元，各项人力、物力和财力投入折合人民币已达4000多万元。

5月6日 由中国东方电气集团有限公司发起的"东方电气集团携手郭峰钢琴捐赠暨捐资助学仪式"隆重举行。

同日 中国国电集团公司向玉树地震灾区捐款仪式在青海省西宁市举行。国电集团副总经理、党组成员杨海滨代表国电集团和12万名员工，将876.99万元捐款亲手交给青海省委常委、常务副省长徐福顺。至此，玉树地震灾情发生后，中国国电集团公司已累计向灾区捐款超过1376.99万元。

5月7日 中国石油西南油气田矿区服务事业部负责人表示，四川江油石油片区生活基地灾后异地重建工作走在当地前列。作为江油市2010年三大重点工程之一，西南油气田灾后重建的一号民生工程——四川江油石油片区生活基地位于江油市明月新城，总建筑面积65.26万平方米。

同日 中国华能集团公司在绿色经济与应对气候变化国际合作会议上发布《2009年可持续发展报告》。

5月9日 南方电网公司向青海灾区捐款捐物累计达2768.9593万元，其中，南方电网公司捐款600万元，捐赠价值共计715万元的应急发电设备110台（总容量1543千瓦），全系统党员缴纳"特殊党费"1022.2373万元，员工捐款421.8120万元，捐赠棉衣棉被等物资折价9.91万元。

5月10日 国务院国资委召开中央企业节能减排工作会议，推广中央企业在节能减排工作中好的经验和做法，部署加快完成中央企业"十一五"节能减排目标的下一阶段工作。中国中化集团公司在京领导以及下属公司有关负责人通过视频系统参加了会议。

5月11日 中国一汽在四川省都江堰市举行了中国一汽红旗博爱小学、解放博爱中学揭牌仪式；同日，在一汽—大众成都分公司举行了"333爱心助学工程"技能比武表演暨优秀学生颁奖仪式。

同日 中粮集团党组成员万早田在中粮福临门大厦会见了西藏山南地委委员、组织部部长佘克冰一行。中粮集团决定加大对西藏的援助力度，对口援助洛扎县的资金由过去每年500万元，增加到每年800万元。对口援助8年以来，中粮与洛扎结下了深厚的友情。

同日 《中国对外承包工程行业社会责任报告2009/2010》在北京发布。这

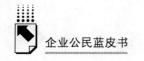

是中国对外承包商会发布行业内首份社会责任报告。

5月12日 攀钢集团有限公司为刚投运的西南首条城际快铁——成都至都江堰快速铁路提供全部优质钢轨,共计19708吨,规格为单支长100米、时速350千米、单重60公斤/米,为加快四川灾后重建作出了积极贡献。

同日 汶川大地震两周年之际,东方电气机关工会主席张新农和科协、团委相关人员带着集团总部干部职工的一片爱心,将210751元善款捐给了四川省慈善总会,并指定捐赠给青海玉树地震灾区用于灾后重建。东方汽轮机党政主要负责人150人来到汉旺"5·12"汶川大地震遇难同胞公墓,祭奠东汽遇难同胞,并举行了"牢记嘱托,走向新生"宣誓活动。

5月13日 为支持云南抗旱救灾工作,宝钢集团有限公司宣布向云南省普洱市宁洱、江城、墨江、镇沅四个对口扶贫县追加抗旱救灾款1000万元。2004年以来,宝钢对口扶贫云南省普洱、江城等4个县,先后投入扶贫资金5458万元。

5月14日 2009年度"中粮奖学金"颁奖仪式在中国农业大学国际会议中心举行。中国农业大学共有35位学生获得该奖学金。中粮集团副总裁迟京涛、中国农业大学党委副书记秦世成为获奖同学颁发了证书及奖学金。

5月17日 中储粮西安分公司顺利完成了1415吨救灾稻谷出库任务,加工后的920吨大米全部顺利发往灾区,为确保玉树灾区群众的口粮供应发挥了重要作用。

5月18日 中储粮总公司在成立10周年之际,发布了首份企业社会责任报告《2005~2009年中国储备粮管理总公司社会责任报告》。

同日 中国石油天然气集团公司在北京发布《中国石油2009年度社会责任报告》和国别报告《中国石油在苏丹》。按照中国石油社会责任报告发布制度,这是连续第四年发布企业社会责任报告,也是继2009年的哈萨克斯坦国别报告后发布的第二份国别报告。

5月20日 贵州省经济和信息化委员会特别通报表扬了大唐贵州发耳发电有限公司,充分肯定了该公司在抢购燃煤、抗旱保电工作中作出的积极贡献,并对该公司在困难面前表现出来的社会责任感和顾全大局的精神给予高度评价和赞誉。

同日 吐哈油田斥资226万元启动4个扶贫项目,助力巴里坤县基础建设。

5 月 21 日　国电集团集中关停 83.4 万千瓦小火电机组，成为此次集中爆破拆除仪式中关停容量最多的发电集团。

同日　南方电网公司在广州发布 2009 年社会责任报告。报告全面系统地披露了南方电网公司在电力供应、经济绩效、绿色环保、社会和谐等方面主动履行社会责任的情况。

5 月 22 日　中国水电员工与森林武警战士并肩战斗扑灭云南省丽江市宁蒗县翠玉乡发生的一起森林火灾。

5 月 23 日　中交集团、中国中铁积极参与沪昆铁路列车脱线抢险救援。

5 月 24 日　由宝钢集团公司、上汽集团等单位各出资 50 万元联合成立的韩哲一教育扶贫基金会在华东医院大礼堂揭牌。

同日　宝钢集团公司在宝钢玉树助残项目启动仪式举行时捐赠的 500 万元善款专项用于帮助玉树地震灾区的伤残人员配置康复辅助器具。

5 月 26 日　中国石油克拉玛依石化公司又一批发往玉树灾区的抗震救灾沥青运送出疆。这批救灾沥青主要用于国道 214 线西宁至玉树长达 800 余公里道路的建设。

同日　东风公司等 29 家单位在"2010 中国工业经济行业企业社会责任报告发布会"上发布了 2009 年度社会责任报告。

同日　中国工业经济联合会联合中国煤炭工业协会、中国机械工业联合会等十家全国性工业行业协会集体发布《中国工业企业及工业协会社会责任指南（第二版）》。

5 月 27 日　西南油气田公司输气管理处重庆作业区所辖输气站恢复正常生产流程，标志着 D720 两佛天然气新改管线（轻轨段）正式投运，经过近一年的改线施工，D720 两佛线为重庆市轻轨建设让路成功。

5 月 28 日　华润信托举行了"华润信托·爱心传递梦想中心"捐赠仪式。

同日　国家能源局在京主持召开了玉树地震灾后恢复重建能源保障协调会议。华润集团王帅廷副董事长参加了会议。

同日　《海南省企业社会责任研究报告（2009～2010）》首发仪式在海口举行。

5 月 30 日　国航在西宁航线火爆的情况下，为来自玉树地震灾区的 19 位师生赴津免费提供了西宁—北京—西宁的往返机票。

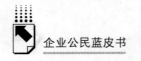

5 月 31 日　国家开发投资公司《2009 年企业社会责任报告》正式发布。

6 月 1 日　中国石化全面打响"三夏"保供服务战。

6 月 2 日　葛洲坝集团五公司承建的四川汉源新县城龙潭沟 1 号桥、2 号桥顺利通过湖北省援建办组织的交工验收。这是继当年 5 月 31 日葛洲坝五公司承建的汉源新县城主干道两路工程成功交工验收后取得的又一佳绩。

同日　中国水电南广铁路项目部参加广西容县特大洪灾抢险救援工作。

6 月 5 日　中国石油天然气集团公司向社会发布 2009 年度环境保护公报。公报显示，2009 年中国石油集团创建资源节约型和环境友好型企业步伐进一步加快。

同日　由中国电力工程顾问集团西北电力设计院负责设计和建设的玉树应急燃油机组工程 EPC 总承包项目正式开工建设。

同日　由《WTO 经济导刊》主办的"2009 金蜜蜂企业社会责任·中国榜"在北京发布。

6 月 7 日　招商局集团为其 2009 年援建的金斗乡曹家沟希望小学等 9 所学校捐赠了价值 33 多万元的书桌、图书、书包、电脑及办公用品等物资。

6 月 8 日　国投瑞银基金公司携手中国光华科技基金会、中国青年报社共同发起的"大学生'调研三农创富家乡'公益基金扶持计划暨大学生暑期社会实践项目征集活动"在北京启动。

6 月 10 日　中国葛洲坝集团赤道几内亚分公司向赤道几内亚教育、科学与体育部捐赠一批电脑及配套音箱。

6 月 11 日　中国一汽在前期捐款 1600 多万元的基础上，再次捐款 620 万元，支援玉树灾区重建工作。

6 月 12 日　汶川地震之后的第一所一汽丰田希望小学在四川省广元市元坝区落成。

6 月 13 日　位于大巴山腹地的中国航天科技集团公司七院长征机械厂旧址被国防科工局授予"国防科技工业军工文化教育基地"称号。

6 月 14 日　中国南方航空公司派出两架波音 737 – 700 连夜飞赴吉尔吉斯斯坦，接回在骚乱中的 195 名中国同胞。

6 月 16 日　中国第二重型机械集团公司正式发布《中国二重 2009 年社会责任报告》，这是中国二重向社会发布的第二份社会责任报告。

6 月 17 日　南航第九架救援包机满载 166 名同胞安全返回乌鲁木齐。至此，南航九架救援包机在 6 月 14 ～ 17 日的四天时间，共接回在吉尔吉斯斯坦的中国公民 1321 人。

　同日　由中国水电集团所属水电四局有限公司医院接治的玉树灾区女伤员旦曲康复出院。至此，中国水电玉树灾区伤员救治工作顺利结束。

6 月 18 日　中建一局培训中心通过"首都职工素质教育工程首批农民工技能学习基地"审核认定。

6 月 20 日　为了庆祝河南中华豫剧文化促进会成立，及纪念国务院授予常香玉"人民艺术家"荣誉称号 6 周年，由河南省主办、中粮集团协办的《梨园春色别样红》大型晚会在全国政协礼堂举行。

6 月 21 日　中国水电集团在青海西宁召开专题会议，认真贯彻国务院玉树地震灾后恢复重建工作会议和对口援建工作会议精神，明确提出采取"三确保一争取"措施，确保施工依法合规，快速推进玉树灾后对口援建工作。

6 月 22 日　东航紧急调集 4 架飞机飞赴江西南昌执行抗洪救灾任务。

　同日　中粮福临门启动村官栋梁培训计划。

　同日　中国长江三峡集团公司中华鲟研究所在长江宜昌江段开展了 2010 年度中华鲟暨长江珍稀鱼类增殖放流活动，这是中华鲟研究所成立以来的第 50 次增殖放流中华鲟。

6 月 23 日　中国盐业总公司认真贯彻落实中央领导指示精神，向各省、直辖市、自治区盐业公司发出《关于抗洪救灾全力保证食盐市场供应的紧急通知》。

　同日　由中交集团所属中港公司资助的 10 名苏丹留学生硕士毕业典礼在河海大学举行。

　同日　新兴铸管集团际华三五零六公司应湖北省民政厅电话要求，紧急调集 2 万床棉被支援南方江西受灾地区。

6 月 24 日　国家电网已累计抢修恢复由南方自然灾害损害的 110 千伏变电站 1 座、线路 17 条，35 千伏变电站 29 座、线路 83 条，10 千伏线路 1815 条，配电台区 31179 个，260. 89 万用户恢复供电，恢复供电用户超过 90%。

6 月 25 日　川鄂两省政府在四川省汉源县举行汉源援建项目整体移交仪式。

6 月 26 日　中国石油塔里木油田落实"气化南疆"工程。

6 月 28 日 东方电气集团正式发布《中国东方电气集团有限公司 2009 年社会责任报告》，这是中国东方电气集团有限公司向社会发布的第二份社会责任报告。

同日 中铁五局完成贵州省关岭县山体滑坡抢险救援工作。

6 月 29 日 中国铁路工程总公司所属中铁一局参与抢险救援已中断 12 天之久的江西进出福建的主要通道——（横）峰福（州）铁路全线抢通。

6 月 30 日 中国南方航空集团公司在广州总部机关举行"广东扶贫济困日"爱心捐助活动启动仪式。经国务院批准，广东省将每年的 6 月 30 日定为"广东扶贫济困日"。

同日 鞍钢集团正式发布《鞍钢集团 2009 年可持续发展报告》。这是鞍钢集团发布的第三份可持续发展报告。

同日 南方电网为"广东扶贫济困日"活动捐款 1500 万元。

7 月 1 日 由王再文、赵杨主编的《中央企业履行社会责任报告》于中国经济出版社出版。该报告基于企业社会责任利益相关者理论，结合中国实际，以中央企业为研究对象，从投资者、劳动关系、消费者、纳税贡献等 7 个方面构建了一套中央企业履行社会责任的综合评价体系，对中央企业转变发展方式、保护资源和环境、实现经济社会可持续发展具有十分重要的意义。

7 月 2 日 中广核集团与广东省粤电集团有限公司、香港中电控股有限公司在广州签署了阳江核电站项目合作意向协议，与广东粤电集团有限公司签署了台山核电站项目合作等相关意向协议，标志着中广核集团与粤港能源企业之间的合作进入新阶段。

7 月 3 日 紫金山铜矿湿法厂发生渗漏，造成汀江重大污染事故，紫金矿业在事故发生 9 天后发布了公告，并在事故中特别强调污染物"无毒"。

7 月 5 日 中国海运与上港集团联合举办的"港航携手共建绿色水运宣言发布暨移动式岸基船用变频变压供电系统启用仪式"在上海港外高桥港区二期码头举行。

7 月 6 日 宝钢在上海世博园区发布了《2009 年社会责任报告》。宝钢《2009 年社会责任报告》以"这是我们的责任"为主题，是国内第一份主题式社会责任报告，是宝钢发布的第二份社会责任报告。

7 月 9 日 中国国电集团公司发布《2009 年社会责任报告》，全面披露了公司履行社会责任的相关内容。

　　同日　中铁八局全力抢通川黔线受灾段，经过 20 多个小时连续奋战，川黔线于 10 日 10 点 20 分顺利开通，得到成都铁路局抢险指挥部肯定。

　　同日　为激励和引导企业不断提高质量管理水平，规范国家质量奖的管理，国家质检总局开始就《国家质量奖管理办法（征求意见稿）》向社会公开征求意见。

　　7 月 13 日　陕西省政府发布《陕西省工业企业社会责任指南》，有利于提高企业社会责任的透明度和知名度。

　　7 月 14 日　环保部发布了《关于进一步严格上市环保核查管理制度加强上市公司环保核查后督查工作的通知》。

　　7 月 22 日　大唐集团公司发布《2009 年社会责任报告》。这是集团公司连续发布的第 4 份年度报告。

　　7 月 26 日　香港恒生指数有限公司发布了"恒生可持续发展企业指数系列"，该指数的发布有助于建立企业良好的公共沟通和企业形象，可以令公众清晰了解企业在可持续发展方面的努力和成果。

　　7 月 30 日　中国纺织工业协会发布《2010 中国纺织服装企业社会责任报告》。

　　8 月 3 日　济南阳光大姐服务有限责任公司发布 2001~2009 年《企业社会责任报告》，该报告是国内家庭服务行业的首份企业社会责任报告。

　　8 月 5 日　值《供电服务三十条》发布一周年之际，由重庆市电力公司打造的重庆首例渝企社会责任报告——《国家电网重庆市电力公司服务"五个重庆"建设责任报告》首次公开发布。

　　8 月 9 日　建信基金旗下国内首只社会责任指数基金——建信上证社会责任交易型开放式指数基金，在上海证券交易所上市交易及申购、赎回。建信上证社会责任 ETF 于当年 5 月 28 日正式成立，是目前国内唯一一只跟踪上证社会责任指数的 ETF 基金，也是国内首只按照社会责任投资理念进行运作的被动式基金产品。

　　8 月 10 日　国家发展改革委下发《国家发展改革委关于开展低碳省区和低碳城市试点工作的通知》，成为推动落实我国控制温室气体排放行动目标的重要举措。

8月11日 瑞典驻华大使馆、中华人民共和国商务部、上海世博会瑞典组委会在上海世博园瑞典展馆共同举办了以"增进互信，共创成功"为主题的中国—瑞典企业社会责任论坛。

8月12日 中国石化集团公司捐赠500万元用于救援甘肃舟曲灾区；中国石油已为舟曲灾区供油420多吨；中核集团向舟曲灾区捐款500万元。

8月13日 中国东方航空公司为甘肃舟曲抗洪救灾工作已连续奋战6个日夜，共执行北京、上海、广州、武汉等9个运营航班的救灾物资转运任务，转运帐篷、棉被、急救包等875件，医疗急救用品381件，转运救灾物资共计35吨，其中包括东航员工自发捐赠的救灾物品9吨。

8月16日 山西省太原市双合成食品有限公司首次向社会发布社会责任报告。这是山西省食品企业首次发布的社会责任报告。

8月18日 全国总工会法律部部长刘继臣在"中国工会法60年和劳动法15年"研讨会后表示，在新的《工会法》修正草案中，将争取在工资集体协商、集体劳动合同签订方面有一个突破，即将现行以企业为单位的制度，扩大到产业工会的层次。

8月23日 武钢发布《2009年社会责任报告》，这是武钢连续3年编制和发布社会责任报告。

9月7日 在日前曝出南京市民食用小龙虾致"横纹肌溶解症"事件后，江苏省食品药品监督管理局于当日召开新闻发布会透露，有22名食用小龙虾致"横纹肌溶解症"患者。

9月9日 江西省首部《江西光彩事业·履行社会责任报告书》在南昌问世。

9月10日 国务院新闻办公室发布《中国的人力资源状况》白皮书，该书指出，中国政府采取一系列政策措施加强劳动者权益保护，有效促进人力资源的良性发展。

9月14日 环保部对外公布《上市公司环境信息披露指南》（征求意见稿），并向社会公开征求意见。

9月15日 最高人民法院、最高人民检察院、公安部、司法部正式对外公布了《关于依法严惩危害食品安全犯罪活动的通知》。

同日 国资委出台《中央企业节能减排监督管理暂行办法》（国资委令第23

号），引领中央企业走低碳经济发展之路。

9月16日 中国建材集团正式发布了《2009年社会责任报告》，这是中国建材集团首次发布社会责任报告。

同日 在山东德州召开的第四届世界太阳城大会暨太阳谷国际低碳科技博览会上，皇明太阳能首次发布了"微排地球"战略，其主旨是将其经过实践并完善的未来微排城市模板，大面积向全球复制推进，共同应对能源和环境两大全球难题。

9月18日 尚德电力控股有限公司在无锡新能源大会上正式发布了《2010可持续发展报告》，这是尚德公司首份企业社会责任报告，该报告反映了公司在可持续发展方面所做出的不懈努力和取得的阶段性成果。

9月28日 国家电网山西公司参加了由省工业经济联合会举办的2010年山西工业企业社会责任报告发布会，该公司在会上发布了《山西省电力公司2009社会责任报告》，这是国家电网山西公司作为驻晋中央企业连续第三年发布社会责任报告，也是公司积极履行企业社会责任、服务地方经济社会发展的一个缩影。

同日 "巨潮·南方报业·低碳50"指数正式在深圳证券交易所挂牌推出，南航成为首批入选企业之一。这是国内第一只以低碳经济为主题的交易所指数。该指数的推出，为国内的"绿色社会责任投资"树立了一面旗帜。

10月12日 国家绿色创意印刷示范园区在上海揭牌，这标志着全国首家绿色创意印刷示范园区建设由此进入实质性启动阶段。这也是新闻出版总署与上海市政府进行"部市合作"，探索推动中国出版业创新发展的重要内容之一。

10月18日 "区域责任竞争力培训——中国地方政府推进企业社会责任实践"在杭州举行。会上发布了《中国地方政府推进企业社会责任政策分析》研究报告。

同日 我国发布了《国务院关于加快培育和发展战略性新兴产业的决定》，明确将节能环保等7个产业领域作为战略性新兴产业发展方向。中国启动了新兴产业创业投资计划，发起设立了61只创业投资基金，支持节能环保、新能源等领域创新企业的成长。

10月19日 直销企业绿之韵集团在获得商务部第26张，也是目前湖南省唯一一张直销牌照后，在长沙发布企业社会责任报告。这是湖南直销行业首个企业社会责任报告。报告的发布表明直销企业和其他企业一样，扮演着"企业公民"的角色，正在尽自己的一份社会责任。

同日 国家工商行政管理总局发布《合同违法行为监督处理办法》，以维护市场经济秩序，保护国家利益、社会公共利益和当事人合法权益。

10 月 20 日 东方雨虹在北京国家会议中心发布了《东方雨虹 2009 年度企业社会责任报告》。《报告》全方位向社会披露了 2009 年度履行社会责任的情况及未来的努力方向。这是东方雨虹第二次发布社会责任报告。

10 月 21 日 环境保护部宣传教育司举办首届企业环境责任培训班，有利于企业增强环境保护意识，更好地履行企业社会责任。

10 月 24 日 国内首个流通企业社会责任蓝皮书——《广百集团社会责任蓝皮书》在广州首发。该蓝皮书从"顾客权益"、"商品质量"、"员工权益"、"社会公益"等 7 大领域阐述了广百集团社会责任的理论、战略、规范和成果。

10 月 29 日 中国国际电子商务中心发布了我国首个《电子商务信用认证规则》。这是中国第一个官方针对购物网站而进行的第三方信用评价体系。

11 月 7 日 中央电视台《经济半小时》栏目报道了"植物奶油的隐忧"，再一次将"植物奶油"的安全性问题摆上了台面，引发社会公众高度关注。

11 月 1 日 国际标准化组织（ISO）在瑞士日内瓦国际会议中心举办主题为"共担责任，实现可持续发展"的发布仪式，对外宣布从当日起正式发布 ISO 26000《社会责任指南》。这是首个社会责任国际标准，该标准不仅规范企业履行社会责任的行为，还规范政府，包括 NGO（非政府组织）履行社会责任的行为。

11 月 3 日 由《中国新闻周刊》和中国红十字基金会联合主办的第六届"中国企业社会责任国际论坛"在北京香格里拉酒店启动。与会者围绕"从增长到发展：方式转变与企业责任"的主题讨论了企业社会责任和经济发展方式的关系。

同日 由中国社会科学院经济学部和社会科学文献出版社共同举办的"2010年《企业社会责任蓝皮书》发布会"在北京举行。这是继 2009 年之后，中国社会科学院第二次发布《企业社会责任蓝皮书》。

11 月 7 日 商务部、外交部、国家发改委、科技部、工信部、财政部、住房和城乡建设部、环保部和国家质检总局九部委联合发布《关于加强二噁英污染防治的指导意见》，要求废弃物焚烧企业应向社会发布年度环境报告书。

11 月 18 日　中国兵器工业集团公司在北京发布《2009 年企业社会责任报告》。该报告是中国兵器工业集团公司首次向社会发布的社会责任报告，也是中国兵器工业公司首次独立发布的非财务年报。

同日　天津滨海新区第一家低碳经济互动门户——泰达低碳经济信息网（www. ecoteda. org）正式上线，试运行。自此，天津开发区拥有了自己的低碳信息平台，这是一个促进低碳产业发展、低碳技术推广、低碳项目对接、低碳领域投融资、低碳行业交流的创新性平台。

11 月 25 日　中国保险行业协会编辑出版了《保险行业企业社会责任年度报告（2010 辑）》，有利于倡导保险行业企业积极、自觉地履行社会责任，切实促进经济、社会、环境的和谐与可持续发展。

11 月 27 日　由中国社工协会企业公民委员会与中央电视台、腾讯公益慈善基金会共同主办的"2010 第六届中国企业公民论坛暨优秀企业公民颁奖盛典"在北京人民大会堂开幕，旨在倡导中国特色的企业公民理念，推动企业公民在中国的发展。

11 月 29 日　环境保护部环境发展中心宣布，国内首批由 11 家企业生产的292 种型号的产品通过中国环境标志低碳产品认证，中国环境标志低碳产品标识也同时面世。

11 月 30 日　商务部与瑞典驻华大使馆在深圳市联合举办中瑞企业社会责任培训班。参加培训的学员们来自各地商务主管部门，培训主题包括企业社会责任的概念和内涵、企业社会责任与社会经济发展、企业社会责任与劳资关系、企业社会责任与公司发展等。

11 月底至 12 月 20 日　国务院办公厅等部委会同有关部门，组成六个国务院督察组，相继赴 18 个省、自治区、直辖市督促检查工作，要求国企承担必要社会责任，配合政府做好保供稳价的工作。

12 月 1 日　由企业社会责任领域专业机构《WTO 经济导刊》主办，责扬天下（北京）管理顾问有限公司和北京大学社会责任与可持续发展国际研究中心支持的《金蜜蜂 2010 优秀企业社会责任报告》发布典礼在上海浦东举行。

12 月 1 日　北京市食品安全办公室通报对北京市场销售食用菌荧光增白物质专项监测情况，称蘑菇合格率为 97.73%。

12 月 2 日 浦东新区发布中国地方政府第一份社会责任报告——《上海市浦东新区区域责任竞争力报告 2007～2010》。报告系统总结了区域内政策环境、企业社会责任和社会组织三个方面协调发展对提升区域责任竞争力的作用。

12 月 6 日 《国家责任竞争力（2009）——在中国抓住绿色发展的低碳机遇》报告在北京发布，这是继 2007 年之后又一份关于国家责任竞争力的详细报告。此份报告的发布可以让更多的人了解中国企业，也可以促使中国企业取得更快的进步。

12 月 7 日 英特尔（中国）有限公司发布了《2009～2010 英特尔中国企业社会责任报告》。该报告是跨国公司在中国发布的首个以社会创新为主旨的企业责任报告，总结了英特尔在过去一年中的企业责任业绩，介绍了英特尔企业社会责任的战略、理念、目标和机制，并详细阐释了英特尔中国在环境、工作场所、社区、教育以及供应链等方面付出的努力及取得的成绩。

12 月 16 日 第三届中国企业社会责任峰会暨 2010 年中国企业社会责任榜大型推选活动发布仪式在北京举行。会上，由网民通过投票产生的 2010 年"中国企业社会责任榜杰出企业"和"杰出人物"揭晓。

12 月 20 日 全国人大常委会审议的刑法修正案（八）草案单独列明了食品安全监管渎职犯罪，修改了食品安全犯罪的刑罚条件。

12 月 22 日 在中国对外承包工程商会第六次会员代表大会上，首个中国企业海外社会责任建设的自愿性标准——《中国对外承包工程行业社会责任指引》正式发布。该《指引》旨在为中国对外承包工程企业树立社会责任建设的标尺，推动企业树立全球责任观念。

12 月 23 日 联想集团发布了《联想（中国）2009/2010 年企业社会责任报告》。此报告在责任聚焦部分彰显了联想（中国）2009 年三大责任实践——持续实施"电脑下乡"项目缩小数字鸿沟、制定明确战略和目标应对气候变化、创新公益创投支持青年公益创业。此外，该报告还向各利益相关方披露了联想（中国）"2009 年关键绩效数据"。这是联想集团自 2007 年以来公开发布的第三份 CSR 报告。

12 月 28 日 北京东方君和管理顾问有限责任公司在北京主办"新媒体环境下行业公共关系管理暨企业社会责任价值"专家研讨会，围绕"社会转型期传媒引导舆论的责任"、"大企业的公共关系与社会责任"等焦点论题进行了深入研讨。本次研讨会是东方君和公司主办的第一届中国社会责任与可持续发展年会。

2011 年

1 月 4～11 日　我国西南大部遭遇入冬以来最强低温凝冻天气，道路结冰严重，给交通、电力、水利等设施造成严重影响。国电集团西南区域各企业积极行动，多措并举抗击凝冻，力保发电，为保证地方工业生产和居民温暖过冬提供了坚强支撑。

1 月 8 日　在"2011 中国企业科学发展论坛"上，中冶美利浆纸有限公司被中国社会经济文化交流协会、中国产业报协会、中国低碳经济推进中心联合授予"2010 全国低碳经济示范单位"荣誉称号，该公司董事长王新被评为"2010 全国低碳经济突出贡献人物"。

1 月 10 日　商务部、中国外商投资企业协会投资性公司工作委员会（ECFIC）、中华健康快车基金会共同举办了以"跨国公司携手健康快车为贫困白内障患者送光明"为主题的表彰仪式，表彰了 2010 年度捐助健康快车慈善事业的在华跨国公司。

1 月 24 日　由英国大使馆文化教育处、友成企业家扶贫基金会、南都公益基金会和上海增爱基金会联合主办的"社会企业家技能项目"颁奖典礼在北京举行。

1 月 26 日　国家发改委披露，多地消费者举报"家乐福等部分超市价签标低价，结账收高价"，恶意坑害消费者。经查实，确有一些城市的部分超市存在价格欺诈行为。紧随其后，央视、新华社、新浪网等国内最重要的媒体连续、大篇幅、显著位置谴责家乐福，各种媒体报道铺天盖地，一时间造成了巨大的社会反响。

1 月 18 日　中国领先的门户网站——网易宣布正式加入国际开放课件联盟（OCWC），成为 OCWC 在中国唯一的企业联盟成员。这是继 2010 年 11 月网易推出"全球名校视频公开课项目"以来，又一次在该领域发力。网易门户总裁、网易总编辑李甬表示，网易名校公开课是网易门户纯粹的公益项目。从上线第一天开始，网易就承诺，不会涉及任何商业利益，而且网易也将免费开放资源，将

课程内容与其他所有网站共享。

1月25日 由英特尔（中国）有限公司、中国扶贫基金会等联合主办的第二届"芯世界"公益创新奖启动仪式在北京举行。

2月14日 中央电视台一套播出2010年度《感动中国》颁奖盛典。鞍钢矿业公司齐大山铁矿采场公路管理员郭明义成为10位2010年度《感动中国》人物之一，这是鞍钢职工首次获此殊荣。

2月16日 《国家电网公司2010社会责任报告》在北京发布，这是进入"十二五"我国企业发布的首份社会责任报告，也是国家电网公司连续第六年发布年度社会责任报告。

2月28日 中交集团称，在利比亚的中国籍员工近5000人中，已有2566人安全撤离利比亚，其他人员正在有序撤离过程中。自利比亚安全形势发生动荡以来，中交集团第一时间启动应急预案，全力以赴做好驻利比亚人员撤离工作。

3月1日 东航第五架接运包机从马耳他满载284人已安全飞抵上海虹桥机场。至此，东航已从马耳他接运回我滞留同胞1392人。从3月1日起，东航（含上航）接运利比亚滞留人员包机将增至5班，在保持每天4班上海至马耳他包机航班的基础上，每日另增加一班上海至突尼斯的包机航班。

3月8日 旨在帮助非洲失学儿童的"中非希望工程"，首次走进非洲，由天九儒商投资集团和银赛控股集团捐建的希望小学在坦桑尼亚正式启动。

3月15日 央视在"3·15"消费者权益日播出了几件危害消费者权益的事件：①披露了河南济源双汇公司使用瘦肉精猪肉的事实。这一消息爆出后，迅速掀起轩然大波。双汇上演"滑铁卢"，市值5天蒸发170亿元。②曝光了国美电器员工借节假日套取消费者赠品及返赠的现金卡事件，不仅如此，这些违法人员还借用家电"以旧换新"政策，通过购买旧家电、盗用消费者身份信息等多种手段，骗取国家补贴资金。③世界十大轮胎制造商之一锦湖轮胎原料大量掺假，为减少成本大量使用返炼胶，严重影响轮胎的质量。

3月16日 全球第二大电子代工商伟创力在京宣布，与劳工教育和服务网络（LESN）建立合作伙伴关系，为中国农民工在迁移到大城市和工业区工作之前提供出发前的培训。在此之前，伟创力已经和另外一家维护劳工权益的社会组织——北京协作者社会工作发展中心合作，满足农民工发展和情感需求。

同日　全国部分地区发生食盐抢购现象，中国盐业总公司连夜起草并向各省区市盐业公司下发了《关于确保全国食盐市场供应的紧急通知》，紧急部署启动应急工作机制，要求产区加紧生产供应，销区密切关注市场动态，充实库存，并启动日报制度。在中国盐业总公司的紧急部署下，发生抢购地区的盐业公司都已经启动应急预案，部署生产配送工作，加紧组织生产调运，实行24小时紧急配送，保障食盐供应。

3月22日　由民政部社会福利和慈善事业促进司指导、《商业价值》杂志社主办的"2011中国企业CSR竞争力评选"在北京召开。百事（中国）获得了中国企业CSR竞争力大奖。

3月23日　京港地铁在四号线地铁车厢内开展了主题为"乐让座爱分享"的乘客教育活动，旨在倡导乘客之间乐于助人、爱心让座的文明之风。

3月24日　中国平安以低碳的网络发布会形式启动了2011年"低碳100"行动——"绿公益"低碳车主活动、"绿服务"电子单据低碳行动、"绿创意"低碳生活秀三大行动。此次别开生面的启动仪式标志着中国平安的低碳绿色承诺进一步升级。

3月29日　中国中化集团公司在港上市公司方兴地产通过北京环境交易所，购买了16800吨"熊猫标准"（我国首个自愿碳减排标准）的自愿碳减排量，用于中和北京广渠金茂府项目的运营碳排放。此为我国住宅地产行业的第一个碳中和项目，也是"熊猫标准"在国内落地的第一个项目。

同日　由全国保护母亲河行动领导小组、欧莱雅中国在长江流域11个省市发起的主题为"绿动长江"的"2011年长江流域青少年植树行动"启动。

3月30日　为在全社会形成自觉维护消费者权益的良好氛围，北京市消费者协会对上一个"3·15"年度在维护消费者权益中成绩突出、贡献较大、社会影响良好的事例进行了盘点，评选出九大维护消费者权益事例，并对这些作出积极贡献的先进个人和单位提出表扬。

4月初　《消费主张》节目曝光在上海市浦东区的一些华联超市和联华超市的主食专柜都在销售同一个公司生产的三种馒头——高庄馒头、玉米馒头和黑米馒头。上海工商部门连夜查扣6048只涉嫌"染色"馒头。生产染色馒头的上海盛禄食品有限公司分公司已被责令停产整顿，企业责任人被公安部门采取临时控制措施。

4 月 11 日　天涯论坛出现名为《中石化广东石油总经理鲁广余挥霍巨额公款触目惊心》的帖子，网上贴出了四张购买酒的发票，发票总消费金额约 168 万元，引发网民议论。4 月 25 日，中石化集团党组召开通报会回应天价茅台酒事件，中石化集团决定免去鲁广余广东石油分公司总经理职务，降职使用，并对鲁广余给予经济处罚。

4 月 13 日　安徽工商部门查获一种名为"牛肉膏"的添加剂。经过腌制，该添加剂可让猪肉在 90 分钟内迅速变身"牛肉"，吃多了可能致癌。

4 月 15 日　上海慧公馆工作人员将一张付款单位为"上海市卢湾区红十字会"、消费金额为 9859 元的餐饮发票发至微博，引发上万名网友转发、热议、质疑。次日，上海市红十字会调查核实后，向全市红十字系统通报批评了卢湾区红十字会公务接待活动中的铺张浪费现象。

4 月 18 日　中国石油天然气集团公司发布了 2010 年社会责任报告，同时发布《中国石油在印度尼西亚》国别报告。这是中国石油连续第五年发布社会责任报告，连续第三年发布国别报告。

4 月 22 日　新华网报道，广东中山市质监局查封一家粉条工厂，查获约 1 万斤假粉条成品。检查发现，该作坊的红薯粉用普通玉米淀粉做原料。现场还发现大量墨汁、柠檬黄、果绿等添加剂。

同日　陕西省榆林市 251 名学生因饮用蒙牛集团统一配送的学生奶出现发烧、呕吐、肚痛、腹泻等症状。据了解，此批学生奶是由蒙牛集团宝鸡工厂生产的，而这已不是该厂第一次出现问题牛奶。

4 月 26 日　中国华电集团公司在京发布《水电可持续发展报告》，这是国内首份水电可持续发展报告。

4 月 28 日　中国航天科工集团公司发布 2010 年度社会责任报告。这是该集团公司连续第三个年度编写并发布社会责任报告。

4 月 30 日　上市公司年报披露落下帷幕，据润灵环球责任评级（RKS）监测结果显示，在 2011 年年报披露期中，沪、深两市共有 516 家 A 股上市公司披露社会责任报告（包含可持续发展报告），而 2010 年这一数字为 471 家，增长率接近 10%。

5 月 10 日　由中国光大银行与中央人民广播电台共同主办的"母亲水窖"公益活动之"光大·爱心宝宝——七彩阳光全国青少年才艺展评"新闻发布会

在北京召开。"母亲水窖"公益活动之"光大·爱心宝宝——七彩阳光全国青少年才艺展评"的启动，标志着中国光大银行倾心经营的公益事业迈上一个崭新台阶。

同日 原国美董事会主席陈晓向媒体透露国美电器存在财务漏洞，称其股票已无持有价值，在指出公司上下向供应商收费的同时，也对老东家和家电行业的前景表示悲观。此举也让自己受到职业经理人道德水准的质疑，并再次引发大众对如何保护股东权益的思考。

5 月 11 日 在纪念"5·12"大地震三周年前夕，阿里巴巴社会责任部发布了《青川震后援建及电子商务发展调研报告》。该报告对近三年来阿里巴巴集团在"5·12"地震灾区（主要是四川省青川县灾区）的抗灾援建工作进行了梳理，对大企业该如何在救灾扶贫中履行社会责任进行了思考。

5 月 23 日 在"BMW 中国文化之旅"启动五周年之际，"2011——BMW 中国文化之旅论坛"在北京国子监举行。国内知名文化精英和专家共济一堂，深入探讨 2011 年文化之旅探访主题——中原文化与华夏文明的渊源，解读传统文化在当代社会中的价值和意义，并从中寻找促进社会可持续发展的力量。

5 月 24 日 台湾媒体称，上万吨"致癌起云剂"流入 30 多家下游厂商，制造出各类饮品和果冻，波及全台食品生产销售领域。

5 月 31 日 由安利（中国）日用品有限公司投资 1 亿元、将农民工子女作为重点扶持对象的安利公益基金会宣告成立。该基金会成为中国第一家由民政部主管的跨国企业背景的非公募基金会。

6 月 4 日 中海油与康菲石油合作的中国海上最大油田蓬莱 19-3 油田发生漏油事故。中国国家海洋局监测显示，截至公布时，渤海漏油事故已造成渤海 6200 平方公里海水受污染，这大致相当于渤海面积的 7%。

6 月 14 日 海南省森林防火办原主任、民革海南原副主任刘福堂在微博中爆出华润毁林事件，揭露华润置地因石梅湾的两个项目施工，毁坏了中国濒危植物水椰和百余亩海防林。华润置地声称并未毁坏水椰林，而是将其移植。但移植一说被舆论指称为政府与企业合作制造出来的假象。

6 月 17 日 由中国外商投资企业协会、中国保护消费者基金会、中国民（私）营经济研究会、中国环境新闻工作者协会、北京市石景山区人民政府共同主办的"2011（第三届）中国企业社会责任年会"在北京召开。年会对中国企业履行社会责任的状况进行了系统和科学的评估,并发布了"2011(第三届)中国企业社会责任榜"百强榜单。

6月20日 "郭美美事件"爆发,致使中国红十字会陷入空前的信任危机。

6月22日 由中国电力企业联合会举办的"2011中国清洁电力论坛"及与中国国际贸易促进委员会北京市分会、德国科隆国际展览有限公司共同主办的"中国国际清洁能源博览会"在北京国家会议中心开幕。国家发改委能源研究所所长韩文科表示,过去十年,传统的能源消费模式受到日益严重的制约,而清洁能源则逐步走向成熟,清洁能源规模化发展时期已经到来。

6月24日 欧莱雅(中国)在上海举行了"2011'欧莱雅企业公民日'志愿服务"行动。活动当天,欧莱雅宣布将与共青团上海市委员会建立紧密合作,并正式加入上海市青年志愿者协会,旨在切合社会对志愿服务的真实需求,更好地服务社会。

6月25日 由亚洲基金会等国际组织赞助,自治区民政厅、自治区科技协会、内蒙古品牌协会承办的首届内蒙古企业家与社会责任论坛在呼市宾馆召开。此次论坛讨论的主题是企业公益活动、公信力、社会责任以及相关建议等,内蒙古企业家诚信宣言同期发表。

6月26日 由《中国建设报·中国住房》主办的首届"中国责任地产TOP100"发布会在北京举行,住房和城乡建设部政策研究中心、中国建设报社发布了中国房地产企业社会责任实践研究的最新成果。

同日 首届"绿地会"全国少儿安全训练营活动在绿地集团开发的绿地公元1860项目现场率先启动。始终致力于营造美好生活的绿地集团,在全国范围内开展以"关爱成长每一天"为主题的"绿地会"全国少儿安全训练营系列活动,积极履行作为企业公民对社会和公众应尽的责任和使命。

6月27日 住建部首份房企社会责任报告出炉。报告显示,在百强房地产企业中,有七成未参与保障房建设。当日新闻网络评论400余条,房企再落"奸商"骂名。

6月27~28日 由中国纺织工业协会主办的"2011中国纺织服装行业社会责任年会"在北京举行。会议期间《2010~2011年中国纺织服装行业社会责任报告》以及16家纺织服装企业的社会责任年报发布。"产业转移背景下的社会责任:产业的梯度转移和国内市场的崛起对企业社会责任的影响"、"社会责任体系融合与中国企业社会责任的发展"等专题论坛亦同期举行。

6月29日 上海贝尔发布《2010企业社会责任报告》；腾讯发布了以"网筑责任共创未来"为主题的《2008~2010年企业社会责任报告》。

7月3日 由中国经营报社主办的"中国经营论坛（上海）"在上海举行。复旦大学管理学院企业管理系主任苏勇表示，企业社会责任核心内容被误解。

7月4日 据国家安全监管总局网站消息，国家安监总局办公厅、卫生部办公厅、人力资源和社会保障部办公厅、全国总工会办公厅日前发布《关于进一步做好夏季防暑降温工作的通知》。通知要求，进一步做好高温天气防暑降温工作，有效预防和控制高温中暑及高温作业引发的各类事故，切实维护劳动者安全健康权益。

7月6日 由内蒙古最佳企业公民评选活动组委会承办的首届内蒙古最佳企业公民入围榜揭晓，工商银行内蒙古分行等51家企业入围。

7月7日 四川省2011年工业节能减排暨淘汰落后产能工作会议在成都召开。会议明确，2011年四川省的工业节能目标任务为单位工业增加值能耗下降6%，全省要淘汰12个行业266家企业的落后产能。

7月8日 中国林业产业联合会和中国林产工业协会联合发布了《中国林产业工业企业社会责任报告编写指南》。这是我国林业产业首次发布关于企业社会责任报告编写的统一规范。

同日 为进一步加快慈善事业发展，同时为"十二五"期间各地开展慈善工作提供指导，民政部起草了《中国慈善事业发展指导纲要（2011~2015年)》。

7月10日 央视《每周质量报告》播出《达芬奇天价家具"洋品牌"身份被指造假》，揭开洋品牌的真实身份。达芬奇家居销售的天价家具，并不像宣称的那样100%意大利生产，而是在海上打个转变身"进口"；所用的原料也不是宣称的名贵实木白杨荆棘根，而是高分子树脂材料、大芯板和密度板。经过检测，消费者购买的达芬奇家具甚至被判定为不合格产品。

7月12日 国务院国资委主任王勇与国家质检总局局长支树平在国务院国资委的会议大厅签署了《提升质量竞争力推动中央企业做优做强合作备忘录》。双方将在"十二五"期间，围绕"做强做优中央企业、培育具有国际竞争力的世界一流企业"的战略目标，共同指导和推动中央企业在加强质量管理、保障质量安全、提升质量水平等方面发挥带头和引领作用。

同日 工信部公告 2011 年工业行业淘汰落后产能企业名单。

同日 全球领先的特种化学品供应商科莱恩在亚洲推行一系列改善其 Tangerang 工厂周边社区教育、安全、健康和环境等社区计划，履行企业社会责任。

7 月 13 日 广东省房协联合万科、珠江实业、富力、中信、合富辉煌、招商、恒大、星河湾、珠海华发、越秀地产、雅居乐、碧桂园 12 家房企和深圳房协在广州发布《2010 年度广东省房地产行业企业社会责任报告》（绿皮书）。这是广东省房地产行业第一本行业社会责任报告，也是我国首部省级房地产业界社会责任报告。

7 月 14 日 在亚洲开发银行的资助下，云南省环保厅自 2010 年 7 月启动的昆明低碳经济发展示范项目取得积极进展，示范项目专家组为昆明市钢铁、化工、电力、建材和有色金属五大高耗能行业制定的节能减排战略和优先行动计划，得到了与会国家发改委、环境保护部和工信部等相关部委代表的一致肯定。

7 月 15 日 由民政部主办的 2010 年度"中华慈善奖"评选结果揭晓，大连万达集团获得"最具爱心内资企业"奖。中华慈善奖自 2005 年设立以来，总共颁发六次，万达集团五次获奖；并且从 2007 年起，连续四年获奖，成为全国企业中唯一五获中华慈善奖的企业。

7 月 17 日 "2011 生态文明贵阳会议"在贵阳举行，国家发改委副主任解振华说，中国将开展碳排放交易试点，逐步建设碳排放交易市场，加快节能环保标准体系建设，建立领跑者标准制度，严格建立低碳产品的标识和认证制度。

7 月 18 日 至此时，富士康连续发生了 14 起跳楼事件，这种不正常的自杀事件引起广泛关注，人们呼吁建立一种基于中国相关法律法规和有关国际公约及国际惯例、符合中国国情的企业社会责任管理体系，来保障企业员工的权利和企业的可持续发展。

7 月 19 日 国务院总理、国家应对气候变化及节能减排工作领导小组组长温家宝主持召开国家应对气候变化及节能减排工作领导小组会议，审议并原则同意"十二五"节能减排综合性工作方案，以及节能目标分解方案、主要污染物排放总量控制计划，研究部署相关工作。

同日　由云南省工业经济联合会、省中小企业发展协会主办，昆明市工信委、市工业经济联合会、云南昊龙集团协办的"云南企业社会责任和中小企业发展专题会"在鲁甸昊龙集团召开。专题会强调，坚守社会责任是企业持续发展的生命。

7月20日　广百集团发布国内流通行业首份企业社会责任季度报告。

7月21日　工信部政策法规司和中德贸易可持续发展与企业行为规范项目组在山西省迎泽宾馆召开"推进企业社会责任建设座谈会"，就中小企业社会责任建设工作进行专题讨论和调研。

7月23日　两列动车在温州双屿路段下岙路发生追尾。事故造成39人死亡、210人受伤，在援救及救助方面，因官方部分行为处理不当，引起民众哗然。

7月26日　中央电视台《消费主张》栏目强势报道了老堂客回收顾客食剩的火锅底料，制售火锅老油的事件。

7月27日　北京市食品安全办公布了《北京市食品安全行动计划（2011~2015年）》，首次提出"首都安全食品"品牌。在这一目标框架内，未来五年，北京市将建立3000个食品风险监测点，婴幼儿配方奶粉和桶装水实现全程追溯，只有取得省级无公害认证的蔬菜才能进入北京市场。

7月29日　中国航天科技集团公司首次发布其社会责任报告。

同日　内蒙古自治区政府新闻办召开新闻发布会，向全社会发布《内蒙古电力（集团）有限责任公司2010社会责任报告》。这也成为自治区当年首家发布社会责任报告的国有企业。

8月　快餐业巨头味千拉面、肯德基等先后陷入"骨汤门"、"豆浆门"，另外还有山西老陈醋勾兑事件以及香港媒体报道的"化学酱油"等一系列事件，引起了人们对知名企业诚信问题的担忧。

8月2日　《山东省国民休闲发展纲要》在济南发布，这是我国首个以"纲要"形式颁布实施的全民休闲促进性文件。

同日　由济南日报报业集团、济南慈善总会主办，市房地产行业协会、长清区文昌街道办事处小柿子园社区、济南南湖玉露茶叶科技开发有限公司协办的"2011济南地产企业社会责任论坛"在长清区龙泉商务会所举行。

8月3日　"十二五"节能减排综合性工作方案日前获得通过。国家发改委有关方面负责人接受采访时表示，根据方案，未来五年将推进十大重点工作，具体措施包括推行居民用电、用水阶梯价格，全面推行供热计量收费；加大差别电价、惩罚性电价实施力度；加大金融机构对节能减排、低碳项目的信贷支持力度，建立银行绿色评级制度；加快节能环保标准体系建设，建立"领跑者"标准制度；适时扩大低碳试点内容和范围等。

8月4日 评论《用诚信助推企业发展》发表于《人民日报》第6版。评论指出了企业承担社会责任和诺守诚信不仅是必要的，而且对企业自身的发展和社会的进步同样具有重大的现实意义。

同日 东方雨虹公司发布了《东方雨虹2011年度企业社会责任报告》，从科学发展、保护环境、节约资源、安全保障等方面，全方位向社会披露了企业2011年度履行社会责任的情况及未来的努力方向。这亦是东方雨虹第三次发布社会责任报告。

8月7日 "《中信地产社会责任报告》发布会暨企业社会责任论坛"举行。《中信地产社会责任报告》是中信地产首度向社会公开发布的企业责任报告。

8月8日 主题为"绿色创世纪"的第三届中国社会责任年会高峰论坛召开。中国建设银行上榜"2010中国国有上市企业社会责任榜"，并获经济责任和公众形象两个奖项。

8月9日 央企中唯一的以节能环保为主业的中国节能环保集团公司发布集团首部《企业社会责任报告》。

8月15日 国务院国资委研究局局长彭华岗在上海表示，履行社会责任是提升中央企业核心竞争力的重要途径，到2012年，所有中央企业必须全部发布社会责任报告，以更好地推动履行社会责任。

同日 "2011最具影响力企业社会责任事件评选活动"启动并开始向企业征集案例。活动由中国国际公共关系协会企业公关工作委员会指导，中国公共关系网、中国国际公共关系协会网站主办。

8月18日 宁夏首届百强企业评审名单正式出炉，神华宁煤集团公司等100户企业以销售收入、社会贡献等综合评价得分位列自治区各类企业前100名。在评审过程中，除了经济指标外，企业的社会责任和政治责任成为重要评选指标。

8月19日 龙文教育集团在北京人民大会堂成功召开新闻发布会，发布首份《龙文教育企业社会责任CSR报告》，这也是教育行业首份企业责任报告。

8月23日 民政部公布《公益慈善捐助信息披露指引（征求意见稿）》，拟规定慈善组织及政府部门应在捐赠款物拨付后一个月内，向社会披露捐赠款物拨付和使用的详细信息。民政部相关负责人称，该指引是公益慈善领域第一个信息披露行业规则，今后还有望在《慈善法》中体现。

同日 陕西省工业经济联合会与12家工业行业协会共同举办陕西省首次工业企业社会责任报告发布会。

同日 为适应"十二五"时期加快转变经济发展方式、加快调整经济结构的新形势新任务，山东国资委与省管企业签订2011～2013年任期及分年度业绩考核责任书。山东133家铅蓄电池企业"上榜"接受社会监督，从预防、预警、应急三大环节入手，加快重金属污染防控体系建设。

8月24日 国家工商总局表示，工商部门将用3年左右时间建成世界上最大的"国家经济户籍库"。届时，企业违法记录将可供公众上网查询，黑牌企业的失信惩戒要严格控制法人的任职限制期限。

8月29日 住房和城乡建设部政策研究中心和中国建设报社近日发布了《中国房地产企业社会责任评价指标体系暨TOP100企业社会责任实践研究报告》，这是首部针对房地产企业履行社会责任的专业评价报告。

8月30日 国务院下发《"十二五"节能减排综合性工作方案》。作为经济结构调整、产业升级和社会转型的重中之重，未来5年，我国节能减排的力度更大、标准更高、相关促进措施也更有力。

8月31日 由湖南省长沙市工商行政管理局主办的第二届"企业公民"大典在橘子洲景区毛泽东青年艺术雕塑广场正式启动。来自湖南省的近百名企业家齐聚橘子洲头，面向毛主席雕塑庄严宣誓，恪守企业诚信，倡导诚信和推动公益。

9月3日 工业和信息化部副部长苏波表示，国家相关部委已统一意见，继续执行节能汽车补贴，并提高指标门槛。同时强力推进节能与新能源汽车规划出台，促进汽车领域的节能减排。

9月6日 国家主席胡锦涛在人民大会堂出席首届亚太经合组织林业部长级会议开幕式并致辞。胡锦涛强调，中国将继续加快林业发展，力争到2020年，森林面积比2005年增加4000万公顷、森林蓄积量比2005年增加13亿立方米，为绿色增长和可持续发展作出新的贡献。中国将继续通过亚太森林恢复与可持续管理组织,为亚太经合组织成员提供力所能及的支持。

9月9日 《中国食品安全报》刊登了《食品供应链中企业社会责任缺失风险的传导及控制》一文。文中指出,社会责任缺失将给食品企业带来严重损失,而且这种风险会沿着食品供应链传导。如何控制企业社会责任缺失的风险,既是政府、食品安全监管部门亟待解决的现实问题,又是食品领域专家、学者深入研究的学术问题。

9月13日 辽宁省200多家外贸企业在辽宁出入境检验检疫局召开的"质量月"活动主会场和全省14个分会场同时签署《质量诚信承诺书》,他们庄重承诺:落实企业质量安全主体责任,恪守质量诚信,履行社会责任。

9月15日 夏季达沃斯论坛开设了有关企业社会责任的专题讨论。

9月18日 中南财经政法大学与明治大学等日本高校和企业联合举办的"核电安全与企业社会责任研讨会"在北京金龙国际温泉饭店召开。

9月19日 国家食品工业企业诚信信息公共服务平台开通,国内食品工业企业的相关诚信和失信信息将在平台上发布。工信部方面透露,该网站开通后将发布守信的食品工业企业名单以及失信的食品工业企业黑名单。

9月20日 近日,科技部、财政部、工信部和国家发改委四部委,联合发布新能源汽车示范推广"安全令",强调要对示范运行的新能源汽车进行安全监控,特别是加强对动力电池和燃料电池工作状态的监控。

同日 "广东省碳排放交易机制设计及高碳行业优先探索"项目在广州正式启动,该项目旨在研究提出适合广东省本地的碳排放权交易体系的基本思路与可行方案,并选择广东省两个典型行业提出开展碳排放权交易试点的工作思路。

9月21日 国务院总理温家宝主持召开国务院常务会议,讨论通过《安全生产"十二五"规划》部署建立完整、先进的废旧商品回收体系,并对《中华人民共和国资源税暂行条例》作出了修改。

9月22日 环境保护部和国家质量监督检验检疫总局联合发布了新修订的《火电厂大气污染物排放标准》,新标准自2012年1月1日起实施。环境保护部新闻发言人陶德田表示,新标准的实施将提高火电行业环保准入门槛,推动火电行业排放强度降低并减少污染物排放,加快转变火电行业发展方式和优化产业结构，促进电力工业可持续和健康发展。

9 月 23 日　两名古驰深圳旗舰店的辞职员工爆料，称该门店是"血汗工厂"：喝水要申请，上厕所要报告，孕妇一站就是十几个小时，吃 8 个苹果就会被解雇，甚至曾导致孕妇流产等。作为国际知名品牌涉嫌虐待员工行为，不仅与其"江湖地位"不符，更违反了相关劳动法律法规。应对公关危机时表现出来的姿态，也增加了公众对该公司的负面印象。

9 月 26 日　东芝公司日前发布了中文版企业社会责任报告《CSR 报告书 2011》。至此，2011 年中日英三种文字的东芝企业社会责任报告书都已经发行。

9 月 27 日　在共青团湖南省委指导下，由长沙市工商行政管理局、湖南省青少年发展基金会主办，《尊品》杂志承办的"湖南省第二届企业公民大典暨名流慈善之夜"在长沙举行。

9 月 28 日　由湖北省武汉市房地产估价师协会主办的"行业发展和社会责任研讨会"在武汉举行。

9 月 30 日　"黑龙江企业社会责任座谈会"暨"《黑龙江企业社会责任宣言》签字仪式"在哈尔滨举行。"以诚为本，以信为基，诚信经营，规范管理，践行企业社会责任"，成为与会企业的庄严承诺。

10 月　北京东方君和管理顾问有限责任公司编制并发布了中国卷烟工业集团首份社会责任报告《共创价值共赴美好——红云红河烟草（集团）有限公司 2010 年度社会责任报告》。

10 月 13～14 日　浙江金桥担保有限公司和桐乡市诚信担保有限责任公司在第十二届全国中小企业信用担保机构负责人联席会议暨 2011 年担保行业发展高峰论坛上正式发布《2011 年企业社会责任报告》。该报告作为中国融资性担保行业的首份企业社会责任报告，在积极推动我国融资性担保行业健康规范、有序发展的进程中具有里程碑式的意义。

10 月 17 日　建信上证社会责任交易型开放式指数证券投资基金（ETF），及建信上证社会责任 ETF 连接基金获得批准。

同日　北京市民政局称，首都慈善公益组织联合会将正式开启一年一度的慈善公益明星网络评选活动，评选活动的结果会在当年的"善行天下——第四届首都慈善晚会"上公布。

10 月 20 日　菏泽将举办首届以"承担社会责任，共建文明菏泽"为主题的

"社会责任明星企业"、"最具社会责任感单位（个人）"评选活动。

同日 由上海市浦东新区企业社会责任办公室组织的"浦东新区企业社会责任达标评估专家评审会"召开。

10 月 25～26 日 "我国企业社会责任认证制度研究"标准讨论会在北京召开。

10 月 28 日 由中国安防产品质量调查活动组委会、《安防市场报》主办的"中国安防产品质量调查暨中国安防企业文化建设评选"颁奖典礼举办。此次调查活动，针对中国优秀安防企业，特评选出五大奖项，分别为 2011 年度"中国安防产品质量信得过企业"、"市场占有率十佳品牌"、"十大企业文化建设示范企业"、"十大最具社会责任荣誉企业"、"十大企业文化建设杰出人物"。

11 月 8 日 国家质检总局在其官方网站公布了最新的 37 种产品质量抽检结果，有 19 种乌龙茶产品不符合标准规定。其中，联合利华（中国）有限公司生产的"立顿"牌铁观音产品（规格型号为 50 克/盒，生产日期为 2011 - 01 - 14）被判不合格，不合格项目是稀土，标准值要求≤2.0 毫克/千克，而产品实测值为 3.2 毫克/千克，比标准值 2.0 毫克/千克高出 60%。

同日 联合国秘书长潘基文会见由著名中国企业家柳传志率领的"中国企业家俱乐部"代表团。旨在鼓励企业履行社会使命的"联合国全球契约"已吸引了 200 多家中国企业。

同日 由中国社会科学院经济学部、中国社会科学院社会发展研究所和社会科学文献出版社共同举办的"2011 年《企业社会责任蓝皮书》发布会"在北京举行，会议发布了中国社会科学院经济学部企业社会责任研究中心编著、社会科学文献出版社出版的《中国企业社会责任研究报告（2011）》，对中国国有企业 100 强、民营企业 100 强和外资企业 100 强的社会责任发展水平进行了评价。这是中国社会科学院连续第三年发布《企业社会责任蓝皮书》。

同日 针对 10 月 26 日的弃婴事件，广东省卫生厅召开会议，通报该事件的经过和处理情况，定性为严重的医疗责任事件，省卫生厅厅长直接评价其为"恶性事件"。

11 月 9 日 由韩国驻华大使馆和中国韩国商会共同主办的"在华韩国企业的社会责任研讨会"在北京举行。40 多家在华韩国企业代表参加了此次研讨会，共同讨论企业如何更好地回馈社会，承担社会责任。

11 月 11 日　在中央企业社会责任工作会议上，国务院国资委副主任黄淑和发表了《深入推进企业社会责任工作——不断增强中央企业可持续发展能力》的讲话。

11 月 18 日　由润灵环球责任评级、北京师范大学中国企业社会责任研究院、挪威船级社联合主办的"2011 第三届 A 股上市公司社会责任报告高峰论坛暨上市公司社会责任报告评级授牌典礼"在北京举行。

11 月 22 日　北京东方君和管理顾问有限责任公司在北京主办第二届中国社会责任与可持续发展年会，围绕"社会责任承担的路径选择"、"企业的未来与社会责任战略"、"企业社会责任的有效推进和实践"、"社会责任与可持续发展"等相关焦点议题进行深入研讨，并首次发布了《中央企业社会责任实践研究报告（2011）》。

同日　由中国经营报社、中国社会科学院工业经济研究所联合主办的"2011 中国企业竞争力年会"在北京举行。

11 月 23 日　中国有色集团 2011 年企业社会责任报告编制启动大会在中国有色大厦召开。会议全面部署了集团公司社会责任报告编制工作。

11 月 25 日　《中央企业社会责任实践研究报告 2011》发布，报告中披露：截至 2011 年 11 月 15 日，共有 65 家央企（央企总数为 117 家）发布 2010 年度企业社会责任报告，其中"能在报告中实事求是地对企业在本年度履责方面所发生的负面信息进行披露的则更少，仅有 10 家（占 16%）"。

同日　国家发改委要求煤炭企业承担起社会责任，确保 2012 年电煤价格的稳定，并提出两条指导意见：2012 年度重点合同煤价格最高可上调 5%；包括秦皇岛港在内的北方港口 5500 大卡热量的电煤现货价格不得高于 800 元/吨。

同日　环境保护部副部长周建在中国（南京）国际环保产业博览会开幕式上表示，"十二五"期间环保部将通过多种措施推动环保产业发展。

同日　由中国国际公共关系协会企业公关工作委员会指导、中国公共关系网主办的"企业社会责任与公共关系高峰论坛暨第七届中国公关经理人年会"在北京召开。

同日　由对外经济贸易大学国际低碳经济研究所主办的《中国低碳经济发展报告（2012）》由中国社会科学院发布。报告指出，中国是世界第一大碳排放国，也是世界最大的碳减排国。2005~2010 年的 5 年间，中国的单位 GDP 能耗降低 19.1%，相当于节省标准煤 6.3 亿吨，换算成碳排放就是 15 亿吨，这是对世界减排的一大贡献。

12 月 1 日 由《WTO 经济导刊》杂志社、中德贸易可持续发展与企业行为规范项目和倡议商界遵守社会责任组织（BSCI）共同举办的第五届中欧企业社会责任圆桌论坛在北京召开。此次论坛主要关注中国劳动时间管理。

12 月 2 日 由《WTO 经济导刊》和中国可持续发展工商理事会共同主办的"第四届中国企业社会责任报告国际研讨会"在北京举行。

同日 "第四届中国企业社会责任报告国际研讨会"发布信息称，中国企业发布社会责任报告的数量持续增长，其中民营企业发布社会责任报告的数量增长最为显著。数据显示，2011 年前 10 月，各类企业社会责任报告发布数量达817 份，超过 2010 年全年发布总量，同比增长 23.2%。不同性质企业发布的报告均有增长，其中民营企业发布了 187 份报告，同比增长 41.7%。

12 月 3 日 由公益时报社、北京师范大学社会发展与公共政策学院、中国社会工作协会企业公民委员会、北京师范大学社会发展与公共政策学院中国社会发展与公益案例研究中心、北京师范大学工商与经济管理学院共同主办的"责任之道 2011 企业社会公益典范国际论坛"在北京召开。

12 月 4 日 "2011 第七届中国优秀企业公民颁奖盛典暨企业公民报告发布会"在北京人民大会堂举行。

12 月 5 日 英特尔（中国）有限公司在北京发布了"2010～2011 英特尔中国企业社会责任述说"。该述说全面阐释了英特尔中国的企业社会责任理念和战略。

12 月 6 日 日本食品巨头明治公司公布调查结果称，该公司生产销售的"明治 STEP"奶粉中检测出最高每千克 30.8 贝克勒尔的放射性核素铯。检测出的超标物质虽未达到人体危害标准，出于安全考虑，明治计划对约 40 万罐奶粉实施免费更换。

12 月 8 日 由全国人大财经委主办，中国节能协会承办的"2011 中国节能与低碳发展论坛"在北京召开，节能、低碳、环保是会议的关键词。

12 月 10 日 中德贸易可持续发展与企业行为规范项目支持国务院国资委和中国社会科学院出版了《企业社会责任管理体系研究》一书。这是中国出版的第一部系统描述和分析中国央企企业社会责任管理实践和体系的书。

12 月 12~14 日　中央经济工作会议在北京举行，会议提出了 2012 年经济工作的主要任务。会议指出，要加强重点节能工程建设，大力发展循环经济和环保产业，加快低碳技术研发应用。

12 月 16 日　由湖北省荆州市市委宣传部、市经信委、市工商联和荆州日报社共同主办的荆州市首届"最具社会责任感企业"评选揭晓，共有 20 家企业获得荆州市"最具社会责任感企业"荣誉称号。

12 月 17 日　由新华网主办，新华社《每日电讯》、《经济参考报》、《参考消息》、《中国证券报》、《财经周刊》、中国社会科学院经济学部企业社会责任研究中心、新华社新闻研究所等联合举办的"2011 中国企业社会责任峰会"在北京举行。

同日　以"责任、诚信、和谐发展"为主题的"社会责任与公益诚信宣言发布暨联盟启动仪式"于清华大学主楼接待厅举行。"社会责任与诚信联盟"的启动和宣言的发布为第一届社会责任与诚信建设论坛拉开了序幕。

12 月 19 日　中央企业负责人会议在北京召开。中共中央政治局委员、国务院副总理张德江出席会议并讲话。张德江指出，2011 年，中央企业认真贯彻落实党中央、国务院的各项决策部署，积极进取，开拓创新，生产经营继续保持平稳较快增长，改革开放进一步深化，转变发展方式取得积极进展，履行社会责任得到切实加强，改革发展各项工作都取得了新的成绩，实现了"十二五"时期良好开局。

同日　国务院国有资产监督管理委员会主任王勇在北京表示，中央企业积极履行社会责任，累计上缴税款 6.49 万亿元，为经济社会发展作出了贡献。

12 月 20 日　以"责任赢得诚信，责任引领未来"为主题的"2011 年中国企业社会责任峰会"在北京隆重举行。

12 月 22 日　《南方周末》"2011 中国企业社会责任评选发布会"举行。

12 月 24 日　国家质检总局公布了对 200 种液体乳产品质量的抽查结果。抽查发现蒙牛、长富纯牛奶两种产品黄曲霉毒素 M1 项目不符合标准的规定。其中，蒙牛乳业（眉山）有限公司生产的一批次产品被检出黄曲霉毒素 M1 超标140%。

12 月 31 日　十二部委印发了《关于万家企业节能低碳行动实施方案的通知》。环境保护部与各省和部分央企签署了"十二五"减排目标责任书。

　　同日　中国国际跨国公司促进会发布了《2011·跨国公司社会责任问题报告》。该报告对 2011 年度中国境内发生的影响较大、具有代表性的跨国公司社会责任问题进行了筛选整理，当中提到的问题触及损害公众权益、商业贿赂、污染环境和扰乱市场秩序四个方面，涉及的公司大部分为世界 500 强跨国公司，它们主要分布在美国、英国、德国、法国和日本等发达国家，同时也包括部分中国企业。

B.17
后　记

　　2009 年以来，国内外环境的巨大变化进一步促进了企业公民建设的开展：第一，各地频发食品卫生安全事件，使社会公众对此类问题的敏感度增加，促使企业进一步关注企业公民建设；第二，树立科学发展观、构建和谐社会的理念已经深入人心，这要求企业改变过去简单粗放的生产方式，承担更多的社会责任；第三，全球网络信息化时代的到来使曾经的天然信息屏障逐渐丧失了保护作用，使企业几近透明地暴露在社会公众面前，企业公民建设成为企业可持续发展的必然选择；第四，全球已经进入后危机时代，企业处于恢复期，利益相关者之间的矛盾并未完全缓和，促使企业与相关社会团体加快了企业公民建设的步伐。总之，在此背景下，企业公民建设作为推动企业与社会、环境和谐发展的时代潮流，更加得到了政府、社会和企业的高度关注和支持。企业公民建设取得了前所未有的发展。这预示着企业公民不仅仅是一个理论研究的课题，而且已经成为一种全球性的社会运动，它将经济行为与更广泛的社会信任相联系。因而，对企业公民建设的进一步研究不仅为企业公民注入了新的内涵，而且有利于促进企业承担社会责任，促进社会的和谐、稳定和健康发展。鉴于上述原因，中央财经大学中国发展和改革研究院联合社会科学文献出版社共同推出《中国企业公民报告 No.2》，本书是"企业公民蓝皮书"系列的第二本，在《中国企业公民报告 (2009)》的基础上，详尽深入地评述了近三年企业在公民建设中的现状、成就与不足，以总报告和分报告的形式记录了中国企业公民建设的轨迹，并从理论的角度给予建设性分析。

　　为了提高企业公民的理论和应用研究水平，推动企业公民建设的进一步发展，本书在研究和写作过程中积极跟踪企业公民理论和实践的最新进展，但由于本课题的研究对象的复杂性，研究本身具有的诸多困难和不确定性因素，所以我们不能肯定是否向读者交出了一份满意的答卷。但本研究无论在收集最新国内外前沿文献、进行实地调研，还是在研究写作过程中，都力图做到真诚、客观、公

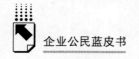
正。现将本书呈交到读者的面前，诚恳期待读者给予批评和指正，以便在今后的研究中吸收各方的有益意见。

　　在本书的研究、写作、调研过程中，得到了社会各界的大力支持和热心帮助。我们真诚地向所有对企业公民研究提供帮助以及对本书的撰写和出版作出贡献的各界领导、专家和朋友表示衷心的感谢！

"中国企业公民报告"课题组

2012 年 10 月

权威报告　热点资讯　海量资料

当代中国与世界发展的高端智库平台

皮书数据库 www.pishu.com.cn

　　皮书数据库是专业的社会科学综合学术资源总库，以大型连续性图书皮书系列为基础，整合国内外其他相关资讯构建而成。包含七大子库，涵盖两百多个主题，囊括了十几年间中国与世界经济社会发展报告，覆盖经济、社会、政治、文化、教育、国际问题等多个领域。

　　皮书数据库以篇章为基本单位，方便用户对皮书内容的阅读需求。用户可进行全文检索，也可对文献题目、内容提要、作者名称、作者单位、关键字等基本信息进行检索，还可对检索到的篇章再作二次筛选，进行在线阅读或下载阅读。智能多维度导航，可使用户根据自己熟知的分类标准进行分类导航筛选，使查找和检索更高效、便捷。

　　权威的研究报告，独特的调研数据，前沿的热点资讯，皮书数据库已发展成为国内最具影响力的关于中国与世界现实问题研究的成果库和资讯库。

皮书俱乐部会员服务指南

1. 谁能成为皮书俱乐部会员？

- 皮书作者自动成为皮书俱乐部会员；
- 购买皮书产品（纸质图书、电子书、皮书数据库充值卡）的个人用户。

2. 会员可享受的增值服务：

- 免费获赠该纸质图书的电子书；
- 免费获赠皮书数据库100元充值卡；
- 免费定期获赠皮书电子期刊；
- 优先参与各类皮书学术活动；
- 优先享受皮书产品的最新优惠。

3. 如何享受皮书俱乐部会员服务？

（1）如何免费获得整本电子书？

　　购买纸质图书后，将购书信息特别是书后附赠的卡号和密码通过邮件形式发送到pishu@188.com，我们将验证您的信息，通过验证并成功注册后即可获得该本皮书的电子书。

（2）如何获赠皮书数据库100元充值卡？

　　第1步：刮开附赠卡的密码涂层（左下）；

　　第2步：登录皮书数据库网站（www.pishu.com.cn），注册成为皮书数据库用户，注册时请提供您的真实信息，以便您获得皮书俱乐部会员服务；

　　第3步：注册成功后登录，点击进入“会员中心”；

　　第4步：点击“在线充值”，输入正确的卡号和密码即可使用。

社会科学文献出版社 SOCIAL SCIENCES ACADEMIC PRESS (CHINA) 皮书系列

卡号：8912926933287726

密码：

（本卡为图书内容的一部分，不购书刮卡，视为盗书）

皮书俱乐部会员可享受社会科学文献出版社其他相关免费增值服务

您有任何疑问，均可拨打服务电话：010-59367227　QQ:1924151860

欢迎登录社会科学文献出版社官网(www.ssap.com.cn)和中国皮书网（www.pishu.cn）了解更多信息

法律声明

　　"皮书系列"（含蓝皮书、绿皮书、黄皮书）由社会科学文献出版社最早使用并对外推广，现已成为中国图书市场上流行的品牌，是社会科学文献出版社的品牌图书。社会科学文献出版社拥有该系列图书的专有出版权和网络传播权，其 LOGO（ ）与"经济蓝皮书"、"社会蓝皮书"等皮书名称已在中华人民共和国工商行政管理总局商标局登记注册，社会科学文献出版社合法拥有其商标专用权。

　　未经社会科学文献出版社的授权和许可，任何复制、模仿或以其他方式侵害"皮书系列"和（ ）、"经济蓝皮书"、"社会蓝皮书"等皮书名称商标专用权的行为均属于侵权行为，社会科学文献出版社将采取法律手段追究其法律责任，维护合法权益。

　　欢迎社会各界人士对侵犯社会科学文献出版社上述权利的违法行为进行举报。电话：010 - 59367121，电子邮箱：fawubu@ ssap. cn。

社会科学文献出版社